公共管理系列教材

社会统计学

主　编　刘渝琳
副主编　林永强　吴明娥　龙少波

重庆大学出版社

内容提要

社会统计学是运用统计的一般原理，对社会各种静态结构与动态趋势进行定量描述或推断的专门方法与技术。本教材系统介绍了社会统计学的基础知识，从统计调查出发，在描述统计分析的基础上，通过参数估计、统计检验、方差分析、回归分析与时间系列分析等知识点的介绍，使社会统计分析从静态走向动态。

本书可作为高等院校社会科学类非统计专业的学生教材，也可作为统计、会计等有关专业人员的培训用书。

图书在版编目(CIP)数据

社会统计学 / 刘渝琳主编. -- 重庆：重庆大学出版社，2020.11

公共管理系列教材

ISBN 978-7-5689-2156-5

Ⅰ.①社… Ⅱ.①刘… Ⅲ.①社会统计—高等学校—教材 Ⅳ.①C91-03

中国版本图书馆 CIP 数据核字(2020)第 083983 号

社会统计学

主　编　刘渝琳

副主编　林永强　吴明娥　龙少波

责任编辑：尚东亮　　版式设计：尚东亮

责任校对：刘志刚　　责任印制：张　策

*

重庆大学出版社出版发行

出版人：饶帮华

社址：重庆市沙坪坝区大学城西路 21 号

邮编：401331

电话：(023) 88617190　88617185(中小学)

传真：(023) 88617186　88617166

网址：http://www.cqup.com.cn

邮箱：fxk@cqup.com.cn (营销中心)

全国新华书店经销

重庆市正前方彩色印刷有限公司印刷

*

开本：787mm×1092mm　1/16　印张：15　字数：348 千

2020 年 11 月第 1 版　　2020 年 11 月第 1 次印刷

印数：1—3 000

ISBN 978-7-5689-2156-5　定价：45.00 元

前言

20世纪60年代以来,西方国家先后制定了社会发展计划,并首先在美国掀起了一个颇有声势的“社会指标运动”。1966年雷蒙·布埃尔提出用社会指标的方法解决社会分析和社会规划的基本理论,出版了《社会指标》一书;随后,1976年经济互助委员会出版的《社会统计基本指标体系》、OECD的《社会生活质量的计量》为社会统计分析拉开了序幕。1982年,我国国家统计局成立社会统计司,1983年《中国社会统计资料》首次公开出版,为社会统计分析奠定了基础。

社会统计学(Social Statistics)是统计学的应用分支,即系统地搜集、整理、分析、呈现社会环境中人类行为的数据资料,显现资料的性质,帮助个人、团体、企业或政府推论未来情况并做出适当的决策。研究者利用随机抽样方法取得母体或样本资料后,可以发现资料的规律性,借此进行经验探究。由于社会统计学的研究对象是人类社会,常以个人或社会团体为分析单位,因此,在测量尺度上相当重视名义尺度与顺序尺度的资料,而不止于等距尺度资料。此外,“人类”有主观意识,有些人觉得社会统计学不过是玩弄数字以证明某个观点;还有些人却盲目崇拜统计学,以为可以借助神奇的计算机使任何研究变成“科学”。实际上,社会统计学家在制定规则时非常谨慎,绝不允许自己的解释越出数据的限定范围。因此,社会统计学既不能代替抽象的理论思维,也不能代替对特殊个案的仔细考察。如何真正符合“具体问题具体分析”这样一个哲学的思想对社会统计学而言是至为重要的问题。

对此,很多人一见到数字或方程式就头疼:“统计学是我永远无法理解的事物。”别怕!这部教材所要求的数学基础并不高,学过几年中学代数的人就完全可以读懂。但必须记住,社会统计学教材读起来不像小说,其内容是高度浓缩的。为了帮助社会科学研究的高年级本科生和硕、博士研究生能够快速入门社会统计学,让广大读者都能够少走弯路,能够全面、系统地进行社会统计学的学习。课程从社会统计学基本概念讲起,涵盖单变量分析、双变量分析、多变量分析等众多知识点,带你快速入门社会统计学。

本书由重庆大学刘渝琳教授主编,西南政法大学林永强老师、吴明娥老师、重庆大学龙少波副教授担任副主编。全书共 11 章,具体分工如下:刘渝琳教授负责第 3 章、第 4 章、第 5 章的编写;林永强负责第 8 章、第 9 章、第 10 章、第 11 章的编写;吴明娥负责第 1 章、第 2 章、第 6 章、第 7 章的编写;龙少波负责全书的校对与修改工作;全书由刘渝琳进行大纲拟定和总纂定稿。

在编写过程中,我们参阅了众多国内外专家学者的相关著作、论文和国内外同行的观点及其研究成果,他们的研究为我们提供了思路和参考材料,极大地丰富了本书的内容,特此说明并谨致谢忱!由于作者水平有限,书中疏漏与不当之处在所难免,敬请方家与读者批评指正。

编者

2020 年 4 月

目录

第1章　导　论

1.1　社会统计学的研究内容

社会统计学是“统计学”与“社会研究”的结合，旨在探讨如何将统计学的方法应用于社会研究。这里所说的“统计学”是指一系列整理、计算、概括和推断数字信息的方法，即统计学的方法；社会研究是指经验性的社会研究，即指研究者通过自己的感觉（如听觉、视觉等）器官来收集资料并寻求有关社会世界的问题的答案的研究方式。

从收集具有数据意义的统计资料来说，社会统计应包括一切与社会研究有关的定量数据。从这个意义上来说，要界定社会统计学的领域与范围是很不容易的。因为统计的内容是不断变化的，同时与部门统计也有一定的重复。例如，婚姻和家庭的统计既是人口学感兴趣的，也是社会学感兴趣的；健康与疾病的统计既是医学工作者感兴趣的，也是社会统计感兴趣的。例如，我国国家统计局制定了《社会统计指标体系》（草案），其中规定了社会统计内容有十三个大类：①自然环境；②人口与家庭；③劳动；④居民收入与消费；⑤劳动保险与社会福利；⑥住房与生活服务；⑦教育与培训；⑧科学研究；⑨环境与卫生保护；⑩文化与体育；⑪生活时间分配；⑫社会秩序与安全；⑬政治活动与社会活动参与情况。

本书要介绍的社会统计学，并非上面所介绍的具有数据意义的资料统计，而是它的最后一种含义，即介绍有关社会调查资料收集、整理、分析和推论的统计方法。社会资料的复杂性或多值性，以及由此产生的抽样数据的不确定性，决定了社会资料的分析和推论只能采用研究客观世界随机现象的数学工具，在我国称数理统计学，在西方称统计学，它是原有统计学含义的延伸和发展。

数理统计学的分析方法不仅可以用于社会调查资料的分析，它在其他一切具有随机现象的领域都有着广泛的运用。例如，它用于教育学称教育统计学，用于医学称为医学统计学，用于体育称为体育统计学。这些应用统计学虽然运用的领域各不相同，但由于所用的数学理论工具都是以概率论为基础的数理统计学，因此各应用统计学介绍方法的框架大致相同。所不同的是多结合本学科的内容介绍统计的方法，以便读者更直接地学到统计学在本学科的运用。

以上谈了社会统计学和其他应用统计学的共性。但是社会统计学也有它自身的特点。首先社会研究除了一些简单的调查内容外,还往往包括一些抽象概念,它只有经过操作化定义,形成一系列明确的问题,才能收集资料。因此社会学家除了关心社会统计分析,还要关心如何设计好问卷。其次社会统计分析中资料收集的对象是人而不是物。如果被测量对象是物体,它是不可能拒绝被测或故意显示不正确结果的,除非测量的仪器出了毛病。但是如果测量的对象是人,他是有主观意识的,他可以提供不真实的信息或者拒绝回答,这时收集资料要困难得多。因此如何解决收集资料中的种种困难,提高问卷的回收率,是进行社会统计分析的独特课题。此外社会统计中收集到的资料,有很多是低层次的变量,如定类、定序变量,这些低层次变量的统计分析方法在社会统计学中占有很大的篇幅。

1.2 社会统计学的研究过程

1.2.1 确定研究课题

社会学研究的大部分课题都来源于社会现实,有很多是需要解决的实际问题。因此社会学的研究具有很强的时代感,其研究结果可以直接为社会服务。研究者应本着重要性、创造性和可行性的原则来选择研究课题。但是,如何选题,选择什么样的课题,与研究者的学科基础和方法论倾向有很大的关系。不同的问题可能就界定了不同的方法。当然,同一问题也可以使用不同的方法进行研究。一般来说,研究课题确定之初,研究类型已被基本界定。如果是定量研究,就意味着必须用统计学的方法来对数据资料进行分析;即使是定性研究,也可能用量化的方法来描述事物。例如,小群体研究属于定性研究,可以使用参与研究的方法,对群体成员之间的关系网络特征却可以采用定量的方法来描述。对于一个既可以进行定性研究又可以进行定量研究的课题,具有良好统计学基础的学者更倾向于选择定量研究的方法。这是因为统计调查的大样本对总体具有很好的代表性,而且用数据语言来描述事物具有更高的精确性,假设检验的研究逻辑也使研究结论更具有可信性。也就是说,统计分析作为一种思想,在研究者选题的过程中起到一定的作用。

1.2.2 探索性调查

研究课题确定以后,通常要进行文献检索。阅读大量文献的目的是了解该课题所属领域中相关的研究成果、研究的最新动态、最前沿的问题和研究的最高水平,以使自己的研究在前人研究的基础上有所创新。接下来应该进行探索性研究,目的是了解研究对象,并对所研究问题的状况、特点、存在的原因、可能的发展趋势进行初步的分析,寻求研究的切入点、重点,确定研究方法。探索性研究大多采用参与观察、非结构性访谈的方式收集资料,属于定性研究。这种定性研究为理论假设的提出和概念的操作化打下基础,同时也为大范围的统计调查打下基础。

1.2.3　理论假设的提出与概念的操作化

社会问题的研究大体上可以分为两类:一类是描述性研究;一类是解释性研究。描述性研究是对事物状况或水平的研究,解释性研究则是对事物之间相互关系、社会问题存在以及发展变化原因的研究。解释性研究需要提出理论假设。理论假设是对所研究的问题做出的尝试性解答,用来指导研究设计并确定研究方向。但这种尝试性的解答并不是盲目提出的,而是在研究者前期研究的基础上做出的,或是基于探索性研究发现的事物所具有的某些人们尚不知晓的特征或事物之间的某些关系提出的。但探索性研究是特定的小规模、小范围研究,在这样的研究中发现的一些特征或事物之间的关系在大的总体中是否存在还需要进一步检验,因此这些发现只能作为理论假设提出,并通过后续的、大规模的调查予以检验。

不论是描述性研究还是解释性研究都会涉及一些抽象概念,比如社会地位、学术水平、社会声望等。这些抽象概念的实际含义虽然都能够为人们所理解,在实证研究中却很难对它们进行具体描述。这就需要将抽象概念具体化,这个过程就是操作化的过程。操作化就是将抽象概念与具体的社会现象相联系,将抽象概念转化为具体可测量的变量或指标的过程。描述性研究就是对这些操作化的结果进行定量的描述和分析,而解释性研究所涉及的至少是两个抽象概念之间关系的命题。将抽象概念操作化以后,还要根据理论假设对变量之间的关系提出具体的研究假设,这些研究假设可以转化为具体的统计假设,从而可以用统计调查的结果加以检验。可以说,抽象概念的操作化是定量分析的基础和前提。

【案例】

概念的操作化

某高校大学生社会调查小分队,曾经准备利用2019年上半年的双休日等业余时间,以访谈为主要方法,开展一项以"农民工权益保护现状"为主题的社会调查活动,并且在展开具体工作之前做了大量相关的准备工作。例如,确立了调查课题是"有关农民工的权益保护状况分析",提出了研究假设"农民工的权益保护状况不如城市居民",也认真组建了调查研究队伍,并对整个调查研究进程的每一个具体阶段进行了相当详尽的计划与安排。并且,在具体的调查研究过程中,整个团队也非常认真地按照要求展开工作。但是,在准备阶段,并没有准备访谈提纲。

结果,经过一段时间的调查实践之后,各调研人员都发现自己在与相关调查对象面对面地互动过程中,不知道提出哪些具体问题,常常出现"冷场"的现象。最后,调研活动以失败告终。

事后他们对此次调研活动进行反思,认为失败的原因主要在于概念的操作化没有设计恰当。首先,应该对农民工这一概念的内涵与外延进行具体界定。其次,应考虑如何界定农民工权益。因为没有将其界定并将权益细化，并在细化基础上设计出具体的调查指标，访谈时就不知道要提出哪些访谈问题。例如，将农民工权益分为人身权、财产权、报酬权等，再对每个权益进一步细化。最后，在对概念进行操作化的基础上，设计出具体的调研指标，并将之具体化为一个个可以直接向调研对象提出的问题。这样，经过操作化之后，调研者就较容易得到调查资料，调研活动也就比较好开展了。

1.2.4 测量工具的设计

社会测量是社会现象数量化的过程，社会现象本身并不是以数量的形式存在的。事物的数量特征是人类为了精确地认识事物，使用一定的测量工具对事物进行测量，并把测量结果作为一种特征赋予客观事物而形成的。要想用数学的方法对事物进行精确的定量分析，首先要将社会现象数量化，这就是社会测量的过程。社会测量的对象必须是具体的事物，而不是抽象的概念。也就是说，社会测量只有在操作化的基础上才能进行。通过社会测量，为原本没有数量表现的社会现象赋予数量化的特征，将操作化的概念转化成具有不同取值的变量，这使得对社会现象和社会问题进行定量分析成为可能。社会测量除了要明确测量对象之外，还要有测量工具。对自然现象的测量工具都是实物性的，如天平、米尺、仪表灯。由于社会测量的水平很低，还没有制造出仪器或仪表类的工具，而且测量内容有很多是非物质形态的，如人的思想、态度，因此，目前社会测量还主要依赖量表、问卷等工具进行比较粗略的量化。社会测量是定量研究的前提。

在统计调查中，测量工具也就是资料收集的工具。使用什么样的工具来收集资料是由资料收集方法决定的。如果采用自填式问卷或结构性访谈的方法收集资料，问卷或结构性访谈提纲就是收集资料的工具。如果采用结构式观察的方法收集资料，观察卡片就是收集资料的工具。这些测量工具中的每一个问题就是一个变量，而问题的答案便是变量的取值。一个个体对某个问题的回答或选择便是对这个个体的测量结果。有些事物比较简单，只用一个问题便可以获得测量结果，这就是单变量问题。有些事物比较复杂，需要从不同角度使用多个问题才能够进行很好的描述，这就是多变量问题。如果描述一个事物的多个问题回答方式相同，回答结果可以汇总，则这样一组问题可以被视为量表。用量表测量事物比用单变量测量事物更准确、更细致。

1.2.5 调查的实施

调查的实施过程就是使用测量工具对被测事物进行测量从而获取数据资料的过程。这个过程在社会学研究中表现为由调查对象来填答问卷，或者由访问员将询问的结果记录在问卷上。调查实施过程中的一个重要问题就是确保资料的准确性。这对调查员的责任心有着极高的要求，同时要求有完善的检查督导体系。如果调查对象填答不认真，或者调查员不负责任，甚至有极个别的作假，将会造成很大的工作误差，甚至制造出垃圾数据。这不仅会使后续的统计工作失去意义，而且有可能得出错误的结论。

1.2.6　审核、录入与录入误差的消除

问卷回收以后，研究人员必须逐份审核，目的在于发现填答中的问题。对于有问题的问卷，能回访的回访，不能回访的作为无效问卷处理。审核是一项极其枯燥乏味的工作，却是保证数据质量必不可少的重要环节。审核合格的问卷可由录入员进行计算机录入。数据录入阶段也是容易产生误差的阶段。耐心细致的人，录入误差会小一些；粗心大意的人，录入误差会大一些。人的身体状况不好、心情不好等都会造成较大的录入误差。平均来说，录入误差的比例在5%左右。在进行统计分析之前，应设法将录入误差消除，传统的做法是校对。但是在计算机数据文件的单元格与问卷的答案之间进行校对是一项耗时的工作，甚至比录入花费的时间还要多，而且一次校对以后还剩下多少错误数据也是不得而知的。比较好的方法是并行录入对比纠错，即将原始数据按照相同的格式和结构录入两遍，然后将对应的变量和单元格内容进行对比。如果对应数据相等，则认为录入正确；如果对应数据不等，则至少有一个人的录入是错误的。

1.2.7　统计分析与理论假设的检验

数据录入计算机以后便可进入统计分析阶段。如果是描述性研究，则要对关键变量的分布情况进行统计分析，用定量的方法准确地说明事物的特征或状况。如果是解释性研究，则要根据理论假设的内容，对变量之间的关系进行分析，并比较分析结果与理论假设是否一致。如果定量分析结果与理论假设一致，理论假设被证实，则说明理论假设是正确的；如果定量分析结果与理论假设相反，理论假设被证伪，则说明理论假设是错误的；如果理论假设被部分地证实，则需要通过修正理论假设并结合调查结果得出结论。

从上述对社会调查过程与统计分析的关系的阐释中可以发现，统计分析方法是在调查资料收集以后的数据分析阶段才得到直接应用的，但这并不意味着社会学研究者可以不懂统计分析，只需借助统计学家的工作便可完成社会学研究。实际上，统计分析作为一种思想贯穿社会学研究的始终。统计学思想从研究课题的选择及研究类型的确定阶段就进入了研究过程。一定的研究课题，可以进行定性研究，也可以进行定量研究。选择哪种研究类型，取决于研究者的方法论倾向和统计学基础。只有具备良好统计学基础的学者才能够很好地运用统计学方法来进行社会学研究。统计学思想对研究设计也具有一定的指导作用。在理论假设的提出及操作化过程中，研究者必须考虑理论假设可以衍生出什么样的统计假设，用什么样的统计结果来检验假设，将社会现象转化成什么层次的变量可以满足假设检验的要求，以及对于一定的测量结果采用什么样的统计方法进行分析，等等。只有在统计学思想指导下进行的研究设计才能满足后续的统计分析方法的要求。因此统计分析绝不是一项阶段性的工作，而是作为一种思想，贯穿社会学研究的始终，决定着社会学研究的类型和特征。

1.3 统计分析方法在社会学研究中的作用

1.3.1 统计分析方法应用水平是社会学研究科学性的重要标志

数学方法因其描述事物的精确性、分析事物之间关系的准确性而在众多的学科中得到广泛的应用。在自然科学领域几乎找不到不使用数学方法的学科。由于社会科学大多是从早期的社会哲学中分化出来的,很多学科的研究方法以思辨为主,加上社会科学研究对象的特殊性,使得其对数学方法的应用比自然科学落后很多。在社会科学中,有一批学科率先使用了数学方法,从而使其研究结论的科学性得到了普遍认可,社会学便是其中之一。社会学的实证研究从学科创始阶段就与统计学建立了密不可分的联系,社会学家用统计的方法对社会现象进行定量描述,对事物之间的关系进行定量分析,是社会学研究从思辨走向实证的一个突出特点。尤其是随机抽样方法的应用,使得通过一定容量的样本来研究一个庞大的总体成为可能,而这种可能性存在的依据便是数理统计的抽样理论。由于统计分析要进行大量的、繁杂的计算,因此,一些分析方法的应用受到了很大的限制。计算机技术的发展和普及很好地解决了这一问题,优秀的统计软件可以在瞬间完成大量复杂的计算。可以说,统计软件的出现大大促进了统计学方法的应用,也将社会学研究的科学性提高到一个新的阶段。

1.3.2 统计分析方法是发现和彰显统计规律的有效工具

统计规律是客观存在的事实,但它往往又隐藏在大量数据之中,要通过大量的观察、精细的统计分析才能发现。社会现象的统计规律是对资料的简化、浓缩和概括。使用社会统计学的方法可以使庞杂的资料得到简化,将大量的数据浓缩为几个特征值。研究者可以通过计算百分比、平均数、标准差等特征值对单变量进行描述,从而弄清楚变量的状态、水平和分布特征;也可以通过计算相关系数、回归系数、相关比率等描述变量之间关系的特征值对多变量进行分析,从而明确各变量之间的内在联系。也就是说,使用统计分析方法可以帮助研究者从纷繁复杂的资料中提取有用的信息,并得出相应的结论。

社会学研究常常要面临庞大的总体。除了像人口普查那样由国家组织进行的全面调查外,绝大部分社会学研究都不可能访遍或穷尽研究对象,只能利用有限的资料来推及总体。尤其是在研究总体无限或难以界定的情况下,人们根本无法对整个总体进行研究。社会统计学是利用科学的手段,帮助社会学研究冲破各种因素的束缚,使用有限的样本对总体进行推断的一整套社会研究的科学方法。社会统计学的出现使得社会学研究的普遍化和概括性成为可能。

【案例】

统计的应用

统计在许多领域都有应用。在日常生活中,我们经常接触到各种统计数据。例如,媒体报道中使用的一些统计数据、图表等。下面就是统计研究得到的一些结论:吸烟对健康是有害的;不结婚的男性会早逝10年;身材高的父亲,其子女的身材也较高;第二个出生的子女没有第一个聪明,第三个出生的子女没有第二个聪明,以此类推;两天服一片阿司匹林会减少心脏病第二次发作的概率;如果每天摄取500毫升维生素C,生命可延长6年;怕老婆的丈夫得心脏病的概率较大;学生在听了莫扎特钢琴曲10分钟后的推理测试会比他们听10分钟娱乐节目或其他曲目做得更好。这些结论是正确的吗?你相信这些结论吗?要正确阅读并理解这些数据,就需要具备一些统计学知识。

理解并掌握一些统计学知识对普通大众是有必要的。每天我们都会关心生活中的一些事情,其中就包含统计学知识。例如,在外出旅游时,需要关心一段时间内的天气预报;在投资股票时,需要了解股票市场价格的信息,了解某特定股票的有关财务信息;在观看世界杯足球赛时,需要了解各支球队的技术统计等。

理解和掌握一些统计学知识,对政治家或制定政策的人来说更为重要,在他们做决策时,如果不懂统计可能会闹出笑话来。例如,一个统计办公室的主任是一位行政事务官,一次与统计学者开会,统计学者抱怨从其他部门得到的一些估计值没有给出标准误差(估计时的误差大小,表示估计的精度),这个主管马上问道:"误差也有标准吗?"一个统计顾问提交给茶叶委员会的报告中,含有标题为"饮茶人数的估计值(含标准误差)"的附表。不久,一封信被送到这个统计学者手中,问什么是人们喝红茶时的"标准误差"。健康部门的一位官员看到一个统计学者提供的报告,报告中提到去年由于某种疾病,平均1 000人中死亡3.2人,这位官员对这个数字产生了兴趣。他问他的秘书,3.2人是何种死法?他的秘书说:"先生,当一个统计学家说死了3.2人时,意味着三个人已经死了,两个人正要死。"

1.4 统计学在研究过程中的地位

在现代社会科学研究中,用定量的方法描述和分析社会现象与社会问题已渐成趋势。社会现象与社会问题的随机性使得统计分析方法的应用在社会科学的定量研究中具有突出的地位。现代统计分析技术在社会科学各个学科中的应用水平已经成为该学科科学性的重要标志。数学模型的广泛应用、统计调查的大量实施,使我国社会科学的研究水平有了较大幅度的提高。

社会统计学不包括构造和建立指标那样的测量问题,它是在所有测量中的条件都得到满足的情况下所进行的数值运算和技术处理。虽然社会统计学是在建立初步的社会分析计划之初进入社会学研究过程的,但在分析资料阶段才予以直接使用。这并不是说社会学的研究者不需要任何社会统计学的知识素养就可以轻而易举地进行整个研究,只需在资料收集起来以后推给统计学家便可了事。实际上,资料分析过程中可能会遇到各种各样的问题,均应在分析之前的研究阶段预料到,并采取相应措施予以应对。从这个意义上讲,社会统计学方法实质上贯穿整个社会学研究的始终。

一个值得注意的问题是,研究者不要奢望能用社会统计学极其精确的统计分析去弥补某些不严密的研究设计和实施过程。统计方法仅仅是一种工具,无法代替缜密的思考。它虽然是一种行之有效的工具,但不是万能的,不能夸大它的作用,从而混淆了它与社会学理论本身和经验研究之间的关系。

【案例】

美国民调机构2016年总统大选预测的失手

2016年轰动全球的重大事件之一是美国民调机构总统大选预测的失手。舆论普遍预测民主党的希拉里将在这次大选中获胜,但投票结果令人大跌眼镜,共和党的特朗普出人意料地成为第58届美国总统,舆论一片哗然。

美国总统大选预测是有历史的,该预测采用抽样调查的方法,在选民中抽取少量人作为样本,根据样本调查结果对总体进行推断。被称为民意调查创始人的乔治·盖洛普(George Gallup)是美国舆论统计学家,1935年创建美国民意调查研究所,开始正式进行各类全国性民意调查。在1936年美国大选中,另一个著名机构"文艺文摘"宣称根据它对240万选民的调查,共和党候选人兰登将会当选,而盖洛普公司基于对5万选民的调查,预测民主党候选人罗斯福将获胜。事实证明盖洛普公司的预测正确,样本量5万比样本量240万的预测还要准确,从此盖洛普公司名声大振,由此也催生和带动了美国的民意调查和市场调查业的发展。近几十年来,盖洛普公司对美国总统大选的预测无一失手,大选预测的许多材料成为统计学课程中的经典案例。

但2016年美国总统选举结果却狠狠地打了民调机构的脸。这次民调机构普遍预测希拉里将胜出,美国将出现历史上第一位女总统。但选举结果着实出人意料,是什么原因导致总统竞选预测结果的失败呢?

调查专家们进行了总结和反思。其实,就最后选票看,希拉里普选票高于特朗普票数近300万,但美国总统非直接民选,而是由各州依人口比例委任选举人团代表选出。获得一州相对多数选票的候选人,其所属政党可推选该州所有的选举人团代表。此方法意味着,如果哪位总统候选人在某个州获得多数票,该州的选举人团票就基本上属于这位总统候选人。这样,希拉里和特朗普的决斗胜负就取决于几个摇摆的州,希拉里只要在其中一两个州胜出就可获得最后胜利。但命运却偏偏眷顾特朗普。媒体说,投票结果公布后,奥巴马政府情报部门进行了调查,发现有国外因素涉入,某国的"黑客"在投票前公布了一些不利于希拉里的绝密文件,影响了最后投票的走势。特朗普最后也被迫承认"黑客门"的信息对自己有利,但反驳说外部势力没有也不可能改动选票。除了这个因素,分析还认为,有人查阅了网站竞选预测指针的源代码,发现其变化并非来自实时数据,而是呈随机摇摆之势,由此推测样本点的分布不够均匀。调查中的缺失数据和失真数据是一个重要原因。数据分析表明,许多特朗普的支持者在调查中或保持沉默,或说了假话,对统计推断产生了误导。上述分析表明,预测失败不是因为抽样技术和统计推断不科学,而是因为偏离了正确的抽样,调查数据存在虚假现象,推断中没有考虑关键的影响变量。

1.5　变量的层次及统计分析方法的选择

1.5.1　变量的层次

通过社会测量可以将社会现象数量化。但是,测量中使用的测量工具的精细化程度不同,测量结果所形成的变量的层次也不同。这里所说的测量,其实是对变量进行测量,就是要把变量的"变化"测量出来。对变量的"变化"的测量涉及两个问题:一是不同类型之间能否排序?二是不同类型之间的差距能否以有意义的数字形式具体反映出来?对这两个问题的不同回答决定了测量的不同层次。按照变量的取值特征和统计分析时方法应用的特征,变量可以划分为两大类。

(1)类别变量

采用一定的方法对社会现象进行分类,并给每个类别赋予一定的数值,这样形成的变量就是类别变量。根据取值是否可以比较大小,类别变量分为定类变量和定序变量。

1)定类变量

定类变量是测量层次最低的变量。这种变量仅仅是对被测事物进行了分类,并用数字作为标记不同类别的符号。因此,这类变量也称名义变量。变量的取值虽然被赋予了数字标志,但这些数字只有符号意义,没有数据意义,各个取值之间不能进行大小的比较,也不能进行数学运算。如性别变量通常用1表示男,2表示女。此时的1和2只能作为性别的标志,没有数据大小的意义,对1和2进行加减乘除运算的结果也没有任何意义。由于社会测量的水平还比较低,很多社会现象只能达到定类测量的程度。问卷调查的结果也会形成大量的定类变量,如职业、家庭类型、婚姻状况、学习的专业、人际关系类型、地区类别等。

2)定序变量

定序变量是比定类变量高一等级的变量。这类变量不仅对被测事物进行了分类,而且划分出了高低不同的等级。这类变量的取值已经具有一定的数据特征,可以进行高低大小的比较。但由于这类测量没有单位,两个类别之间具体相差多少是不得而知的。例如,用1,2,3,4,5,6,7分别表示文盲、小学、初中、高中、大专、本科、研究生,对人们的文化程度进行量化,此时的数据便具有大小的意义,可以知道高中比初中的文化程度高,对应的数据便是4比3大。但由于没有具体的单位来测量,高多少是无法知道的。在社会调查中,这类变量也大量存在,如职称、职务级别、学生的年级等。问卷中用5个等级或3个等级进行的态度测量和满意度测量的变量均属于定序变量。

(2)尺度变量

如果测量工具有了单位,那么测量结果就不仅能够比较大小,而且能够知道大了多少或小了多少。这样的测量就是尺度测量,可以进行尺度测量的变量就是尺度变量。根据测量工具是否具有绝对零,尺度变量分为定距变量和定比变量。

1)定距变量

定距变量的测量工具有了单位,就可以利用得到的测量结果比较被测事物的具体差异了,测量的结果是定距变量。这类变量的取值具有准确的数据意义,任何两个数据之间的差异都可以准确度量。但定距变量没有绝对零,即使存在零值,这个零也是相对零。如使用摄氏温度计对温度的测量便是定距测量,温度这个变量便是定距变量。对于定距变量,变量值之间的加减运算是有意义的,如 3 ℃加 2 ℃等于 5 ℃,这个 5 ℃有很明确的实际意义。但是,由于没有绝对零,变量值之间的比率运算是没有意义的,例如,不能认为 10 ℃是 5 ℃的两倍。因为 0 ℃是人们确定的冰水的温度,并不是没有温度,所以这个零是相对零。在社会调查中,使用量表对事物进行测量时,形成的大多是定距变量。如智商的测量,当某人的智商为零时,可以认为他是痴呆,但并不意味着他完全没有智力。由于定距变量没有绝对零,因此,定距变量的取值之间可以进行差异的比较,但不能进行倍数的比较。

2)定比变量

定比测量是最高层次的测量,它不仅有相等的单位可以比较被测事物间的数量差异,而且可以对被测事物间的倍数进行比较,测量的结果是定比变量。对于定比变量,变量取值之间和的运算、差的运算以及倍数的运算都具有实际意义。如两个人的收入分别是 2 000 元和 4 000 元,两者的和说明两个人共收入 6 000 元,两者的差说明后者比前者多挣 2 000 元,用 4 000 元除以 2 000 元,所得的结果说明后者的收入是前者的两倍。在社会学研究中,常用的定比变量有年龄、收入、住房面积等。

(3)不同层次变量的功能及转换

不同层次变量所具有的功能如表 1.1 所示。

表 1.1　不同层次变量的功能

变量层次 变量功能	定类变量	定序变量	定距变量	定比变量
分类	√	√	√	√
排序		√	√	√
差异比较			√	√
倍数比较				√

第一,在社会学研究中,只满足定距而不能同时满足定比要求的变量并不多。真正可算是定距变量的,大概只有心理学上所用的智商(IQ)了,常人的智商在 100 左右,并且

可认为智商在 100 与 110 之间的差别,相当于 120 与 130 之间的差别,等等。因此,在社会学中一般是不再区分定距或定比,而是当作一类,称作定距变量。

第二,一个变量,它的层次并不是唯一的。如果变量是高层次的,它也必然可以作为低层次来使用。但降低层次的使用,一般会使资料的信息使用不完全。例如,收入按实际数填写是定距变量。但如果按低薪、一般水平和高薪来填,则是定序变量。而如果只问有无收入,则为定类变量。一般来说,问卷设计中总是按最高层次来询问,这样可使以后的处理变得灵活。例如,在询问年龄时,一般问"你年龄多大?"而不会问"你是青年?中年?还是老年?"

另一方面应该看到变量取值之间的差异与社会实际衡量之间存在着差距或不一致性。例如,从定距变量来看,收入 1 000 元与 2 000 元之间的差距等于收入 8 000 元与 9 000元之间的差距。但在实际生活中,收入在 1 000 元与 2 000 元之间,生活水平的差距远比收入在 8 000 元与 9 000 元之间大。

变量根据研究内容之不同,其层次也可能不同。例如,性别在医学上如果根据荷尔蒙比例来区分,这时它是定距变量,而不是定类变量。

第三,变量类型的划分不是唯一的。各领域往往根据自己研究的需要来划分。例如,工业上把收集的数据分作计量型和计数型。数学上,习惯把变量分为离散型和连续型。所谓离散型变量,是变量只可能取有限个值或者一串值,例如家庭子女数只能取正整数。连续型变量是它可能取某一区间内所有的值,例如身高、体重、年龄等。

1.5.2　统计分析方法的选择

变量的层次不同,变量取值的量化程度不同,应用的统计分析方法也就不同。

(1)不同层次单变量统计分析方法的选择

任何一项社会调查都要对个体的多项特征进行记录。由于这些特征在不同的个体上具有不同的表现,因此每一个特征就是统计学分析中的一个变量。统计学的分析是基于变量进行的,通过分析众多个体在某个变量上的取值来概括这个变量的特征。在统计学中分析一个变量时不考虑个体在其他变量上的取值,这就是单变量研究。单变量研究可以视为对众多个体某个特征的研究,如对收入的研究,对性别的研究,等等。

对单变量进行统计描述,目的是明确变量的分布特征。单变量的分布特征可以采用图或表来描述,也可以采用特征值来描述。对于类别变量,可以使用频次分布表、条形图、饼图、折线图等来描述其分布状态,使用众数和异众比率描述其集中趋势和离散趋势。对于有序类别变量,还可以用中位数和四分位差或全距描述其集中趋势和离散趋势。对于尺度变量,可以使用频次分布表、直方图、折线图等来描述变量的分布状态,使用算术平均数和方差或标准差描述变量的集中趋势和离散趋势。

(2)不同层次两个变量关系的统计分析方法的选择

分析两个变量之间的关系是社会学定量研究的重要内容。对两个变量进行分析,目的是明确两个变量之间是否有关系。如果有关系,那么相关的强度如何,相关的方向怎样，等等。分析测量层次不同的变量，应用的统计分析方法也不同。如果要描述两个类别变量之间的关系，可以采用交叉列表和列联相关分析的方法，并采用卡方检验的方法将随机样本的统计结果推广到总体。如果要分析两个有序类别变量之间的关系，可以采用交叉列表和等级相关的方法，并采用卡方检验或 t 检验的方法将随机样本的统计结果推广到总体。如果要分析两个尺度变量之间的关系，可以采用相关分析和回归分析的方法，并采用 t 检验和 F 检验的方法将随机样本的统计结果推广到总体。如果要分析一个尺度变量和一个类别变量之间的关系，而且尺度变量是因变量，类别变量是自变量，可以采用平均值比较的方法，并采用方差分析的方法将随机样本的统计结果推广到总体。此外，还可以采用统计图的方法来描述两个变量之间的关系。

【习　题】

1.请指出下列变量的类型：

①年龄。

②性别。

③汽车产量。

④员工对企业某项改革措施的态度（赞成、中立、反对）。

⑤购买商品时的支付方式（现金、信用卡、支票）。

2.一家研究机构从 IT 从业者中随机抽取 1 000 人作为样本进行调查，其中 60%的人回答他们的月收入在 15 000 元以上，50%的人回答他们的消费支付方式是用信用卡。请回答以下问题：

①这一研究的总体是什么？

②月收入是定类变量、定序变量、定距变量还是定比变量？

③消费支付方式是定类变量、定序变量、定距变量还是定比变量？

3.一项调查表明，消费者每月在网上购物的平均花费是 2 000 元，他们选择在网上购物的主要原因是“价格便宜”。请回答以下问题：

①这一研究的总体是什么？

②“消费者在网上购物的原因”是定类变量、定序变量、定距变量还是定比变量？

4.举例说明统计学在社会学研究中的应用。

5.类别变量与尺度变量的区别是什么？

第 2 章　社会调查与数据处理

2.1　社会调查研究的类型

【案例】

社会调查研究类型的应用

材料一：李景汉在 1933 年出版的《定县社会概况调查》一书的自序中写道："定县是中国 1 900 余个县中的一个县，人口约四十万众，等于全国人口的千分之一。县内的农民生活、乡村组织、农业等情形可以相当地代表中国的农村社会，尤其是华北的各情形，也可以大致说明全国农村社会的缩影，有许多定县的社会现象和问题也就是其他地方的现象和问题。吾人要继续集中精神彻底地从事研究定县的各种社会问题，求得解决的方案也即在此：因为不是单为定县而研究，而是为全国而研究的。"

材料二：在一项对温州市行业协会的调查研究中，调查者指出："我们关注温州市行业协会主要有以下几个原因：①温州是我国市场经济发展较早的地区，其行业协会的发展已有一定的市场经济基础；②温州的经济以个体、民营企业为主，通过对温州行业协会的观察可以探索经济体制与行业协会的关系；③温州市是 1977 年由国家经贸委组织的行业协会试点的四个城市之一；④温州市行业协会不仅活跃度较高，而且在行业管理和维权方面发挥着重要作用。"

上述两段材料分别属于哪种调查类型呢？下面将从研究目的和研究的时间维度两方面对此问题进行解答。

2.1.1　按研究的目的分

(1)探索性研究

探索性研究的基本目的是提供一些资料以帮助研究者认识和理解所面对的问题，常常用于在一种更正式的研究之前帮助研究者将问题定义得更准确些，帮助确定相关的行动路线或获取更多的有关资料。这一阶段所需的信息是未精确定义的，研究过程很灵活,没有什么结构。例如,向行业专家咨询就是一种探索性研究。探索性研究的样本量一般较小,也没有什么代表性。探索性研究的结果一般只是试验性的、暂时性的,或作为进一步研究的开始,因此又称为可行性研究、试点(前导)研究。

以下情况一般用探索性研究:一是研究者准备研究的问题或现象本身十分特殊、十分新鲜,且很少有人涉及;二是研究者对准备研究的问题或现象不大熟悉、了解很少。

探索性研究通常采用参与观察和无结构访问等方法收集资料,其所研究的对象的规模通常都比较小。从资料中所得出的各种结果,并不用来推论研究对象所取自的总体,也不用来检验某种理论假设,而主要用来“探测”某类现象或问题的基本范围、内容或特征,给人们一个大致的轮廓或印象;用来“提示”深入研究这一现象或问题的可能途径;用来尝试可用于这一现象或问题研究的合适的方法与工具。

总的来说,探索性研究的目标概括如下:

第一,借以熟悉其中所涉及的基本事实、人物与关键的问题;

第二,对发生的情况的来龙去脉展现出完整的图像;

第三,产生许多概念,并发展试验性的理论与推论;

第四,决定做进一步研究的必要性;

第五,归纳问题并且提炼出需要做更系统研究的议题;

第六,发展未来研究所需的技术与方向。

(2)描述性研究与相关性研究

1)描述性研究

描述性研究是结论性研究的一种,顾名思义,这种研究的结果,就是要描述某些事物总体的特征或功能,如描述有关群体的特征。例如,给出不同国家文化环境下员工的特征;估算在某一具体总体中显示某种行为的人群所占的比例。例如,估算不同类型的员工所嗜好的福利模式的比例。

描述性研究假定调研者事先已对问题有许多相关的知识。因此,所需的信息是清楚地定义了的。典型的描述性研究都是以有代表性的大样本为基础的。有正式的研究方案的设计、规定选择信息来源的方法,以及从这些来源收集数据的方法。

总的来说,描述性研究的主要目标概括如下:

第一,提出关于某个团体全貌的正确画像;

第二,描述一个过程、一个机制或一种关系;

第三,提出一个口述的或数字的描述(如百分比);

第四,挖掘信息以刺激新的解释;

第五,呈现基本的背景信息或某个情境脉络;

第六,创造一组类别或区分不同的类型;

第七,理清各阶段或步骤的先后顺序。

2)相关性研究

有的研究者把相关性研究作为描述性研究的一种类型。相关性研究也是结论性研究的一种,目的是发现或建立一个情境中的两个或多个变量间所存在的关系/关联/互赖的程度。凡是经由使用相关系数而探求变量间关系的研究,均称为相关性研究。如广告活动对销售产品具有什么影响?压力与事故率的关系为何?人格与满意度的关系为何?企业中职工的工作技能与生产效率之间的关系为何?这些都是相关性研究。这种相关性研究的主要目的在于确定变量之间关系的程度与方向。变量关系的程度,有完全相关、高相关、中等相关、低相关和零相关等。而变量关系的方向有正相关和负相关等。相关系数本身并不能说明因果关系,这是在进行相关性研究时应特别注意的。例如,许多研究证明,工作满意感和工作成绩之间存在较高的正相关,可是究竟是工作满意感引起好的成绩,还是高成效产生了满意感和积极的情感呢?这就不能光靠相关性研究来解决,需要进行实验研究。

(3)解释性研究与因果关系研究

1)解释性研究

解释性研究是基于所建立的概念架构或理论模式对现象加以解释。解释性研究可以解答“为什么”的问题,能说明社会现象发生的原因,预测事物的发展后果,探讨社会现象之间的因果联系。

社会学中,解释性研究注重对所研究的各种社会现象或事物的特性、内在联系、成因和规律做出明晰的理论说明或阐释。这种阐述或回答是在理论的指导下,基于对经验资料的搜集、统计和分析来达到的。它的一般程序是:先依据社会学理论形成研究的假设或命题,然后搜集大量的经验事实材料进行统计分析,以此来验证假设,并通过对假设的证实或证伪来解释事物间的各种关系,解释社会现象产生的原因。

2)因果关系研究

因果关系研究属于解释性研究,其目的是获取有关起因和结果之间联系的证据。因果关系研究的目的包括下述内容:

第一,了解哪些变量是起因(独立变量或自变量),哪些变量是结果(因变量或响应)。

第二,确定起因变量(自变量)与要预测的结果变量(因变量)间的相互关系的性质。

因果关系研究需要严格的方案和结构的设计。相关性研究虽然也能确定变量间联系的紧密程度,但是并不能确定因果关系。要考察因果关系必须将可能影响结果的某些变量控制起来,这样,自变量对因变量的影响才能测量出来。因果关系研究的主要方法是实验法。当然还有些高级的统计方法可以用于检验因果关系的模型。例如为了检验包装(自变量)对销售量(因变量)的影响,可将同类商店随机分为两组,分别出售新包装的商品和原包装的同种商品,然后再进行比较。

(4)政策研究

“政策”,泛指决策的产物,政策研究为政府、企业等组织的决策服务。

政策研究有明确的目标,政策研究的内容通常包括:描述相关变量的现状、趋势及影响;提出各种可能的备选政策方案;对各种备选政策方案可能带来的后果及不确定性进行分析比较;对各种备选政策方案做出评价;提出有关的行动建议。

政策研究需要考虑经济因素、政治因素、社会因素、科学技术因素、文化因素、超理性因素以及自然资源、生态环境、国防安全诸方面问题,涉及政策策略、政策模型、政策实施、外部效果和未来研究等内容。

政策研究的内容主要包括:

第一,描述。描述对象有现象、关系、行为、环境、方案等,主要对象是政策系统和备选政策方案。所谓政策系统包括两个组成部分:政策域,即与所研究的问题有关的各种可采取的政策措施的集合,包括体制、法律、行政、财务、管理、技术等各方面的政策措施;政策涉及的利益相关者,包括政策的制定者和与政策选择有重大利害关系的阶层和团体。

第二,预测。对趋势、数量、概率等做出预测。

第三,确定政策目标、价值标准、判断准则、评价指标、衡量尺度。

第四,政策分析、政策评价、政策建议。

政策研究的特点是定量分析加定性分析、实证研究加规范研究。

评价政策方案的标准:①有效性,即政策的实施能否达到预期目的;②政策效率,即政策实施的费用—效益比如何;③公平性,即政策实施的费用、风险和收益在各阶层的分配情况如何;④政策弹性,即政策能否适应不同地区、不同部门的情况,政策调整是否困难;⑤可操作性,即政策与现实的社会、经济、技术结构的兼容性如何,政策实施的现实可能性与困难程度如何。

2.1.2 按研究的时间维度分

(1)纵向研究

纵向研究指的是在前后不同的时间里分别对某种或某些社会现象进行调查,收集该社会现象当时的资料,将这些资料结合起来分析,以描述某种社会现象的发展变化,以及解释不同现象前后之间的联系。纵向研究主要有3种不同的类型:趋势研究是对某种社会现象随时间推移而发生变化的研究;同期群研究是对同一时期同一类型的研究对象随时间推移而发生的变化的研究;同组研究是对同一批研究对象随时间推移而发生变化的研究。纵向研究的缺点是比较耗费时间和研究经费,还容易在研究过程中受到其他因素的影响。

(2)横向研究

横向研究是关于某类社会现象在一个时间点或时间段里存在状况及其因果关系的研究,一般是在一个时点或时段上广泛地收集研究资料,并用以描述研究对象在这一时间点上的状况,或者探讨这一时间点上不同变量之间的关系,如人口普查、工业普查都属于横向研究。

横向研究可以同时研究较大样本,研究效率比较高,成本较低。但是,横向研究是对不同对象在某些时间点或同一时间的考察,因此较难确定因果关系,它的取样程序要求较高。

2.2　社会调查研究流程

【案例】

越轨行为研究

越轨行为研究是美国著名社会学家贝克尔在 20 世纪 60 年代所做的一项调查研究。

调查题目：美国城市中吸大麻者的研究。

调查目的：通过对吸毒者的调查建立一种“如何成为吸毒者”的理论，这一研究对了解吸毒者的情况，并制定政策和措施解决这一社会问题有现实意义，对于认识越轨行为的产生过程有普遍的理论意义。

理论设想：心理学家常以个人心理特征来解释越轨行为，但本研究的设想是越轨行为的产生是人的一系列社会经历连续作用的结果，人们在这些社会经历中逐渐形成了一定的观念、认知和情景判断，从而导致了特定的行为动机和行为倾向。因此，应当以个人的社会经历来解释越轨行为。

研究类型：描述性研究、纵观研究（追踪研究）、个案研究、理论性研究。

调查方式：实地（个案）调查。

调查方法：无结构访问法、长期观察。

调查范围：美国某一城市。

分析单位：个人。

抽样单位：个人。

抽样方案：以所认识的几个吸毒者为首批调查对象，然后由这些吸毒者介绍他们所认识的吸毒者，再调查第二批、第三批……共调查 50 人。

调查内容：询问吸毒者的吸毒经历，如何开始吸毒的，中间经历了哪些过程，现在是什么状况，吸食量开始是多少，中间是多少，现在是多少，都有什么感受，是否想过戒毒，都是哪些因素影响才开始吸毒的，等等。

调查提纲：根据以上内容自由交谈，根据录音或回想做详细的访谈记录。

调查场所：由被调查者选择他们认为合适的场所和时间接受访问。

时间计划：在第一次访问之后，间隔几个月或半年后再访问一次，共访问两次或三次，调查时间大约一年半。

贝克尔在调查研究报告中对 50 个个案的共同特征进行了归纳，概括出成为吸毒者必经的 3 个阶段：①学习吸食大麻的方法；②学会体验吸食大麻的效果；③享受吸食效果。他由此抽象出 3 个相互联系的理论概念：接触—体验—享受。这 3 个概念可描述许多越轨行为的产生过程，并且可以建立一种“社会习得”理论，以此来反驳某些心理学家用“个性”理论或“先天倾向”理论对越轨行为所做的解释。

社会调查研究流程大体可分为 5 个阶段（如图 2.1）。

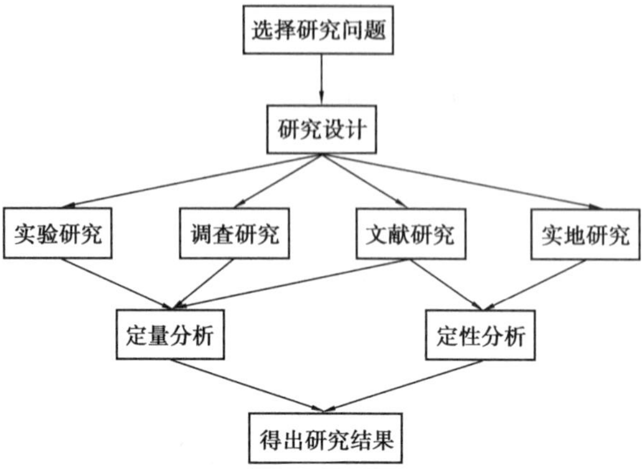

图 2.1 社会研究的 5 个阶段

2.2.1 选择研究问题

选择研究问题的水平，在一定程度上决定着整个研究工作的成败，决定着研究成果的好坏优劣。选择研究问题的过程包括以下几个步骤：①确定研究问题；②阅读相关文献；③提出待答问题或研究假设；④确定并界定研究变量。这里的数据类型决定了资料分析阶段用什么统计分析方法最为恰当。

2.2.2 研究设计

研究设计是指研究者对整个研究工作进行规划和安排。研究设计所涉及的内容相当广泛，主要内容包括：明确研究目的与研究性质、确定研究对象与分析单位、确定研究的具体内容以及选择研究方式和具体的研究方法、选择或编制研究工具等。

不同类型的研究，其研究设计是不同的，就量化研究中常见的描述性研究、相关性研究和实验研究来说，其研究设计比较如表 2.1 所示。

表 2.1 3 种主要的量化研究设计的比较

类别	描述性研究	相关性研究	实验研究
主要目的	由样本推论总群体 对于总体的描述与解释	探讨变量间关系 建立通则与系统知识	探讨因果关系 建立通则与系统知识
样本特性	大样本 具总群体代表性	中型样本 立意或配额抽样	小样本 随机样本、随机分派
研究工具	结构化问卷	测验或量表	实验设备、实验量表
测量题目	事实性问题 态度性问题 行为频率	态度性问题 心理属性的测量	反应时间 行为频率 心理属性的测量
研究程序（学理基础）	抽样与调查（抽样理论）	测验编制与实施（测验理论与技术）	实验操作（实验设计）

续表

类别	描述性研究	相关性研究	实验研究
测量尺度	类别变量为主	连续变量为主	类别自变量 连续因变量
统计分析	描述统计	线性关系分析	平均数差异检验
常用统计技术	次数分布 卡方检验 无总体统计	相关 回归 路径分析	t 检验 变异数分析 共变数分析

2.2.3　收集资料

(1) 直接收集法

收集资料的直接方法主要有观察法、访谈法、实验法等。

(2) 间接收集法

收集资料的间接方法主要有文献法、网上调查法、电话调查法等。

【案例】

社会调查资料的收集

1936 年，怀特获得了哈佛大学的一笔奖学金，他可以用这笔钱在三年的时间里进行一项他所感兴趣的研究。他当时对社会改革很感兴趣，所以决定用这笔钱去研究波士顿的一个贫民区。他选择了一个叫作“科纳威里”的意大利贫民区，因为这个地区与他头脑中的贫民区印象最为接近。

为了进入这个地区开展研究，他曾经有过几次失败的尝试。最后，他终于得到诺顿大街福利委员会一位社会工作者的帮助。这位社会工作者安排他与当地青年帮伙中一个叫多克的头头会面。经过坦率的交谈，多克同意为怀特在这个意大利社区中做保证人，即让怀特作为“多克的朋友”去观察社区中的各种活动和人们之间的各种关系。

怀特经常同帮伙的青年人聚在一起，玩滚木球的游戏，打棒球、玩纸牌，也经常同他们一起谈论赌博、赛马、性以及其他的事情。他在科纳威里生活了三年半，其中有一年半的时间是同一个意大利家庭住在一起，并学会了说意大利语。在长期的观察中，怀特收集了丰富生动的资料，得出了有关群体结构与个体表现之间关系的一系列结论。

2.2.4　资料整理与分析

(1) 整理资料

整理资料包括文字资料的整理和数据资料的整理，包括对相应资料进行编码、数据录入等工作。

(2)分析资料

分析资料包括量化资料分析和质性资料分析。

(3)理论解释,得出结论

根据资料整理,得出结论和相关理论解释。

2.2.5 撰写研究报告

侧重说明调查结果或研究结论,并对研究目的、调查过程、调查方法、调查成果等进行系统的叙述和说明,同时提出政策性建议和解决问题的方式。

2.3 社会调查资料的特点

2.3.1 随机性

客观现象可以分作确定性现象和非确定性现象。例如,物体在重力作用下的降落是确定性的。我们只要知道物体开始降落时刻的高度和速度,就可以完全肯定地预言在随后任一时刻的运动情况。同样,水在常压下,加热到 100 ℃必然沸腾,这也是确定性现象。对于确定性现象,其因果关系可归纳为:“若 A,则必有 B”。A 与 B 之间,存在着确定性的函数关系 $B=f(A)$ 和确定的函数图形。

非确定性现象是指在某种条件下可能发生也可能不发生的现象。同样,如果把所指的某种条件也看作一种现象,那么这两种现象可以说存在着某种关系,但不是唯一的,是非确定性关系。比如说,如果两性具有同样的价值观,则他们就可能结为伴侣。这里只存在可能性,而非必然结为伴侣。实际上同样的价值观只能是两性结合的一项重要条件,但并不是全部条件。因此非确定性关系可归纳为:“若 A,则可能有 B,但也可能有 C,D,E。”A 与 B 之间,表现为非确定性关系。A 和 B 之间虽然没有确定的函数关系和确定的函数图形,但仍然存在着某种联系。

任何社会现象产生的原因都是十分复杂的。当我们仅研究其中的某一个或某几个因素时,剩下的未被研究的因素就可能处在不同的状态,从而导致现象不能完全地确定。因此,大部分社会现象都具有非确定性,现象与现象之间联系的命题也往往是非确定性的。我们不能像水到 100 ℃必然沸腾那样来预言人到了某一年龄必然结婚。同样,也不能像抽查一滴水而知所有水成分那样,抽查一部分人的情况就知道全体人的情况。下面举例说明。

表 2.2 列举了某企业全部女职工的结婚年龄。由表 2.2 可知,女职工总数 $N=100$,企业女职工的平均结婚年龄 $\bar{n}=25.26$ 岁。

表 2.2　某企业女职工结婚年龄分布

人员编号	1	2	3	4	5	6	7	8	9	10	11	12	13	14	15
结婚年龄	25	25	24	27	25	26	24	28	27	26	25	25	26	22	21
人员编号	16	17	18	19	20	21	22	23	24	25	26	27	28	29	30
结婚年龄	25	25	27	22	24	26	27	28	24	26	27	27	25	26	27
人员编号	31	32	33	34	35	36	37	38	39	40	41	42	43	44	45
结婚年龄	28	27	24	27	26	29	27	22	22	19	24	27	26	24	20
人员编号	46	47	48	49	50	51	52	53	54	55	56	57	58	59	60
结婚年龄	30	26	25	24	28	32	25	26	24	25	24	19	25	25	27
人员编号	61	62	63	64	65	66	67	68	69	70	71	72	73	74	75
结婚年龄	23	30	21	25	28	19	24	26	27	25	25	26	24	22	26
人员编号	76	77	78	79	80	81	82	83	84	85	86	87	88	89	90
结婚年龄	28	25	25	26	26	26	25	24	25	25	27	26	24	22	23
人员编号	91	92	93	94	95	96	97	98	99	100					
结婚年龄	26	28	26	24	28	26	25	25	27	24					

现在如果进行的不是全体统计，而是抽查。例如，从中任意地抽查 10 名女职工，计算抽查的平均结婚年龄，并假设这样的抽查共进行了 4 次。于是有：

$$\bar{n}_1 = 25.9 \text{ 岁}$$

$$\bar{n}_2 = 25.7 \text{ 岁}$$

$$\bar{n}_3 = 25.5 \text{ 岁}$$

$$\bar{n}_4 = 26.1 \text{ 岁}$$

可见，4 次抽查结果相互都不相等，且都不等于总体的平均值。即：

$$\bar{n}_1 \neq \bar{n}_2 \neq \bar{n}_3 \neq \bar{n}_4 \neq \bar{n}$$

因此，对于社会调查资料，不存在局部平均值等于总体平均值的公式。这是和确定性现象，如化验一滴水的成分就知道所有水的成分所不同的。

表 2.3 给出了某企业职工对独生子女的看法。为了比较总体与抽样结果的差异，我们再进行抽查，每次男、女各 25 人。抽查的方法是抓阄，这样可以排除主观因素的干扰。

表 2.3　某企业职工对独生子女的态度统计

类别	男/%	女/%
赞成	70	70
不赞成	30	30

表 2.4 和表 2.5 列出了两次抽查的结果。比较两次抽查的结果，其中第一次不赞成的人数是男多于女，而第二次却是女多于男。而我们知道实际总体中男、女不赞成的总数是相等的，都等于 30%。可见，抽样结果的男多于女或女多于男都不反映总体的真实情况。

表 2.4　第一次抽查结果统计

类别	男/人	女/人
赞成	17	20
不赞成	8	5

表 2.5　第二次抽查结果统计

类别	男/人	女/人
赞成	20	18
不赞成	5	7

2.3.2　统计规律性

以上谈了社会调查资料的随机性、多种可能性或不确定性。由于存在着不确定性，因此在统计分析时，不能把局部的抽样结果或特征看作总体的特征，但不确定性只是随机现象的一个方面，另一方面则是它潜在的统计规律性。婴儿的性别比就是一例。各家各户生男生女纯属偶然，但表 2.6 所列某市婴儿出生的情况，清楚地表明男、女的性别比在大量统计的基础上却一直在 50%左右摆动。

表 2.6　某市 1956—1975 年婴儿出生数及所占百分比

出生年份	男性		女性	
	人数	百分比	人数	百分比
1956	68 688	51.0	66 102	49.0
1957	71 803	50.0	71 768	50.0
1958	59 931	48.8	62 868	51.2
1959	55 675	49.7	56 441	50.3
1960	59 564	49.1	61 831	50.9
1961	50 464	49.6	51 346	50.4
1962	76 986	51.8	71 628	48.2
1963	92 953	51.5	87 598	48.5
1964	60 033	51.6	56 250	48.4
1965	43 089	51.4	40 811	48.6
1966	37 461	51.8	34 892	48.2
1967	37 066	51.7	34 585	48.3
1968	53 194	51.5	50 006	48.5

续表

出生年份	男性		女性	
	人数	百分比	人数	百分比
1969	46 385	51.7	43 418	48.3
1970	41 504	51.8	38 653	48.2
1971	37 507	51.4	35 476	48.6
1972	35 742	51.5	33 635	48.5
1973	33 046	51.5	31 098	48.5
1974	24 219	51.6	22 729	48.4
1975	22 062	51.8	20 547	48.2

资料来源:《社会》1983 年第 2 期

可见,表面杂乱无章的随机现象,实际上是有其内在规律性的。恩格斯说过,“在表面上是偶然性在起作用的地方,这种偶然性始终是受内部的隐蔽着的规律支配的,而问题只是在于发现这些规律”。婴儿性别的百分比就是隐蔽着的内部数量规律。这种规律性随着观察数目的增加将越为明显。

由于存在着随机性,人们就不能简单地把抽样结果当作总体分析的依据。但抽样结果与总体性质也并非毫无关系。统计的内在规律性,使我们可以透过抽样推论总体。抽样结果与总体性质是两个既有差别又有内在联系的两个量。

2.4　问卷调查资料的整理

整理调查资料就是根据研究的目的,运用科学的方法,对调查所获得的资料进行审核、检验、编码、分类、汇编等初步加工,使之系统化和条理化,并以集中、简明的方式反映调查对象总体情况的工作过程。

2.4.1　问卷调查资料的审核

对调查资料进行审核的目的,是保证数据的质量,审核工作贯穿于数据收集与数据处理的全过程。从不同渠道取得的调查数据,在审核的内容和方法上都有所不同,不同类型的数据在审核的内容和方法上也有差异。

对于直接调查得来的一手数据,应从完整性、准确性两方面进行审核。

完整性审核包括两个方面:一是计算检查,即从定量角度对数据进行审核、检查计算结果和计算方法有无错误。例如,各项数字之和是否等于相应的合计数;各组结构比例之和是否等于 1 或 100%;出现在不同表格上的同一指标数值是否相同。计算检查主要用于对数值型数据的审核。二是逻辑检查,即从定性角度审核数据是否符合逻辑,是否说得通。例如,在家庭住户调查登记中,填写内容为:某人年龄 12 岁,文化程度为大学,职业为干部,这显然不符合逻辑,应进行更正。

对于间接取得的二手数据,除了对其完整性和准确性进行审核外,还应审核数据的适用性和时效性。为此,应弄清二手数据的来源、统计口径以及有关的背景材料,以便确定这些数据是否符合自己的需要。

资料在经过审核后,再做进一步的加工处理。对审核过程中发现的错误,应尽可能进行纠正,如果无法弥补,就需要对数据进行筛选。

2.4.2 问卷资料的编码

如果整理后的资料要用计算机进行数据处理,则在资料的整理工作中还须对资料进行编码,即将问卷或调查表中的信息转化成计算机能识别的数字符号。

(1)编码含义

编码就是将被访者的回答变成数字。数字是计算机认识的符号,当被访者的各种回答用数字代表后,研究者就可以通过计算机方便地进行统计了。

调查问卷开始设计的时候,编码工作就已经开始了。因为有些问题的答案范围研究者事先是知道的,如性别、学历等。这样的问题,在问卷中以封闭问题的形式出现,被访者回答问题时只要选择相应的现成答案就可以了。

如果所有的问题都是封闭式的,问卷回收后就可以直接录入计算机,这对调查来说是非常便捷有效的。问卷调查形式的采用正是看中了这一点,正常的问卷调查都尽可能地使用封闭问题。

还有一些问题研究者在设计问卷时是不完全知道答案的,这样的问题在问卷中一般有两种形式。一种是只有问题没有备选答案,称为完全开放式问题。例如:

Q1.请问您不喜欢吃巧克力的原因有哪些?

____

另一种是有部分备选答案同时还有要求被访者注明的"其他"选项,称为半开放式问题或隐含的开放式问题。

对于开放式问题,被访者需要用文字来叙述自己的回答。问卷回收后这些答案不能马上录入计算机,需要后期的人员对其进行"编码",即"后编码"。但对于问卷调查来说,开放式问题出现得较少。从功能的角度来看,开放式问题是对封闭式问题的补充。

(2)后编码步骤

当编码人员接到含有开放式问题的问卷后,需要进行三项工作才能将问卷交到数据处理人员那里录入。

1)预分类和预编码

首先要在问卷总数中任意选择 10%左右的问卷,分别对每个开放问题部分进行答案

“抄录”,这个过程要求执行人员把问题的每一种不同含义的答案都抄在表格上,从而形成预分类和预编码。在这个阶段,分类应尽可能详尽一些,只有这样才便于以后的合并归类。并且对明显相同的答案统计出现次数。假如现在处理的问题是“Q1.请问您不喜欢吃巧克力的原因有哪些?”抄录的结果如表 2.7 所示。

表 2.7　初次编码表

Q1,原因	次数
价格不合理	5
价格有点贵	4
价格原因	1
糖多怕胖	10
因为体重有增加	8
热量高,怕发胖	8
妈妈说上火	4
天气太热了,易上火	15
天气热想吃清淡的	16
……	……

2)“对号入码”并不断“加码”

按照预分类类别和预编码,对剩余 90%左右(一般再查看 20%左右问卷就差不多了)问卷中有关该问题的回答“对号入码”,进行分类和编码。如果发现预分类中没出现过的新的答案,就在编码表中增加一个新类别,同时增加一个新代码。这样,不断增加类型和编码,直至把开放问题的所有答案都包括进去。

3)选择、合并、确定最终类别和编码

编码人员及研究人员根据调查的目的对抄出的答案进一步选择、归纳,即合并相似的类别,形成类别数量适当的“编码表”,仍以上题为例,归纳的结果如表 2.8 所示。

表 2.8　归纳合并后的编码表

Q1,原因	编码
价格不合理	1
担心发胖	2
易上火	3
……	……

在这里可以看到,答案的数量减少了,每一个保留的答案是对实际填写的同类答案的总结。

4)按最终编码表完成编码

编码人员根据最终编码表对所有开放问题的答案进行归类,在每个问题旁边写上实际答案在编码表中对应的号码。如下所示:

Q1.请问您不喜欢吃巧克力的原因有哪些?

价格贵①而且吃了容易发胖②

到此为止问卷上的文字答案经过编码变成了数字,接着就可以录入电脑进行下一步的统计分析。

2.4.3 编码的原则

不论是访问前还是访问后,编码工作都有相同的原则,从这些原则可以看出编码的好坏,也可以看出问卷设计是否合理。

(1)完备性

完备性有两个含义:第一,每个答案都可以在最终的编码表上找到合适的对应,否则编码表是不完备的;第二,最终的编码表应当全面地涵盖问题设计时所要收集的各个方面的信息,有时候出现频次少但观点特别的回答可能代表一个特定的重要群体,从研究的角度来说包含这类编码就非常重要。在确定最终编码表的时候,可以通过经验判断编码表是否包含了各个角度的回答。

(2)唯一性、互斥性

每个答案只能有唯一的编码条目与之对应,不应出现同一个答案对应两个或两个以上编码条目的情况,否则编码表就不满足唯一性。例如,如果编码表中出现……5—高兴、……8—愉快……,那么对于"快乐"这个答案就可以编成5也可以编成8。这种情况需要对编码表重新进行归纳。

(3)单一维度

对于同一个问题,不同的人可能从不同的方面或角度考虑它,每个方面又会有多种有关的观点和事实。例如,对于"您现在的职业?"这个问题,有可能得到就业状态的回答,如全职、兼职、失业、待业等;有可能得到所属行业的回答,如农业、制造业、商业、金融业等;还有可能得到具体职业的回答,如农民、工人、商人、会计师、律师、教师等。如果这些答案都出现在同一道问题中,会给编码工作造成麻烦。比如银行会计师,既可以编为会计师的代码,也可以编为金融业的代码,同时它也符合全职的定义,在这种情况下编码工作就不能保证唯一性的要求。此类问题是编码人员无法解决的,要避免这种情况的出现,应尽量在正式问卷确定之前与研究人员协商,调整提问的方式。如果研究目的需要了解一个问题多个方面属性的话,可以将一个问题分为多个问题,每个问题要求一个方面的有关答案。

(4)详略适当

在归纳确认最终编码表的时候,经常会遇到将一些答案归纳在一起还是将它们分开的情况。对于这样的问题要根据研究目的和数据分析的要求进行取舍。如果问卷的问题是询问事实的,如“您使用什么牌子的洗发水?”编码员可能会按研究的要求保留出现频次最高的前 20 个品牌,而将其余归纳为“其他品牌”;或者在保证归纳为“其他品牌”的比例不超过总样本量 3%的要求下进行工作。如果问卷的问题询问的是观点、意见,如“您为什么喜欢××牌子的洗发水?”对较分散的答案则不能简单地从频次决定取舍。对于研究目的来说,有 1%的回答者因为“味道”而喜欢一个品牌可能是很重要的。而过于细致的分类又可能造成分析的不便。因此,对这类问题,编码工作是否能做好,取决于编码者对调查目的的理解程度如何。通常在抄列答案时,分类详细是有好处的,因为将已经归纳的编码条目再分开的唯一办法就是重新做一遍。

一般来说,开始时分类可以细一些,当分析不要求过细的分类时可以将某些类别进行合并。分类的多少还要考虑统计分析方面的问题。

2.4.4　特殊类型客观题的编码

(1)无限制多项选择题的编码

在调查研究中,研究者经常要求被调查者针对某一问题在多个答案选项中进行无限制多选,例如下列用来调查择偶条件的多选题。

Q2.你的择偶条件有哪些(任选几项)?

1—相貌　2—文化水准　3—气质风度　4—志同道合　5—人品　6—家庭收入　7—其他

该题有 7 个选项,编码时需要编码成 7 个变量,即题目中每一个答案选项,都被设定为一个(0—1)新的二分复选变量:V2_1、V2_2、V2_3、V2_4、V2_5、V2_6、V2_7。如果该答案选项没有被选中,则复选变量取值为 0,被选中则取值为 1。表 2.9 是根据 4 个被调查者对该问题的回答,编码输入计算机后形成的数据文件片段。

表 2.9

ID	Gender	V2_1	V2_2	V2_3	V2_4	V2_5	V2_6	V2_7
1	2	1	0	0	0	1	1	0
2	1	1	0	1	0	1	0	0
3	1	0	0	1	0	1	0	0
4	2	1	1	0	0	1	1	0

(2)限制性多项选择题的编码

所谓限制性多选题,即在多个选项中不是无限多选而是限选 2 个或 3 个等。如上例中可以规定限选 3 个,也就是说可以选 1 个、2 个或 3 个,但不要超过 3 个。如果把上面的例题改成限选 3 个,有两种编码方式:一种是和上题一样,设定成 7 个变量;另一种编码方式是设定成 3 个变量,如只有 V2_1、V2_2、V2_3,注意这 3 个变量不是对应 1,2,3 的选项,只是代表 3 个无具体对应关系的变量,在数据录入电脑时要录入实际的选项编号。假设表 2.9 中 ID1 和 ID3 的数据抽出来当作限选 3 项的回答结果,则按 3 个变量的录入方式,如表 2.10 所示。表中 ID3,V2_2 变量对应的录入数据为 5,这里的 5 表示 ID3 选的是第 5 个选项即“人品”。

表 2.10

ID	Gender	V2_1	V2_2	V2_3
1	2	1	5	6
3	1	3	5	0

(3)排序题的编码

排序题的编码比较复杂,我们以下题为例。

Q3.请问您希望学校提供哪些就业方面的指导?选出 3 种您最希望的,并依重要程度标出 1,2,3 的次序(1 为最希望的)。

(1)个人简历制作的指导 (2)就业面试技巧的介绍 (3)公共场合的社交礼仪 (4)职业生涯规划 (5)素质拓展 (6)就业体验 (7)其他____________

与无限多选题不同的是,每个答案的取值不是(0—1),而是(0,1,2,3)4 种可能,其中 0 代表该选项没有被选中,1,2,3 则分别代表被指定为第一位、第二位、第三位。表 2.11是根据 4 个被调查者对问题的回答,编码输入计算机后形成的数据文件片段。

表 2.11

ID	Gender	V3_1	V3_2	V3_3	V3_4	V3_5	V3_6	V3_7
1	1	0	1	0	3	0	2	0
2	2	1	2	3	0	0	0	0
3	2	0	3	0	0	1	1	0
4	1	0	3	0	0	2	2	0

2.4.5 数据录入

现在数据录入的方式一般是直接从问卷上将编码完毕的数据输入计算机中的相应软件,如 SPSS、EXCEL 等。

【习　题】

1.社会调查研究可分为哪几种类型？各自的特点是什么？

2.社会调查研究的流程主要包括哪些环节？

3.举例说明问卷调查后编码的步骤。

4.编码的原则有哪些？

5.某调查问卷中有一问题：为什么您喜欢喝 A 品牌的啤酒？回答结果初步整理如下：

①因为它口味好。

②它具有最好的味道。

③我喜欢它的口味。

④我不喜欢其他啤酒太重的口味。

⑤它最便宜。

⑥我买任何打折的啤酒，它大部分时间都打折。

⑦它不像其他牌子的啤酒那样使我的胃不舒服。

⑧其他牌子的啤酒使我头痛，但这种不会。

⑨我总是选择这个品牌。

⑩我已经喝了 20 多年了。

⑪它是大多数同事喝的品牌。

⑫我的所有朋友都喝它。

⑬这是我妻子在食品店中买的牌子。

⑭这是我妻子/丈夫最喜欢喝的牌子。

⑮我没有想过。

⑯不知道。

⑰没有特殊原因。

请对上述初步整理的结果进行归类并编码。

第3章　单变量的描述统计分析

3.1　单变量的分布及其描述方法

单变量的描述统计就是用统计表、统计图和统计特征值将变量的状态、水平和分布特征表现出来的方法。

3.1.1　变量及其分布

【案例】

人口老龄化

据国家统计局发布的数据显示，截至2018年末，我国最新的老年人口数据为：60岁及以上人口24 949万人，占总人口的17.9%；65岁及以上人口16 658万人，占总人口的11.9%。对比2017年末，我国60岁及以上人口在2018年增长了859万。

2.49亿老年人口是个什么概念？按照《2018年中国统计年鉴》的数据，2.49亿老年人口比巴西的人口总数还高4 000万，约等于俄罗斯和菲律宾人口的总和，是英国总人口的3.77倍，是10个澳大利亚人口总和。

山东省成为全国老龄人口数量最多的省份。2017年，山东省60岁及以上老年人口2 137.3万人，占山东省总人口的21.4%，高出全国平均水平4.0个百分点；65岁及以上老年人口达1 399.8万人，占山东省总人口的14.0%，高出全国平均水平2.6个百分点。

上海是中国老龄化率最高的地区。2017年底上海户籍常住人口中65岁及以上老年人口达到315.06万人，户籍人口老龄化率为21.8%，即平均不到5个户籍人口中就有1个65岁及以上的老人。而60岁及以上老年人口有483.60万人，占比更高达33.2%，即每不到3个户籍人口中就有1位60岁及以上的老人。

(1)变量的特征

研究对象的每个个体都具有很多属性和特征。例如，每个人都有身高、体重、年龄、学历等特征。这些在不同个体上具有不同表现的特征就称为变量。统计学中变量的定义与物理学中变量的定义不尽相同。物理学中的变量是指某个个体特征随时间发生变化,这个特征叫作变量。如一颗射出的子弹飞行距离随时间发生变化,飞行速度随时间发生变化,子弹的飞行距离和飞行速度都可以视为变量。统计学中的变量在同一个体上是相对稳定的,在不同个体上表现出变化。如人的文化程度就某个人而言在调查时是确定的,但在不同人的身上有不同的表现。这类变量也称随机变量。例如,家庭类型可以分为:

①核心家庭:由一对夫妻或加上其他未婚成员构成的家庭。

②直系家庭:由一对夫妻和他们的父母及子女组成的家庭,家庭中应包括三代人,或者两对不同辈分的夫妻。

③大家庭:含有三对及以上夫妻的家庭。

④断代家庭:由祖辈与未婚孙辈两代人构成的家庭。

⑤单亲家庭:由父母一方与未婚子女构成的家庭。

⑥单身家庭:由一个成年人构成的家庭。

⑦其他家庭。

如果把家庭类型视为一个变量,上述 7 个分类就是这个变量的取值。变量的取值具有两个特征:

一是完备性。完备性是指变量的取值必须涵盖全部的个体,也就是每个个体的特征都应成为变量的取值。只有这样,才能使全部个体都进行归类。上述对家庭类型划分的前 6 项包含了绝大部分的家庭类型,但有些特殊的类型没有被包含进去,如只有未婚的兄弟姐妹在一起生活的家庭。为使家庭类型这一变量具有完备性,应在变量取值中增加“其他家庭”一项。我们比较以下两个变量的取值表(表 3.1 和表 3.2)。

表 3.1

性别	频次
男	
女	

表 3.2

收入/元	频次
0~1 000	
2 000~3 000	
3 000 以上	

显然,表 3.1 对于变量“性别”所列举的可能值是完备的,而表 3.2 对于变量“收入”所列举的可能值则是不完备的,因为收入在 1 001~1 999 元的观察值无处归类。

二是互斥性。互斥性是指变量的取值之间不能有交集。若在家庭类型中增加一项“空巢家庭”,将由一对老夫妻构成的家庭区分出来,似乎也合理。但在上述核心家庭的定义中就包含了空巢家庭,当然也包含了婚后无子女的丁克家庭,此时增加“空巢家庭”就会造成变量取值的不互斥。我们比较表 3.3 和表 3.4 两个变量的取值表,显见表 3.3 中人数是互斥的,因为人数是离散型定距变量。组界上的从 5 人增至 6 人和从 10 人增至

11 人，中间的小数都不会存在观察对象。而表 3.4 组界上的 1 000 元、2 000 元都同时属于两类，所以分类是不互斥的。但在实际工作中，有时也采用表 3.4 的形式。这时为了满足互斥性，一般增加“上组界不包括在内”的约定。也就是说，凡收入为 1 000 元者，归入 1 000~2 000 元档，凡收入为 2 000 元者，归入 2 000 元以上档。

表 3.3

工厂规模/人数	频次
1~5	
6~10	
11~20	

表 3.4

收入/元	频次
0~1 000	
1 000~2 000	
2 000 以上	

变量的上述两个特征保证了任何一个个体只能具有变量的一个取值。如果是无序变量，每个个体都会被归入一定的类别中。如果是有序类别变量，每个个体只能具有一个等级。当然，每个类别或等级中可能包含很多个体。如果是尺度变量，每个个体的值都要包含在变量的取值范围之内。

(2) 变量的分布

变量的分布是指个体在变量取值上的分布。对于一组观察值，一般用频次分布、频率分布和累计频率分布 3 种方法描述变量的分布。

1) 频次分布

变量取值与取值上拥有的个体数的集合称为频次分布。如果变量 x 有 m 个取值，分别为 $x_1, x_2, \cdots, x_m$，每个取值上拥有的个体数分别为 $n_1, n_2, \cdots, n_m$，则这个变量的频次分布可以表示为：

$$(x_1, n_1)$$
$$(x_2, n_2)$$
$$\vdots$$
$$(x_m, n_m)$$

也可以表示为：

$$(x_i, n_i), i = 1, 2, \cdots, m$$

例如，在某城市调查了 1 000 户家庭，7 种家庭类型户数的频次分布为：

(核心家庭，707 户)
(直系家庭，182 户)
(大家庭，7 户)
(断代家庭，9 户)
(单亲家庭，37 户)
(单身家庭，15 户)
(其他家庭，43 户)

2)**频率分布**

变量取值与取值上拥有的个体数的频率的集合称为频率分布。设 $n=n_1+n_2+\cdots+n_m$，则频率分布可以表示为：

$$\left(x_1,\frac{n_1}{n}\right)$$

$$\left(x_2,\frac{n_2}{n}\right)$$

$$\vdots$$

$$\left(x_m,\frac{n_m}{n}\right)$$

也可以表示为：

$$\left(x_i,\frac{n_i}{n}\right),i=1,2,\cdots,m$$

将频率分布的频率乘以 100%，就是百分比。

例如，上述 1 000 户家庭，7 种家庭类型户数的频率分布为：

（核心家庭，0.707）

（直系家庭，0.182）

（大家庭，0.007）

（断代家庭，0.009）

（单亲家庭，0.037）

（单身家庭，0.015）

（其他家庭，0.043）

3)**累计频率分布**

将上述频率分布中的频率按照变量取值的排列顺序逐项累加就形成了累计频率分布。累计频率分布可以表示为：

$$\left(x_1,\frac{n_1}{n}\right)$$

$$\left(x_2,\frac{n_1+n_2}{n}\right)$$

$$\vdots$$

$$\left(x_m,\frac{n_1+n_2+\cdots+n_m}{n}\right)$$

也可以表示为：

$$\left(x_i,\frac{n_1+n_2+\cdots+n_i}{n}\right),i=1,2,\cdots,m$$

例如，上述 1 000 户家庭，7 种家庭类型户数的累计频率分布为：

(核心家庭,0.707)
(直系家庭,0.889)
(大家庭,0.896)
(断代家庭,0.905)
(单亲家庭,0.942)
(单身家庭,0.957)
(其他家庭,1)

【案例】

在一项有关城市住房问题的研究中,研究人员在甲、乙两个城市各抽样调查300户,其中的一个问题是:“您对您家庭目前的住房状况是否满意?”要求回答的类别依次如下:

1.非常不满意;

2.不满意;

3.一般;

4.满意;

5.非常满意。

调查结果的频次和频率分布如表3.5所示。

表3.5 甲、乙城市家庭对住房状况评价的频次频率分布表

回答类别	甲城市			乙城市		
	频次	频率	累计频率	频次	频率	累计频率
非常不满意	24	0.08	0.08	21	0.07	0.07
不满意	108	0.36	0.44	99	0.33	0.40
一般	93	0.31	0.75	78	0.26	0.66
满意	45	0.15	0.90	64	0.21	0.87
非常满意	30	0.10	1.00	38	0.13	1.00
合计	300	1.00	—	300	1.00	—

通过上述3种分布可以清楚地展现数据的分布特征和统计规律。

上述变量分布的表示方法只适用于类别变量。例如,文化程度、职业、职称等。这样的变量只有少数几个取值,因此描述变量的分布比较容易。对取值很多的尺度变量,上述描述分布的方法就不再适用了,如以元为单位来描述人们的月收入。目前,个人月收入的分布范围可能是从零元到几十万元。这个变量有几十万个取值,如果调查人数为数千人,则每个取值上平均不到一个人,若按照上述方法列出每个取值以及该取值所对应的人数,不仅工作量很大,而且显示不出统计规律,可以说毫无意义。通常将变量的取值划分成段,如年龄段、收入段,再累计该段中的人数来表示变量的分布。

3.1.2　统计表

表现数据分布的最常用方法就是统计表。简单地说,统计表就是将数据按照一定的顺序排列在由横行、纵列交叉结合而成的表格上。统计表能系统地组织和合理地安排大量的数据资料,使之清晰、明了,便于对照、比较和计算。

下面根据变量的层次,讨论统计表制作的特点。

(1)定类变量

表 3.6 是根据上述家庭类型制作的定类变量的统计表。

统计表必须具备的内容有:

表的编号:如表 1.1 或表 1-1。

表的标题:用以简明扼要、准确地说明表的内容。

表头:其中第一列为变量名称,如表 3.6 的“家庭类型”。第二列和第三列为变量对应数的说明,如表 3.6 的“频次”“频率”等。

表身:由于变量取值的不唯一性,这部分至少要有两行以上。第一列位置,按行填写变量的不同取值,取值的顺序可以任意,这一项又称主词。第二列和第三列位置,按行填写变量取值相应的频次、频率等等,第二列以后的内容又称宾词。对于只有百分比的统计表,要写明统计总数。

表尾:如果引用的是间接资料,要写清资料来源。

检验统计表是否正确可根据统计表中的总计来判断。例如,如果频率总计小于 1,表示有的个案情况未能包括在统计表里,即变量取值不满足完备性;反之,如果频率总计大于 1,则必有某些个案情况被同时统计在不止一类,即变量取值不满足互斥性。因此,只有频率总计等于 1 时才能表示统计表中变量取值的分类是正确的。但在实际计算中,由于“四舍五入”的缘故,百分比总和有时是 100.1%或 99.9%等,这些都不算错误。

表 3.6　家庭类型户数的频次和频率分布

家庭类型	频次	频率
核心家庭	707	0.707
直系家庭	182	0.182
大家庭	7	0.007
断代家庭	9	0.009
单亲家庭	37	0.037
单身家庭	15	0.015
其他家庭	43	0.043
总计	1 000	1.000

一般来说,问卷调查表中可供选择的答案就构成了表身中变量的取值内容。可供选择的答案数目就是表身中变量取值的数目。例如,性别有两种可供选择的答案:男和女,因此表身中的变量值也就是男和女两行。但在有关意愿、原因等可多选的社会调查中,可供选择的答案类别数目,有时与变量值的数目并不相等。例如,如果被调查者同时选择了两个选项,则决不能分别在两类选项中各统计一次,这样就破坏了变量取值必须互斥的要求。正确的做法是将挑中两类选项的被调查者另立一类。举例说,若问卷中有这样一个问题:"你认为人生最大的乐趣是什么?",选项有:

a.事业上有成就。

b.美满的婚姻。

c.有丰富的经历、见多识广。

如果其中有被调查者选择的答案不止一个,同时选择 a 和 b,a 和 c,或 b 和 c,这时分类应增加为 6 种:

a.事业上有成就。

b.美满的婚姻。

c.有丰富的经历、见多识广。

d.事业上有成就和美满的婚姻。

e.事业上有成就和有丰富的经历、见多识广。

f.美满的婚姻和有丰富的经历、见多识广。

只有这样,才能保证每一个被调查者只能被统计到其中的一类,从而满足变量互斥性的要求。但分类数的增加,势必造成每类频次的减少,从而增加了统计结果的偶然性。

(2)定序变量

定序变量统计表内容、制作方法与定类变量相同。所不同的是,由于定序变量的取值有大小次序之分,因此在统计表制作时,应保留其变化趋势,不要任意打乱。例如,某电影厂为了解群众是否爱看武打片,将喜爱程度分为五等:非常爱看;爱看;一般;不爱看;很反感。那么,在统计表中,变量取值的排列也应保持以上的次序(表 3.7)。

表 3.7　某电影厂对武打片的反映统计

喜爱程度	频次	百分比/%
非常爱看	7	17.9
爱看	9	23.1
一般	10	25.6
不爱看	10	25.6
很反感	3	7.7
总数	39	99.9

(3)尺度变量

对于尺度变量,由于其取值很多,甚至有无穷多个,用简单表无法展现其分布特征和统计规律,这时可以采用分组表。分组表的主词是将变量的取值按一定的标准分组或分段形成的,如表 3.8。主词中每个组的最大值称为组上限,最小值称为组下限,以第二组为例,9 为组上限,5 为组下限。

表 3.8　2014 年全国分年龄段的人口数

年龄段	人口数	百分比	年龄段	人口数	百分比
0~4	63 990	5.69	55~59	66 409	5.91
5~9	63 132	5.61	60~64	61 608	5.48
10~14	58 287	5.18	65~69	41 709	3.71
15~19	64 719	5.76	70~74	29 133	2.59
20~24	90 785	8.07	75~79	21 330	1.90
25~29	98 845	8.79	80~84	13 289	1.18
30~34	82 546	7.34	85~89	5 604	0.50
35~39	81 792	7.27	90~94	1 757	0.16
40~44	101 959	9.07	95~99	347	0.03
45~49	99 249	8.83	总计	1 124 402	100.00
50~54	77 909	6.93			

说明:2014 年全国人口变动情况抽样调查样本数据,抽样比为 0.822%。

资料来源:《2015 年中国统计年鉴》,中华人民共和国国家统计局。

由于尺度变量的取值很多,分组的多少、组限的确定都会影响对变量分布特征的展现。制作分组表的步骤如下:

第一,确定全距。全距就是变量观察值的最大值与最小值之差。变量的所有观察值都在全距的范围内分布。例如,在某市调查了 883 人的住房面积,最小的为 15 平方米,最大的为 176 平方米,则这 883 人的住房面积的全距为 161 平方米。

第二,确定组数与组距。组数与组距的确定对于分组表的制作非常关键。组数太少,数据的分布就会过于集中,组数太多,数据的分布又会过于分散,这些都不便于观察数据分布的特征和规律。因此,组数的确定要根据全距的大小和观察值的个数综合考虑。观察值多,分组可以相对多一些。一般情况下,一组数据所分的组数不应少于 5 组且不多于 15 组,即 $5 \leqslant K \leqslant 15$。实际应用时,可根据数据的多少和特点及分析的要求来确定组数。组距是一个组的上限与下限的差。组距可根据全部数据的最大值和最小值及所分的组数来确定,即组距=(最大值-最小值)÷组数。考虑到计算方便,一般以2,3,5,10或它们的倍数作为组距。在上述住房面积的例子中,可以考虑以20为组距,大约分为10组。

第三,确定各组的上下限。确定组限的原则是:最低组的下限要小于最小的观察值,最高组的上限要大于最大的观察值。尺度变量的取值数据有两种:一种是离散型数据,如年龄,通常取整数,在相邻的两个数之间不存在其他的数据;另一种是连续型数据,如身高,如果测量的单位可以达到无穷小,理论上任何两个数之间都有无穷多个数。使用这两类数据制作分组表时,组限的确定有一定的差异。如果是离散型数据,相邻组的上下限不能为同一数据,组上下限的确定如表3.8所示。如果是连续型数据,如上述住房面积的例子中,上一组的下限与下一组的上限为同一个值(见表3.9)。此时,每一组的上下限中,有一个为实,而另一个为虚。习惯上以组的上限为实,下限为虚。如表3.9中的60既是40~60组的上限,又是60~80组的下限。如果40~60组中的60是实的,则60~80组中的60就是虚的,这个60代表的意义比真正的60多了一个无穷小。在这种情况下,取值与组上限相同的个体划归本组,与组下限相同的个体划归下一组。如住房面积恰好为60的个体应划归40~60组。

第四,登记各组中个体的频次,计算频率。上述工作完成以后,便将个体按照变量取值的大小划分到各组中,按照需要统计出频次、频率及累计频率等数据,并将统计出的数据置于相应的单元格内,绘制成分组表,如表3.9所示。

表3.9　居民住房面积分布

住房面积/平方米	频次	频率	累计频率
20以下	2	0.002	0.002
20~40	132	0.150	0.152
40~60	430	0.487	0.639
60~80	198	0.224	0.863
80~100	76	0.086	0.949
100~120	30	0.034	0.983
120~140	9	0.010	0.993
140~160	2	0.002	0.995
160~180	4	0.005	1.000
合计	883	1.000	

3.1.3　统计图

统计图就是用图形的形式来表示变量的分布。它和统计表一样,不需要文字叙述,就能反映出资料的特性以及资料之间的关系,同时还具有比统计表更为直观与形象的特点。但缺点是不及统计表精确。根据变量的层次,可选择不同的统计图形。

【案例】

不同原因引起的寿命损失

统计研究表明,某种原因会使寿命减少。我们用 3 种方式来描述统计研究的结果。

第一种方式是用文字来描述。比如,未结婚的男性寿命会减少 3 500 天,女性则减少 1 600 天;吸烟的男性寿命会减少 2 250 天,女性则减少 800 天;饮酒会使寿命减少 130 天;超重 30%会使寿命减少 1 300 天;滥用药物会使寿命减少 90 天……

第二种方式是用表格来描述不同原因引起的寿命减少的天数,结果如下表所示。

原因	寿命减少的天数
未结婚(男性)	3 500
惯用左手	3 285
吸烟(男性)	2 250
未结婚(女性)	1 600
超重 30%	1 300
超重 20%	900
吸烟(女性)	800
抽雪茄	300
危险工作,事故	300
交通事故	200
饮酒	130
滥用药物	90
一般工作,事故	74
自然放射性	8
喝咖啡	6
医疗 X 射线	6

第三种方式是用柱形图来描述这些结果，结果如下图所示。

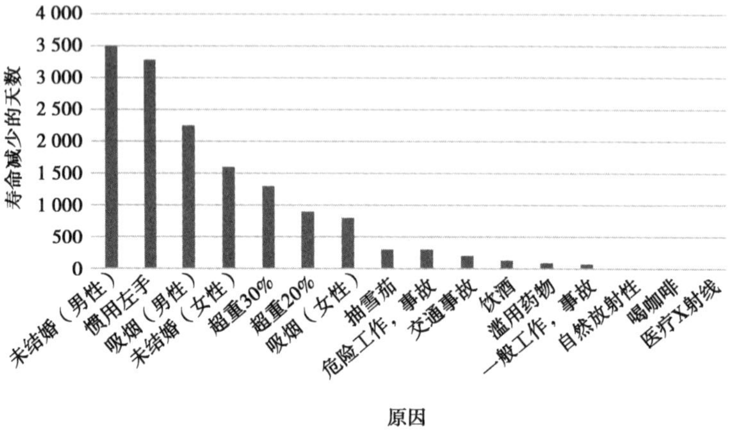

比较上述 3 种方式，你认为哪种方式更好？

(1)描述类别变量分布特征的统计图

1)条形图

条形图是用宽度相同的条形的长短或高低来表示数据大小的统计图。在图中，条的宽度没有意义，条与条之间是分离的。用条形图来描述类别变量的分布时，以类别变量的取值为横轴的分类标志，以纵轴表示频次或频率。图 3.1 是根据表 3.7 的频率分布数据制作的条形图。条形图在比较数据大小时能给人留下非常直观的印象。

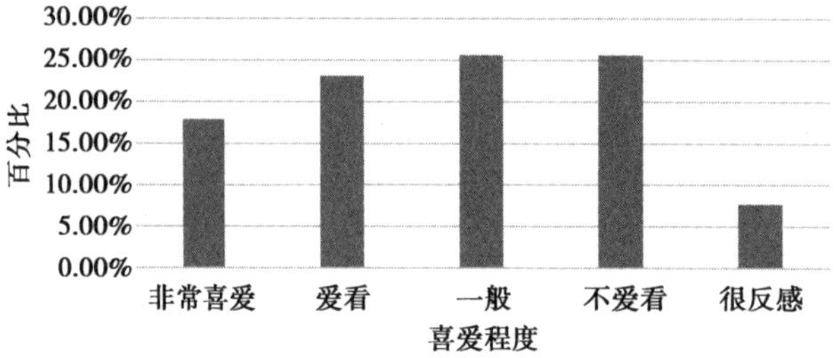

图 3.1　某电影厂对武打片的反映统计条形图

2)饼图

饼图一般用于描述类别变量中各类别所占的比例。饼图是用圆形及圆内扇形的角度来表示数值大小的图形，以一个圆为整体，以每一部分所占的比例来分割圆心角，圆心角所对应的扇形即表示每一部分所占的比例。图 3.2 是根据表 3.7 的数据制作的饼图。

3)折线图

折线图是在坐标系内用折线或连续曲线表示事物分布或变化的图形。图 3.3 是根据表 3.7 的数据制作的折线图。

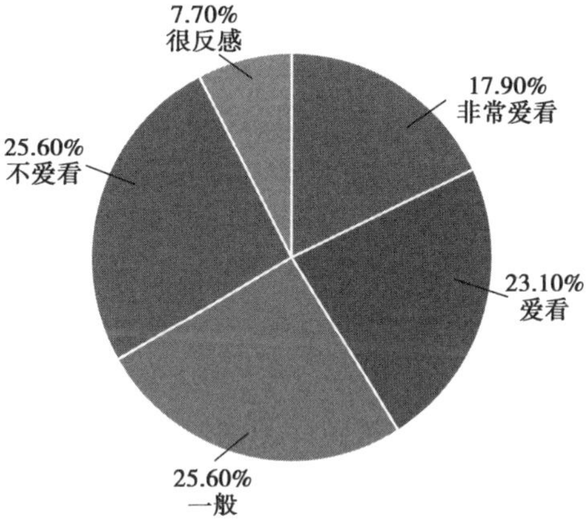

图 3.2　某电影厂对武打片的反映统计饼图

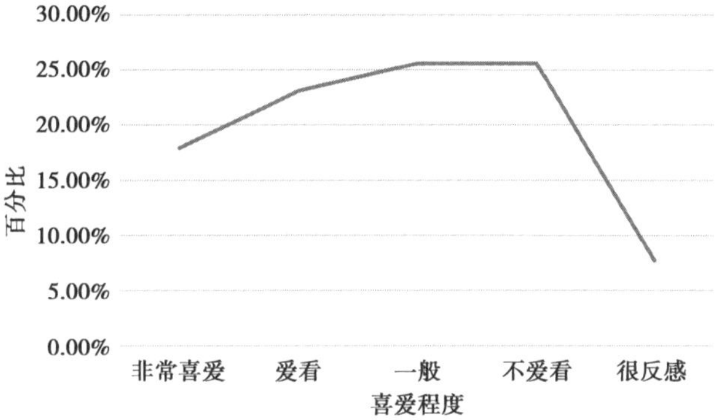

图 3.3　某电影厂对武打片的反映统计折线图

(2)描述尺度变量分布特征的统计图

1)**直方图**

在描述尺度变量的分布时,直方图也用条形的长短或高低来表示数据的大小。直方图以尺度变量为横轴,以分组的组限为横轴的数据标志,以纵轴表示频次或频率。图 3.4 是根据表 3.9 的频率分布数据制作的直方图。

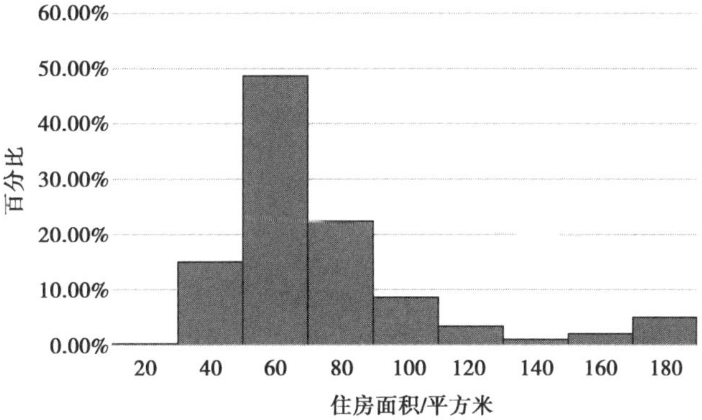

图 3.4　住房面积分布直方图

直方图与条形图的不同之处在于：首先，条形图是用条形的长度（横置时）表示各类别频次的多少，其宽度则是固定的；直方图是用面积表示各组频次的多少，矩形的高度表示每一组的频次或频率，宽度则表示各组的组距，因此其高度与宽度均有意义。其次，由于分组数据具有连续性，直方图的各矩形通常是连续排列，而条形图则是分开排列。最后，条形图主要用于展示类别变量，而直方图则主要用于展示尺度变量。

2）**累计频率直方图**

以尺度变量为横轴，以分组的组限为横轴的数据标志，以纵轴表示累计频率制作的直方图就是累计频率直方图。图 3.5 是根据表 3.9 的累计频率分布数据制作的累计频率直方图。

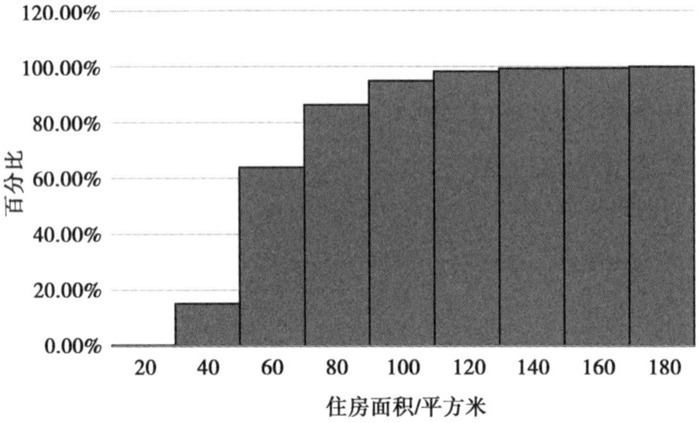

图 3.5　住房面积分布累计频率直方图

3）**折线图**

尺度变量的分布也可以用折线图来描述。将直方图或累计频率直方图条形顶部的中点用直线连接即构成描述尺度变量分布的折线图。图 3.6 和图 3.7 分别是根据表 3.9 中的频率和累计频率数据制作的折线图。

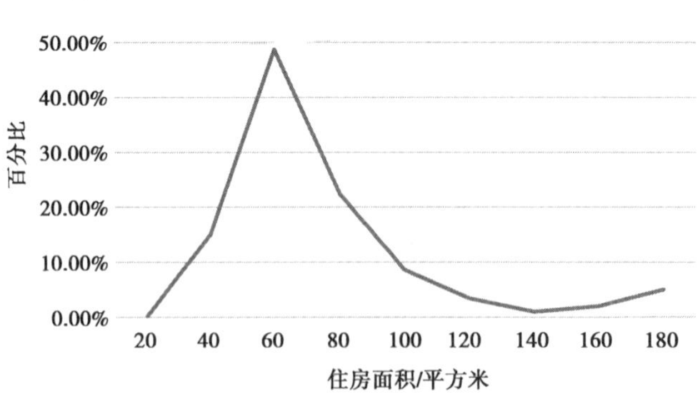

图 3.6　住房面积分布折线图

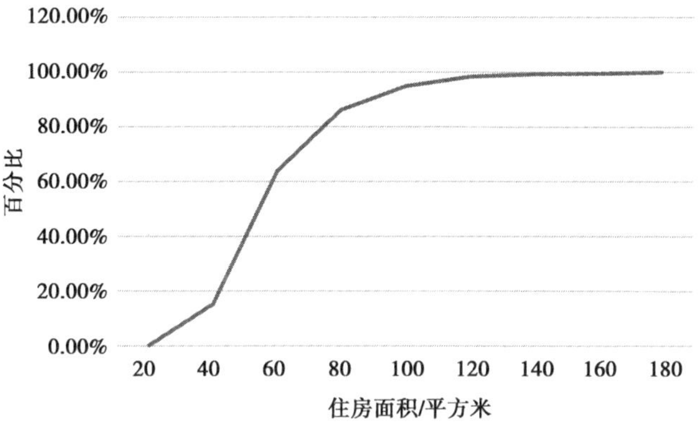

图 3.7　住房面积分布累计频率折线图

3.2　集中趋势

用图或表的形式虽然能够很好地展现变量的分布状况,但是不够简洁,尤其是将不同的总体或样本进行比较时,使用图或表难以得出清晰的结论。况且在很多情况下,不可能对所有的数据都有详尽的了解。在对不同总体进行比较时,也不可能一一比较每个数据,这就需要对变量的全部取值进行概括,找出一个典型的统计特征值来代表全体数据。

集中趋势是指一组数据向某一中心值靠拢的程度,它反映了一组数据中心点的位置所在,概括地说明变量的状态或水平的统计特征值。由于测量层次不同,变量取值的数据特征不同,用于概括变量状态的集中趋势也不同。需要强调的是,低层次数据的集中趋势测度值适用于高层次的测量数据;反过来,高层次数据的集中趋势测度值并不适用于低层次的测量数据。因此,选用哪一个测度值来反映数据的集中趋势,要根据所掌握的数据的类型和特点来确定。

3.2.1　众数

众数(M_o)是根据频次来确定的集中趋势量值。在一个变量的取值中,出现频次最多的变量取值就是众数。例如,在表 3.6 中,核心家庭是家庭类型的众数。

从某种意义上来说,用出现频次最高的变量取值来概括变量的集中状态,代表性最好。日常生活中使用众数来概括变量状态的做法很常见。例如,一个有多种产业的城市,如果重工业的从业人数最多,那么可称其为重工业城。

关于众数,有以下几点需要注意:

第一,众数适用于任何层次的变量,只要频次分布已知就可以找到众数。但众数主要用于概括和描述类别变量。

第二,对于分组的尺度变量,出现频次最高的组称为众数组,可以用众数组的组中值近似替代众数。例如,在表 3.9 中,可以近似认为 50 平方米是住房面积的众数。由于尺度变量有更好的测量集中趋势的特征值,因此一般不使用众数。

第三,众数较适用于单峰分布的情况。在多峰分布的情况下,因为众数不唯一,所以通常不使用它来概括变量分布的状态。

【例 3.1】 在某城市中随机抽取 9 个家庭,调查得到每个家庭的人均月收入数据如下(单位:元)。要求计算人均月收入的众数。

4 080　3 750　4 080　4 080　3 850　3 960　5 000　4 250　4 630

解　由于人均月收入中出现频次最多的是 4 080,因此,众数为 4 080 元。

3.2.2　中位数

中位数(M_e)是位于数列中点的数值,它恰好把全部数据分为两半,比它大的数据与比它小的数据个数正好相等。因为确定中位数需要比较数据的大小,所以只有测量层次在定序以上的变量才可以使用。但如果一个序列变量的取值很少,也不适合用中位数作为集中趋势来概括全部数据。实际上,中位数适用于取值很多的序列变量和尺度变量。

(1)未分组数据中位数的计算

1)根据原始数据计算中位数

对于原始数据,只要将数据按大小顺序排成数列便可以找到中位数。

当数据总数为奇数时,中位数是第$\frac{N+1}{2}$个数。例如,由 1,3,5,7,9,11,13 组成的数列有 7 个数,$\frac{7+1}{2}=4$,第 4 个数是 7,则 7 就是这个数列的中位数。

当数据总数为偶数时,在$\frac{N+1}{2}$的地方没有数值,则中位数为:

$$M_e = \frac{x_{\frac{N}{2}} + x_{\frac{N}{2}+1}}{2} \tag{3.1}$$

其中,$x_{\frac{N}{2}}$为排好序后第$\frac{N}{2}$个数据的值,$x_{\frac{N}{2}+1}$为排好序后第$\frac{N}{2}+1$个数据的值。

例如,在由 1,3,5,7,9,11,13,15 组成的数列中:

$$x_{\frac{N}{2}} = x_4 = 7, x_{\frac{N}{2}+1} = x_5 = 9$$

根据式(3.1),中位数 $M_e=\frac{7+9}{2}=8$,8 虽然不是该数列中的数据,但它恰好把数列分为两半。

2)根据频次分布计算中位数

当原始数据很多时,这时可根据分布来计算中位数。

表 3.10　××年级学生的成绩分布

成绩	频次	累计频次
优	10	10
良	210	220
中	195	415
及格	85	500

根据表 3.10,中位数的位置 $=\dfrac{N+1}{2}=250.5$,则中位数 $M_e=$ 中。

(2)分组数据中位数的计算

在分组数据中,因为没有了数据的原始值,所以无法直接寻找中位数,需要先找到中位数组,第 $\dfrac{N}{2}$ 个数据所在的组为中位数组。确定中位数组以后,利用式(3.2)计算中位数:

$$M_e = L + \frac{\frac{N}{2} - Cf\uparrow}{n}h \tag{3.2}$$

其中,L 是中位数组的下限,h 是组距,n 是中位数组的频次,N 为数据总个数,$Cf\uparrow$ 是 L 以下的累计频次。

【例 3.2】　根据表 3.9 的数据计算中位数。

解　由表 3.9 可知:$N=883$,则 $\dfrac{N}{2}=441.5$,因此第 442 个数据所在的 40~60 的组是中位数所在的组。

$$L = 40, h = 20, n = 430, Cf\uparrow = 134$$

$$M_e = L + \frac{\frac{N}{2} - Cf\uparrow}{n}h = 40 + \frac{\frac{883}{2} - 134}{430} \times 20 = 54.3\text{(平方米)}$$

即表 3.9 中住房面积的中位数为 54.3 平方米。

3.2.3　算术平均值

算术平均值也称平均值或均值,是全部数据的平均水平。算术平均数主要适用于尺度变量。用算术平均数作为变量的集中值,不仅考虑到变量值的频次、次序,而且还考虑到它的大小。数据资料中任何频次、次序和数值大小的变化,都会引起算术平均数的改变,因此它是灵敏的,也是对资料所提供信息运用得最充分的。

(1)未分组数据算术平均值的计算

1)根据原始数据计算算术平均值

当原始数据比较少时,可直接累加观察值,除以观察值总数,以求得均值,计算公式为:

$$\bar{x}=\frac{\sum_{i=1}^{n}x_i}{n} \tag{3.3}$$

其中,$\bar{x}$ 为平均值,$\sum_{i=1}^{n}x_i$ 为所有观察值的总和,n 为观察值的个数。

【例 3.3】 已知 5 名男性的年龄分别为:35,41,55,48,29(单位:岁);5 名女性的年龄分别为:23,38,18,40,51(单位:岁)。分别计算他们的平均年龄。

解

$$\bar{x}_{男}=\frac{\sum_{i=1}^{5}x_i}{5}=\frac{35+41+55+48+29}{5}=41.6(岁)$$

$$\bar{x}_{女}=\frac{\sum_{i=1}^{5}x_i}{5}=\frac{23+38+18+40+51}{5}=34(岁)$$

即这 5 名男性的平均年龄为 41.6 岁,5 名女性的平均年龄为 34 岁。

2)根据频次分布计算算术平均值

如果数据已经存在于频次分布表中,则可根据频次分布表中的数据计算算术平均值。设变量有 k 个取值 $x_i(i=1,2,\cdots,k)$,每个取值出现的频次为 $n_i(i=1,2,\cdots,k)$。利用频次分布数据计算平均值的公式为:

$$\bar{x}=\frac{\sum_{i=1}^{k}n_ix_i}{\sum_{i=1}^{k}n_i}=\frac{n_1x_1+n_2x_2+\cdots+n_kx_k}{n_1+n_2+\cdots+n_k} \tag{3.4}$$

【例 3.4】 表 3.11 是某年级的成绩分布情况,请计算他们的平均成绩。

表 3.11 某年级的成绩分布情况

成绩	50	60	63	70	74	80
人数	15	28	40	290	160	17

解

$$\bar{x}=\frac{\sum_{i=1}^{6}n_ix_i}{\sum_{i=1}^{6}n_i}=\frac{50\times15+60\times28+63\times40+70\times290+74\times160+80\times17}{15+28+40+290+160+17}$$

$$=\frac{38\ 450}{550}=69.9(分)$$

即该年级的平均成绩为 69.9 分。

(2) 分组数据算术平均值的计算

如果数据存在于分组表中,则以组中值来代替原始数据计算分组数据的平均值。设数据分为 k 组,每一组的组中值$\left(\frac{\text{组上限+组下限}}{2}\right)$为 $b_i(i=1,2,\cdots,k)$,每组的频次为 $n_i(i=1,2,\cdots,k)$。分组数据平均值的计算公式为:

$$\bar{x}=\frac{\sum_{i=1}^{k}n_ib_i}{\sum_{i=1}^{k}n_i} \tag{3.5}$$

【例 3.5】 根据表 3.9 的数据计算被调查者住房面积的平均值。

解 根据各组的上下限计算各组的组中值为:

$b_1=10, b_2=30, b_3=50, b_4=70, b_5=90, b_6=110, b_7=130, b_8=150, b_9=170$。

$$\text{则 } \bar{x}=\frac{\sum_{i=1}^{9}n_ib_i}{\sum_{i=1}^{9}n_i}=\frac{2\times10+132\times30+\cdots+2\times150+4\times170}{2+132+430+198+76+30+9+2+4}$$

$$=\frac{51\ 630}{883}=58.47(\text{平方米})$$

即被调查者的平均住房面积为 58.47 平方米。

3.2.4 众数、中位数和算术平均值的比较

(1) 众数、中位数和和平均数的关系

从分布的角度看,众数始终是一组数据分布的最高峰值,中位数是处于一组数据中间位置上的值,而平均数则是全部数据的算术平均。因此,对于具有单峰分布的大多数数据而言,众数、中位数和平均数之间具有以下关系:如果数据的分布是对称的,众数(M_o)、中位数(M_e)和平均数($\bar{x}$)必定相等,即 $M_o=M_e=\bar{x}$;如果数据是左偏分布,说明数据存在极小值,必然拉动平均数向极小值一方靠,而众数和中位数由于是位置代表值,不受极值的影响,因此三者之间的关系表现为:$\bar{x}<M_e<M_o$;如果数据是右偏分布,说明数据存在极大值,必然拉动平均数向极大值一方靠,因此 $M_o<M_e<\bar{x}$。上述关系如图 3.8 所示。

(2) 众数、中位数和平均数的特点与应用场合

掌握众数、中位数和平均数的特点,有助于在实际应用中选择合理的测度值来描述数据的集中趋势。

这 3 个集中趋势特征值设计的目的是共同的,都是希望通过一个数值来描述数据的整体特征,以便简化资料。一般来说,众数适用于所有的变量,中位数适用于定序以上层次变量,而算术平均值适用于尺度变量。但是,对于测量层次一定的变量应选择代表性最好的特征值。

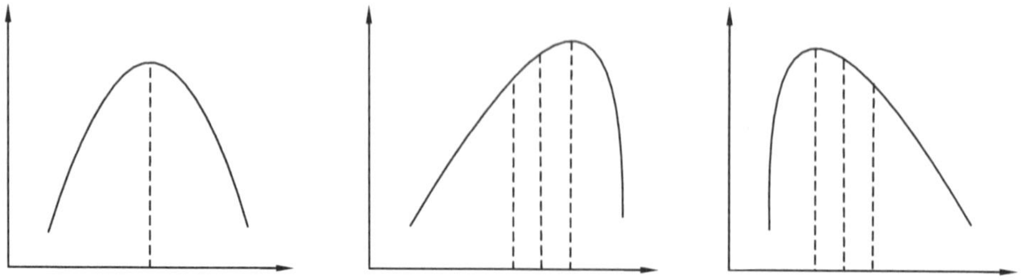

$M_o=M_e=\bar{x}$　　$\bar{x}<M_e<M_o$　　$M_o<M_e<\bar{x}$

(a)对称分布　　(b)左偏分布　　(c)右偏分布

图 3.8　不同分布的众数、中位数和平均数

对于尺度变量,有众数、中位数和算术平均值 3 个集中趋势量可供使用。但因为众数和中位数都是用变量的一个值来概括全部数据,所以其代表性较差;而求算术平均值时所有的数据都参与了计算,所以算术平均值是概括性最好、代表性最强的集中趋势量。而且,由于尺度变量大多取值很多,有时可能呈现多峰分布,因此一般不用众数来描述,也很少用中位数来描述。

对于定序变量,有众数和中位数两个集中趋势量可供使用,由于中位数体现了数据能够比较大小的功能,因此一般情况下,认为中位数的代表性要好于众数。而定类变量只能使用众数来描述。

3.3　离散趋势

【案例】

奥运会女子 10 米气手枪比赛

在奥运会女子 10 米气手枪比赛中,每个运动员首先进行每组 10 枪共 4 组的预赛,然后根据预赛总成绩确定进入决赛的 8 名运动员。决赛时 8 名运动员再进行 10 枪射击,将预赛成绩加上决赛成绩以确定最后的名次。在 2008 年 8 月 10 日举行的第 29 届北京奥运会女子 10 米气手枪决赛中,进入决赛的 8 名运动员的预赛成绩和最后 10 枪的决赛成绩如下表所示。

姓名	国家	预赛成绩	决赛 10 枪成绩/环									
纳塔利娅·帕杰琳娜	俄罗斯	391	10.0	8.5	10.0	10.2	10.6	10.5	9.8	9.7	9.5	9.3
郭文珺	中国	390	10.0	10.5	10.4	10.4	10.1	10.3	9.4	10.7	10.8	9.7
卓格巴德拉赫·蒙赫珠勒	蒙古国	387	9.3	10.0	8.7	8.3	9.2	9.5	8.5	10.7	9.2	9.2

续表

姓名	国家	预赛成绩	决赛 10 枪成绩/环									
妮诺·萨卢克瓦泽	格鲁吉亚	386	9.8	10.3	10.0	9.5	10.2	10.7	10.4	10.6	9.1	10.8
维多利亚·柴卡	白俄罗斯	384	9.3	9.4	10.4	10.1	10.2	10.5	9.2	10.5	9.8	8.6
莱万多夫斯卡·萨贡	波兰	384	8.1	10.3	9.2	9.9	9.8	10.4	9.9	9.4	10.7	9.6
亚斯娜·舍卡里奇	塞尔维亚	384	10.2	9.6	9.9	9.9	9.3	9.1	9.7	10.0	9.3	9.9
米拉·内万苏	芬兰	384	8.7	9.3	9.2	10.3	9.8	10.0	9.7	9.9	9.9	9.7

评价哪名运动员的发挥更稳定，如果各运动员的平均成绩差异不大，我们就需要比较各运动员成绩的离散趋势。下面将介绍表示数据离散趋势的各类测度值。

对于一个变量的一组观察值，仅用集中趋势来描述是不够的。首先，变量的取值范围不同，集中趋势的代表性不同。例如，被调查地区 A 和 B 的年平均家庭收入均为 10 万元，但由于地区 A 的年家庭收入分布在 8 万到 12 万元之间，而地区 B 的年家庭收入分布在 3 万到 20 万元之间，所以我们有理由认为地区 A 年平均家庭收入的代表性强于地区 B。其次，即使变量的取值范围相同，变量的分布特征不同，集中趋势的代表性也不同。由此看来，还需要找到一些表示数据分散程度的统计特征值，这些特征值则称为离散趋势。

3.3.1　异众比率

当用众数表示变量的集中趋势时，我们并不知道非众数的频次和在总体中所占的比例。显然，非众数的频次占比越小，众数的代表性就越好；反之，非众数的频次占比越大，众数的代表性就越差，所提供的信息量也就越小。异众比率（γ）就是非众数在数据总数 N 中所占的比例。

$$\gamma = \frac{N - f_{M_o}}{N} \tag{3.6}$$

其中，f_{M_o} 为众数的频次，N 为数据总个数。

可见，异众比率是众数的补充，是表明众数代表性的统计特征值。当 $\gamma=0$ 时，说明变量只有一个取值，那就是众数。这时，众数可以完全代表变量，其代表性最强。当 $\gamma=1$ 时，表明数据十分分散，众数几乎没有代表性。

【例 3.6】　根据表 3.6 计算家庭类型户数分布的异众比率。

解　已知 $f_{M_o}=707$（户），$N=1\ 000$（户）。

$$\gamma = \frac{N - f_{M_o}}{N} = \frac{1\ 000 - 707}{1\ 000} = 0.293$$

即家庭类型户数分布的异众比率为 0.293。

3.3.2 极差(全距)

极差是变量的取值范围，是配合中位数或平均值说明数据离散程度的统计特征值，是对定序以上变量离散程度的度量。极差一般用 R 表示，其公式为：

$$R = \text{观察的最大值} - \text{观察的最小值} \tag{3.7}$$

极差是最简单的描述数据离散程度的测度值，计算简单，易于理解。极差大表示数据分布分散，极差小表示数据分布集中。但由于极差的值是由端点的变量值决定的，因此个别远离群体的极值会极大地改变极差，以至于有时极差不能真实地反映数据总体的离散程度。

3.3.3 四分位差

对于测量层次在定序以上的变量，可以用四分位差来描述变量分布的离散程度。将数据按大小顺序排成数列以后，从下向上数处于25%位置上的值称为下四分位数，用 Q_{25} 表示；从下向上数处于75%位置上的值称为上四分位数，用 Q_{75} 表示。上下四分位数之差即为四分位差，一般用 Q 表示。

$$Q = Q_{75} - Q_{25} \tag{3.8}$$

四分位差反映了中间50%数据的分散程度，数值越小，说明中间的数据越集中；数值越大，说明中间的数据越分散。它的优点是既比较好地说明了数据的离散状况，又减少了极值对数据总体造成的影响。由于中位数处于中间位置，因此四分位差在一定程度上说明了中位数的代表性。

(1)未分组数据四分位差的计算

计算四分位差要先计算上下四分位数，根据四分位数的定义可得：

$$Q_{25}\text{ 的位置} = \frac{n}{4} \tag{3.9}$$

$$Q_{75}\text{ 的位置} = \frac{3n}{4} \tag{3.10}$$

如果四分位数所在位置是整数，则四分位数就是该位置上的值。如果是小数，且小数位为0.5，则四分位数取该位置两侧值的平均数。如果是在0.25或0.75的位置上，则四分位数等于该位置下侧值加上按比例分摊位置两侧数值的差值。具体计算方法见例3.7。

【例3.7】 下面的一组数据是某单位49名职工的住房面积(单位：平方米)，请计算住房面积分布的四分位差。

33 42 42 48 48 52 55 58 62 65 65 65 66 66 66 66 68 68 68 68 68 70 70 70 72 72 72 72 75 75 75 76 76 78 85 87 90 92 95 98 103 109 110 112 118 125 130 178 179

解 $n = 49$

Q_{25}的位置$=\frac{n}{4}=\frac{49}{4}=12.25$，第 12.25 个数据两侧的数据为 65 和 66。

则下四分位数为：

$$Q_{25} = 65 + 0.25 \times (66 - 65) = 65.25$$

Q_{75}的位置$=\frac{3n}{4}=\frac{3\times 49}{4}=36.75$，第 36.75 个数据两侧的数据为 87 和 90。

则上分位数为：

$$Q_{75} = 87 + 0.75 \times (90 - 87) = 89.25$$

由此，四分位差为：

$$Q = Q_{75} - Q_{25} = 89.25 - 65.25 = 24$$

即这个单位职工住房面积中间 50%数据的离散范围是 24 平方米。

(2)分组数据四分位差的计算

对于分组数据，上下四分位数的计算与中位数的计算方法基本相同。计算公式为：

下四分位数
$$Q_{25} = L + \frac{\frac{N}{4} - Cf\uparrow}{n}h \tag{3.11}$$

其中，L 是处于 25%位置上的值所在组的下限，n 是处于 25%位置上的值所在组的频次，$Cf\uparrow$ 是 L 以下的累计频次，h 为组距，N 为数据总个数。

上四分位数
$$Q_{75} = L + \frac{\frac{3N}{4} - Cf\uparrow}{n}h \tag{3.12}$$

其中，L 是处于 75%位置上的值所在组的下限，n 是处于 75%位置上的值所在组的频次，$Cf\uparrow$ 是 L 以下的累计频次，h 为组距，N 为数据总个数。

根据式(3.11)和式(3.12)计算出上下四分位数后，再利用式(3.8)计算四分位差。

【例 3.8】 请利用表 3.9 的数据计算居民家庭住房面积分布的四分位差。

解 ①求下四分位数。

从下向上数 25%的位置为：$883\times 25\%=221$，第 221 个数据在 40~60 平方米的组。因此，$L=40$，$n=430$，$Cf\uparrow=134$，$h=20$，$N=883$。

$$Q_{25} = L + \frac{\frac{N}{4} - Cf\uparrow}{n}h = 40 + \frac{\frac{883}{4} - 134}{430} \times 20 = 44.03(\text{平方米})$$

②求上四分位数。

从下向上数 75%的位置为：$883\times 75\%=662$，第 662 个数据在 60~80 平方米的组。因此，$L=60$，$n=198$，$Cf\uparrow=564$，$h=20$，$N=883$。

$$Q_{75} = L + \frac{\frac{3N}{4} - Cf\uparrow}{n}h = 60 + \frac{\frac{3\times 883}{4} - 564}{198} \times 20 = 69.92(\text{平方米})$$

③求四分位差。

$$Q = Q_{75} - Q_{25} = 69.92 - 44.03 = 25.89(\text{平方米})$$

即调查样本中有50%的人住房面积分布在44.03和69.92平方米之间,他们家庭住房面积分布的四分位差为25.89平方米。

3.3.4 方差与标准差

虽然极差和四分位差能够在一定程度上表明数据的离散趋势,但是它们只给出了数据的分布范围,只利用了数据的部分信息。两组极差和四分位差都相等的数据分布情况可能差异很大。因此,对于尺度变量,概括其离散程度最好的特征值是方差和标准差。

【案例】

鳗鱼的公共繁殖场所

20世纪早期,哥本哈根卡尔堡实验室的施密特(J.Schmidt)发现不同地区所捕获的同种鱼类的脊椎骨和腮腺的数量有很大不同,甚至在同一海湾内不同地点所捕获的同种鱼类也是这样。然而,鳗鱼的脊椎骨的数量却变化不大。施密特在从冰岛、亚速尔群岛和尼罗河等几乎分离的海域里所捕获的鳗鱼的样本中,通过计算发现了几乎一样的均值和标准差。

施密特由此推断:各个不同海域内的鳗鱼是由海洋中某公共场所繁殖的。后来名为“戴纳”(Dana)的科学考察船在一次远征中发现了这个场所。

(1)离差和平均差

离差是变量的某个观察值 x_i 与变量平均值 $\bar{x}$ 之间的差,它反映的是个体相对于平均值的离散情况。若用 d 表示离差,则:

$$d = x_i - \bar{x} \tag{3.13}$$

平均差则是离差绝对值的平均值,也称平均离差,用 D 表示。如果变量有 n 个观察值,则平均差的计算公式为:

$$D = \frac{\sum_{i=1}^{n} |x_i - \bar{x}|}{n} \tag{3.14}$$

平均差虽然能够很好地反映数据的离散情况,但因其中包含绝对值,所以在理论推导中的应用受到限制。

(2)方差和标准差

方差和标准差是用平方的方法消除了离差中的绝对值后形成的统计特征值。方差是离差平方的平均值,标准差是方差的平方根。方差和标准差的计算公式为:

$$\text{方差 } \sigma^2 = \frac{\sum_{i=1}^{n} (x_i - \bar{x})^2}{n} \tag{3.15}$$

$$标准差\ \sigma = \sqrt{\frac{\sum_{i=1}^{n}(x_i - \bar{x})^2}{n}} \tag{3.16}$$

其中，x_i 为第 i 个观察值，$\bar{x}$ 表示平均值，n 为变量的总个数。

1)用原始数据计算方差、标准差

在利用原始数据计算方差和标准差时，可直接根据式(3.15)和式(3.16)得到结果。

【例 3.9】　5 名学生的身高分别为 1.67 米、1.71 米、1.74 米、1.60 米、1.58 米，请计算这 5 名学生身高分布的方差和标准差。

解　$\bar{x} = \frac{1.67+1.71+1.74+1.60+1.58}{5} = 1.66$(米)

$$x_1 - \bar{x} = 1.67 - 1.66 = 0.01,$$
$$x_2 - \bar{x} = 1.71 - 1.66 = 0.05,$$
$$x_3 - \bar{x} = 1.74 - 1.66 = 0.08,$$
$$x_4 - \bar{x} = 1.60 - 1.66 = -0.06,$$
$$x_5 - \bar{x} = 1.58 - 1.66 = -0.08$$

$$\sigma^2 = \frac{\sum_{i=1}^{5}(x_i - \bar{x})^2}{5} = \frac{0.01^2 + 0.05^2 + 0.08^2 + (-0.06)^2 + (-0.08)^2}{5} = 0.002\ 64$$

$$\sigma = \sqrt{\frac{\sum_{i=1}^{5}(x_i - \bar{x})^2}{5}} = \sqrt{0.002\ 64} = 0.051\ 38$$

即 5 名学生身高分布的方差为 0.002 64，标准差为 0.051 38。

2)用频次分布数据计算方差、标准差

如果原始数据已经整理为频次分布表，可以直接利用频次分布表的数据计算方差和标准差。设变量有 k 个取值，每个取值出现的频次为 n_i，则计算方差和标准差的公式分别为：

$$方差\ \sigma^2 = \frac{\sum_{i=1}^{k}(x_i - \bar{x})^2 n_i}{\sum_{i=1}^{k} n_i} \tag{3.17}$$

$$标准差\ \sigma = \sqrt{\frac{\sum_{i=1}^{k}(x_i - \bar{x})^2 n_i}{\sum_{i=1}^{k} n_i}} \tag{3.18}$$

其中，x_i 为第 i 个观察值，$\bar{x}$ 表示平均值。

【例 3.10】　请根据表 3.11 的数据计算该年级成绩分布的方差和标准差。

解　由表 3.11 可知，$k=6$，$\bar{x}=69.9$。

$$\sigma^2 = \frac{\sum_{i=1}^{6}(x_i - \bar{x})^2 n_i}{\sum_{i=1}^{6} n_i}$$

$$= \frac{(-19.9)^2 \times 15 + (-9.9)^2 \times 28 + (-6.9)^2 \times 40 + 0.1^2 \times 290 + 4.1^2 \times 160 + 10.1^2 \times 17}{15 + 28 + 40 + 290 + 160 + 17}$$

$$= \frac{5\,940.15 + 2\,744.28 + 1\,904.4 + 2.9 + 2\,689.6 + 1\,734.17}{550}$$

$$= \frac{15\,015.5}{550} = 27.30$$

$$\sigma = \sqrt{\sigma^2} = \sqrt{27.30} = 5.22$$

即该年级成绩分布的方差为 27.30，标准差为 5.22。

3）用分组数据计算方差、标准差

由于分组表中已经没有了原始数据，可以用每一组的组中值代替该组的变量计算方差和标准差。因此，用分组数据计算方差和标准差的公式分别为：

$$方差\ \sigma^2 = \frac{\sum_{i=1}^{k}(b_i - \bar{x})^2 n_i}{\sum_{i=1}^{k} n_i} \tag{3.19}$$

$$标准差\ \sigma = \sqrt{\frac{\sum_{i=1}^{k}(b_i - \bar{x})^2 n_i}{\sum_{i=1}^{k} n_i}} \tag{3.20}$$

其中，b_i 为第 i 组的组中值，$\bar{x}$ 为平均值，n_i 是第 i 组的频次，k 为组数。

【例 3.11】 请根据表 3.9 的数据计算居民住房面积分布的方差和标准差。

解 根据表 3.9 的数据可知，$\bar{x}=58.47$，其他计算结果见表 3.12 所示。

表 3.12 居民住房面积分布方差和标准差计算

住房面积/平方米	频次 n_i	组中值 b_i	$b_i-\bar{x}$	$(b_i-\bar{x})^2$	$(b_i-\bar{x})^2 n_i$
20 以下	2	10	−48.47	2 349.34	4 698.68
20~40	132	30	−28.47	810.54	106 991.40
40~60	430	50	−8.47	71.74	30 848.59
60~80	198	70	11.53	132.94	26 322.30
80~100	76	90	31.53	994.14	75 554.71
100~120	30	110	51.53	2 655.34	79 660.23

续表

住房面积/平方米	频次 n_i	组中值 b_i	$b_i-\bar{x}$	$(b_i-\bar{x})^2$	$(b_i-\bar{x})^2n_i$
120~140	9	130	71.53	5 116.54	46 048.87
140~160	2	150	91.53	8 377.74	16 755.48
160~180	4	170	111.53	12 438.94	49 755.76
合计	883				436 636.02

$$\sigma^2 = \frac{\sum_{i=1}^{k}(b_i-\bar{x})^2 n_i}{\sum_{i=1}^{k} n_i} = \frac{436\ 636.02}{883} = 494.49$$

$$\sigma = \sqrt{\sigma^2} = \sqrt{494.49} = 22.24$$

即居民住房面积分布的方差为 494.49,标准差为 22.24。

【习　题】

1.一家汽车零售店的 10 名销售人员 5 月份销售的汽车数量(单位:辆)排序后如下:

2　4　7　10　10　10　12　12　14　15

要求:

①计算汽车销售量的众数、中位数和平均数。

②计算销售量的四分位数。

③计算销售量的标准差。

④说明汽车销售量分布的特征。

2.在某地区抽取 120 家企业,按利润额进行分组,结果如下:

按利润额分组/万元	企业数/个
200~300	19
300~400	30
400~500	42
500~600	18
600 及以上	11
合计	120

要求：

①计算 120 家企业利润额的平均数和标准差。

②找出 120 家企业利润额的众数并计算异众比率。

3.某电商 6 月份各天的销售额数据如下：

单位：万元

257	276	297	252	238	310	240	236	265	278
271	292	261	281	301	274	267	280	291	258
272	284	268	303	273	263	322	249	269	295

要求：

①计算该电商日销售额的平均数和中位数。

②计算日销售额的四分位数。

③计算日销售额的标准差。

④对上述数据进行适当分组，编制频数和百分比分布表，并绘制直方图。

4.甲、乙两个班各有 40 名学生，期末社会统计学考试成绩的分布如下：

考试成绩	人数	
	甲班	乙班
优	3	6
良	6	15
中	18	9
及格	9	8
不及格	4	2

要求：

①根据上面的数据，画出两个班考试成绩的对比条形图和饼图。

②比较两个班考试成绩分布的特点。

5.为了确定灯泡的使用寿命，在一批灯泡中随机抽取 100 个进行测试，所得结果如下：

单位:小时

700	716	728	719	685	709	691	684	705	718
706	715	712	722	691	708	690	692	707	701
708	729	694	681	695	685	706	661	735	665
668	710	693	697	674	658	698	666	696	698
706	692	691	747	699	682	698	700	710	722
694	690	736	689	696	651	673	749	708	727
688	689	683	685	702	741	698	713	676	702
701	671	718	707	683	717	733	712	683	692
693	697	664	681	721	720	677	679	695	691
713	699	725	726	704	729	703	696	717	688

要求:

①以组距为 10 进行等距分组,整理成频数分布表。

②根据分组数据绘制直方图,说明数据分布的特点。

第 4 章 两个类别变量关系的描述统计

在社会学定量研究中，不仅要描述变量的分布，概括变量的状态，还要分析变量之间的关系。例如，分析性别和体育爱好的关系、文化程度和生育子女数量的关系、职业和政治参与的关系、收入和住房面积的关系等等。对不同的变量，其测量层次不同，相应地，对变量之间关系的分析方法也不同。

如果要分析的对象是两个类别变量，如性别和职业、性别和文化程度、文化程度和生活满意度，既可以采用交叉列表的方法从两个变量的交叉分布来分析它们之间的关系，也可以采用分类图的方法直观地表现它们之间的关系，还可以用相关系数精确地描述它们之间关系的强度。

【案例】

泰坦尼克号的死亡记录

1912 年 4 月 15 日，豪华巨轮泰坦尼克号与冰山相撞沉没。1985 年，泰坦尼克号的沉船遗骸被发现。美国探险家洛维特在船舱里看见了一幅画，102 岁高龄的罗丝声称她就是画中的少女。罗丝开始叙述她当年的故事：1912 年 4 月 10 日，被称为“世界工业史上的奇迹”的泰坦尼克号从英国的南安普敦出发驶往美国纽约。富家少女罗丝与母亲及未婚夫卡尔一道上船，另一边，不羁的少年画家杰克靠在码头上的一场赌博赢到了船票。罗丝不愿嫁给卡尔，打算投海自尽，被杰克抱住。很快，美丽活泼的罗丝与英俊开朗的杰克相爱了。然而悲剧发生了，泰坦尼克号与冰山相撞。杰克把生存的机会让给了爱人罗丝，自己则在海里被冻死了。老态龙钟的罗丝把那串价值连城的珠宝沉入海底，让它陪着杰克和这段爱情长眠海底。我们后来看到的电影《泰坦尼克号》就是根据罗丝的回忆拍摄的。

据记载，当时船上有 1 316 名乘客和 892 名船员，共 2 208 人，事故发生后幸存 718 人，约 2/3 的人在海难中丧生。2 208 人中，按性别划分，男性 1 738 人，女性 470 人；按年龄划分，成年人 2 099 人，儿童 109 人；按所在舱位划分，一等舱 325 人，二等舱 285 人，三等舱 706 人，船员舱 892 人。在幸存的 718 人中，按性别划分，男性 374 人，女性 344 人；按年龄划分，成年人 661 人，儿童 57 人；按所在舱位划分，一等舱 203 人，二等舱 118 人，三等舱 178 人，船员舱 219 人。

以上都是类别变量，数据是枯燥的，但讲述的问题却是鲜活的。例如，死亡与性别是否有关？与年龄是否有关？与所在舱位是否有关？如何解释这些关系？当时人们的价值观念和对待死亡的态度有什么联系？通过本章的学习，可以掌握对类别变量进行描述统计的方法。

4.1　列联表分析

4.1.1　两个类别变量相关的概念

为说明两个类别变量之间的关系，我们先举一个例子。某单位对闲暇时间进行了全面调查，发现老年人中爱看戏曲节目的比率为 74.07%，中年人爱看戏曲节目的比率为 25.00%，青年人爱看戏曲节目的比率为 3.51%。样本数据表明，是否爱看戏曲节目与年龄段相关。如果有两个类别变量，当一个变量取不同类别时，另一个变量的分布有显著差异，则认为这两个类别变量相关；当一个变量取不同类别时，另一个变量的分布没有显著差异，则认为这两个变量不相关。如果上例的调查结果是不同年龄段中爱看戏曲节目的比率均为 74.07%，则认为是否爱看戏曲节目与年龄段不相关。两个类别变量之间的关系要通过两个变量的交叉分布来描述，这种分析方法称为交叉列表分析，构成的表格称为交叉表或列联表，两个类别变量之间的相关称为列联相关。

4.1.2　列联表的结构

列联表是统计表的一种，是将两个以上的变量进行交叉分类的频次或频率分布表。它与简单表和分组表的不同之处是在一个表中表现了两个不同变量的分布。表的主词和表头分别是两个变量的取值，表身中单元格的数据是两个变量交叉后的频次或频率分布。例如，表 4.1 是不同年龄段和喜爱收看电视节目类型分布的列联表。

表 4.1　不同年龄段收看电视节目类型的频次分布

年龄段 / 节目类型	老年	中年	青年	合计
戏曲	20	10	2	32
歌舞	5	20	35	60
球赛	2	10	20	32
合计	27	40	57	124

4.1.3　列联表的种类

设 x 与 y 是两个类别变量，x 分为 r 类，即有 $x_1, x_2, \cdots, x_r$，y 分为 c 类，即有 $y_1, y_2, \cdots,$

y_c，数据总个数为 n。根据列联表中单元格数据的不同，列联表可以分为频次分布的列联表和频率分布的列联表。

(1)频次分布的列联表

设 n_{ij} 为 $x=x_i$，$y=y_j$ 时的频次，则频次分布的列联表的一般形式如表 4.2 所示。其中，n_{i*} 是对应第 i 行的频次和，n_{*j} 是对应第 j 列的频次和。

表 4.2 频次分布的列联表

x \ y	y_1	y_2	…	y_j	…	y_c	合计
x_1	n_{11}	n_{12}	…	n_{1j}	…	n_{1c}	n_{1*}
x_2	n_{21}	n_{22}	…	n_{2j}	…	n_{2c}	n_{2*}
⋮	⋮	⋮	⋮	⋮	⋮	⋮	⋮
x_i	n_{i1}	n_{i2}	…	n_{ij}	…	n_{ic}	n_{i*}
⋮	⋮	⋮	⋮	⋮	⋮	⋮	⋮
x_r	n_{r1}	n_{r2}	…	n_{rj}	…	n_{rc}	n_{r*}
合计	n_{*1}	n_{*2}	…	n_{*j}	…	n_{*c}	n

(2)频率分布的列联表

设 p_{ij} 为 $x=x_i$，$y=y_j$ 时的频率，则频率分布的列联表的一般形式如表 4.3 所示。其中，$p_{ij}=\frac{n_{ij}}{n}$，p_{i*} 是对应第 i 行的频率和，$p_{i*}=\frac{n_{i*}}{n}$；p_{*j} 是对应第 j 列的频率和，$p_{*j}=\frac{n_{*j}}{n}$。

表 4.3 频率分布的列联表

x \ y	y_1	y_2	…	y_j	…	y_c	合计
x_1	p_{11}	p_{12}	…	p_{1j}	…	p_{1c}	p_{1*}
x_2	p_{21}	p_{22}	…	p_{2j}	…	p_{2c}	p_{2*}
⋮	⋮	⋮	⋮	⋮	⋮	⋮	⋮
x_i	p_{i1}	p_{i2}	…	p_{ij}	…	p_{ic}	p_{i*}
⋮	⋮	⋮	⋮	⋮	⋮	⋮	⋮
x_r	p_{r1}	p_{r2}	…	p_{rj}	…	p_{rc}	p_{r*}
合计	p_{*1}	p_{*2}	…	p_{*j}	…	p_{*c}	1

例如，根据表 4.1 可求得其频率分布的列联表，见表 4.4 所示。

表 4.4　不同年龄段收看电视节目类型的频率分布

节目类型 \ 年龄段	老年	中年	青年	合计
戏曲	0.161	0.081	0.016	0.258
歌舞	0.040	0.161	0.282	0.484
球赛	0.016	0.081	0.161	0.258
合计	0.218	0.323	0.460	1

4.1.4　列联表中的分布

(1)联合分布

第 3 章第 3.1 节介绍了单变量的分布,对于两个变量而言,为了知道分布,集合中的变量值必须同时具有 x 和 y 两个变量的取值:

$$(x_1, y_1, n_{11})$$
$$(x_1, y_2, n_{12})$$
$$\vdots$$
$$(x_1, y_c, n_{1c})$$
$$\vdots$$
$$(x_i, y_j, n_{ij})$$

当集合中最后一项 n_{ij}表示的是频次时,列联表就是联合频次分布表;当集合中最后一项表示的是频率 p_{ij}时,则列联表就是联合频率分布表。可见,列联表中间部分的数据 n_{ij}或 p_{ij}都是由两个变量共同决定的,所以称为联合分布。

(2)边缘分布

如果对联合分布进行简化研究,只研究其中某一变量的分布,而不管另一变量的取值,这样就得到边缘分布。

关于 y 的边缘分布:把联合分布中的频次或频率按列加总起来,就得到关于 y 的边缘分布,即列联表 4.2 和表 4.3 中最下面一行 n_{*j}或 p_{*j}就是变量 y 的边缘分布。

同理,关于 x 的边缘分布:把联合分布中的频次或频率按行加总起来,就得到关于 x 的边缘分布,即列联表 4.2 和表 4.3 中最右面一列 n_{i*} 或 p_{i*} 就是变量 x 的边缘分布。

(3)条件分布

如果将一个变量取固定值,则另一个变量的分布就是条件分布。在表 4.2 中,每一行的数据是在变量 x 取固定值时变量 y 的频次的条件分布,每一列的数据是在变量 y 取固定值时变量 x 的频次的条件分布。如果变量 x 共有 r 个取值,变量 y 共有 c 个取值,那么从理论上来说,就可以有 $r+c$ 个条件分布。使用条件分布的目的是看当一个变量取不同类别时另一个变量的分布是否有差异。这种差异通过频次分布难以展现,所以条件分布大多采用频率分布。

在列联表 4.2 中,用单元格的频次除以对应列的总频次,即 n_{ij}/n_{*j} 构成的分布称为关于变量 x 的条件分布,也就是变量 y 取固定值时 x 的分布,如表 4.5 所示。

表 4.5　关于 x 的条件分布

x \ y	y_1	y_2	…	y_j	…	y_c	合计
x_1	$\frac{n_{11}}{n_{*1}}$	$\frac{n_{12}}{n_{*2}}$	…	$\frac{n_{1j}}{n_{*j}}$	…	$\frac{n_{1c}}{n_{*c}}$	$\frac{n_{1*}}{n}$
x_2	$\frac{n_{21}}{n_{*1}}$	$\frac{n_{22}}{n_{*2}}$	…	$\frac{n_{2j}}{n_{*j}}$	…	$\frac{n_{2c}}{n_{*c}}$	$\frac{n_{2*}}{n}$
⋮	⋮	⋮	⋮	⋮	⋮	⋮	⋮
x_i	$\frac{n_{i1}}{n_{*1}}$	$\frac{n_{i2}}{n_{*2}}$	…	$\frac{n_{ij}}{n_{*j}}$	…	$\frac{n_{ic}}{n_{*c}}$	$\frac{n_{i*}}{n}$
⋮	⋮	⋮	⋮	⋮	⋮	⋮	⋮
x_r	$\frac{n_{r1}}{n_{*1}}$	$\frac{n_{r2}}{n_{*2}}$	…	$\frac{n_{rj}}{n_{*j}}$	…	$\frac{n_{rc}}{n_{*c}}$	$\frac{n_{r*}}{n}$

同理,在列联表 4.2 中,用单元格的频次除以对应行的总频次,即 n_{ij}/n_{i*} 构成的分布称为关于变量 y 的条件分布,也就是变量 x 取固定值时 y 的分布,如表 4.6 所示。

表 4.6　关于 y 的条件分布

x \ y	y_1	y_2	…	y_j	…	y_c
x_1	$\frac{n_{11}}{n_{1*}}$	$\frac{n_{12}}{n_{1*}}$	…	$\frac{n_{1j}}{n_{1*}}$	…	$\frac{n_{1c}}{n_{1*}}$
x_2	$\frac{n_{21}}{n_{2*}}$	$\frac{n_{22}}{n_{2*}}$	…	$\frac{n_{2j}}{n_{2*}}$	…	$\frac{n_{2c}}{n_{2*}}$
⋮	⋮	⋮	⋮	⋮	⋮	⋮
x_i	$\frac{n_{i1}}{n_{i*}}$	$\frac{n_{i2}}{n_{i*}}$	…	$\frac{n_{ij}}{n_{i*}}$	…	$\frac{n_{ic}}{n_{i*}}$
⋮	⋮	⋮	⋮	⋮	⋮	⋮
x_r	$\frac{n_{r1}}{n_{r*}}$	$\frac{n_{r2}}{n_{r*}}$	…	$\frac{n_{rj}}{n_{r*}}$	…	$\frac{n_{rc}}{n_{r*}}$
合计	$\frac{n_{*1}}{n}$	$\frac{n_{*2}}{n}$	…	$\frac{n_{*j}}{n}$	…	$\frac{n_{*c}}{n}$

【例 4.1】 根据表 4.1 的数据分别求关于年龄段和节目类型的条件分布。

解 用表 4.1 单元格中的频次除以年龄段的边缘分布,即得到关于节目类型的条件分布,如表 4.7 所示。

表 4.7　关于节目类型的条件分布表

年龄段 / 节目类型	老年	中年	青年	合计
戏曲	20/27=0.741	10/40=0.250	2/57=0.035	32/124=0.258
歌舞	5/27=0.185	20/40=0.500	35/57=0.614	60/124=0.484
球赛	2/27=0.074	10/40=0.250	20/57=0.351	32/124=0.258

可见,在不同年龄段中,各电视节目类型所占比例有很大差异。

用表 4.1 单元格中的频次除以节目类型的边缘分布,即得到关于年龄段的条件分布,如表 4.8 所示。

表 4.8　关于年龄段的条件分布表

年龄段 / 节目类型	老年	中年	青年
戏曲	20/32=0.625	10/32=0.313	2/32=0.063
歌舞	5/60=0.083	20/60=0.333	35/60=0.583
球赛	2/32=0.063	10/32=0.313	20/32=0.625
合计	27/124=0.218	40/124=0.323	57/124=0.460

可见,在不同电视节目类型中,各年龄段所占比例有很大差异。

4.1.5　列联表中变量的相互独立性

在列联表中,可以通过比较条件分布来研究类别变量之间的关系。当一个变量取不同类别时,另一个变量的分布有差异,即说明这两个变量是相关的。当一个变量取不同值时,另一个变量的条件分布只有微小差异或者根本无差异,则认为这两个变量不相关,即两个变量相互独立。例如,根据表 4.7 中的每一行,可以比较出三代人的喜爱是否有所不同,三代人的百分比依次为:

戏曲:0.741→0.250→0.035

歌舞:0.185→0.500→0.614

球赛:0.074→0.250→0.351

可见,随着代际的年轻化,戏曲喜爱的比例逐渐下降,而歌舞和球赛却越来越受到欢迎,从而得出节目类型的喜爱程度与代际有关的结论,即节目类型与年龄段这两个变量是相关的。

现在设想，如果统计的结果是三代人的百分比保持不变，即：

戏曲：0.741→0.741→0.741

歌舞：0.185→0.185→0.185

球赛：0.074→0.074→0.074

显然，如果各节目类型三代人的喜爱比例是一样的话，那就表示节目类型与年龄段这两个变量之间是不相关的，即两个变量相互独立。

从频率分布来看，两个变量相互独立的表现是条件分布等于边缘分布。

$$\frac{n_{11}}{n_{*1}}=\frac{n_{12}}{n_{*2}}=\cdots=\frac{n_{1c}}{n_{*c}}=\frac{n_{1*}}{n}$$
$$\vdots \tag{4.1}$$
$$\frac{n_{r1}}{n_{*1}}=\frac{n_{r2}}{n_{*2}}=\cdots=\frac{n_{rc}}{n_{*c}}=\frac{n_{r*}}{n}$$

因此，列联表中两个变量相互独立可以表达为：

$$\frac{n_{ij}}{n_{*j}}=\frac{n_{i*}}{n} \tag{4.2}$$

将式(4.2)等号左侧的分子、分母同乘以 n 得：

$$\frac{nn_{ij}}{nn_{*j}}=\frac{n_{i*}}{n}$$

上式可以变换为：

$$\frac{n_{ij}}{n}=\frac{n_{i*}}{n}\times\frac{n_{*j}}{n} \tag{4.3}$$

即

$$p_{ij}=p_{i*}\times p_{*j} \tag{4.4}$$

式(4.4)说明，若两个变量相互独立，则在频率分布的列联表中，联合分布等于边缘分布的乘积，其一般形式如表 4.9 所示。

表 4.9 两个变量相互独立的列联表

x \ y	y_1	y_2	…	y_j	…	y_c	合计
x_1	$p_{11}=p_{1*}p_{*1}$	$p_{12}=p_{1*}p_{*2}$	…	$p_{1j}=p_{1*}p_{*j}$	…	$p_{1c}=p_{1*}p_{*c}$	p_{1*}
x_2	$p_{21}=p_{2*}p_{*1}$	$p_{22}=p_{2*}p_{*2}$	…	$p_{2j}=p_{2*}p_{*j}$	…	$p_{2c}=p_{2*}p_{*c}$	p_{2*}
⋮	⋮	⋮	⋮	⋮	⋮	⋮	⋮
x_i	$p_{i1}=p_{i*}p_{*1}$	$p_{i2}=p_{i*}p_{*2}$	…	$p_{ij}=p_{i*}p_{*j}$	…	$p_{ic}=p_{i*}p_{*c}$	p_{i*}
⋮	⋮	⋮	⋮	⋮	⋮	⋮	⋮
x_r	$p_{r1}=p_{r*}p_{*1}$	$p_{r2}=p_{r*}p_{*2}$	…	$p_{rj}=p_{r*}p_{*j}$	…	$p_{rc}=p_{r*}p_{*c}$	p_{r*}
合计	p_{*1}	p_{*2}	…	p_{*j}	…	p_{*c}	1

4.2　分类图

两个类别变量之间的关系不仅可以通过交叉列表的方法来描述，而且可以通过统计图的方法来描述。常用的统计图有分类条形图、分类饼图和折线图等。

4.2.1　分类条形图

使用分类条形图来描述两个变量之间的关系时，通常以一个变量的取值作为横轴上的标志点，以另一个变量的取值来分类；以不同标志点上分类变量的频次或频率作为条的长度绘制条形图。如果在每个标志点上分类变量各个条长基本相等，则说明两个变量基本不相关。图 4.1 是根据表 4.7 绘制的分类条形图。从图中可以更加直观地看出，不同年龄段的被调查者在各个节目类型中的比例都有显著的差异，这说明年龄段与节目类型是相关的。

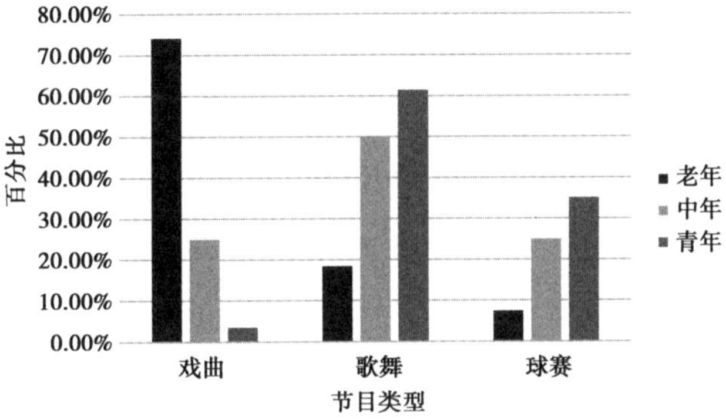

图 4.1　不同年龄段收看节目类型的分布条形图

4.2.2　分类饼图

饼图主要用于描述变量各个取值上的个体数在总数中所占的比例。用分类饼图描述两个变量之间的关系时，以一个变量作为分类标志，绘制在分类变量取不同值时，另一个变量分布的多个饼图。饼图中的圆形可以分开画，也可以从大到小叠在一起。如果在不同的圆形中各个扇形所占的比例基本相同，就可以认为这两个变量不相关。图 4.2 是根据表 4.7 绘制的分类饼图。

4.2.3　折线图

用折线图描述两个变量的关系，是通过在坐标系内绘制分类变量取不同值时另一个变量分布的多条折线来描述两个类别变量之间相关关系的。如果这些折线基本重合，或者相差不大，则认为两个变量不相关。图 4.3 则是根据表 4.7 绘制的折线图。

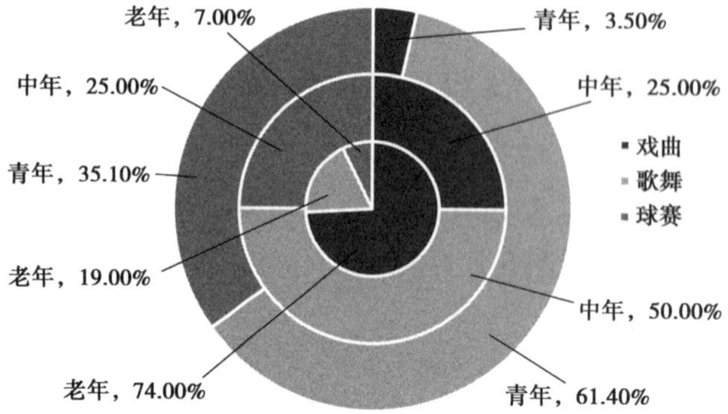

图 4.2　不同年龄段收看节目类型的分布饼图

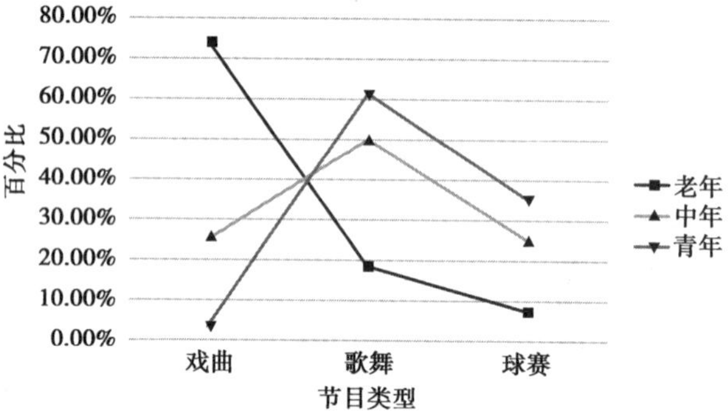

图 4.3　不同年龄段收看节目类型的分布折线图

4.3　列联相关系数

用图和表的方法可以粗略地说明两个变量之间是否相关,但难以对两个变量的关系进行精确的度量。为准确、清晰地描述变量之间关系的强度和方向,统计学家根据不同测量层次的变量构建了一系列的统计指标,这就是相关系数。

两个定类变量之间的关系可以用列联相关系数来描述。在多年的统计实践中,统计学家构建了多个列联相关系数,概括起来有两种方法:一种是基于卡方值来构建,另一种是基于消减误差比例的方法来构建。由于后者可以把各种层次的变量的相关统一起来进行研究,更具有普遍意义。因此,本节重点介绍基于消减误差比例的方法构建的列联相关系数。

列联相关系数是描述两个类别变量之间关系的特征值。因为有更好的特征值来描述两个定序变量之间关系的强度,所以列联相关系数主要用于描述两个定类变量,以及一个定类变量和一个定序变量之间的关系。

4.3.1　消减误差比例的统计思想

消减误差比例的基本思想是:在没有任何可参考信息的情况下猜测一个事物时会有很

大的盲目性,而借助一个与被猜测的事物有关的事物来进行猜测,就会减少盲目性,提高猜测的准确性。如果两个变量相关,则借助一个变量去猜测另一个变量时会消减猜测误差。消减的误差大,说明两个变量之间的密切程度高;消减的误差小,说明两个变量之间的密切程度低。这样,消减误差的大小便可以作为测量两个变量之间关系密切程度的指标。

设两个变量 x 和 y,观察的个体总数为 n。现直接猜测每个个体在变量 y 上的取值,这是一种盲目猜测,必然产生误差,设猜测 n 个个体所产生的总误差为 E_1。如果每个个体在变量 x 上的取值是已知的,则可以借助个体在变量 x 上的取值来猜测其在变量 y 上的取值,设此时产生的总误差为 E_2。则消减误差比例的计算公式为:

$$PRE = \frac{E_1 - E_2}{E_1} \tag{4.5}$$

当变量 x 与 y 不相关时,由于知道 x 与否无助于 y 的预测,则借助 x 来猜测 y 所产生的误差与直接猜测 y 产生的误差相同,即 $E_1 = E_2$,因此:

$$PRE = \frac{E_1 - E_2}{E_1} = 0(\text{两变量完全不相关})$$

同理,当变量 x 与 y 完全相关时,借助 x 能够准确地计算 y,不产生任何误差,即 $E_2 = 0$,因此:

$$PRE = \frac{E_1 - E_2}{E_1} = \frac{E_1}{E_1} = 1(\text{两变量完全相关})$$

可见,PRE 是一个取值在 0 和 1 之间的相对数。其值越接近 1,说明两个变量的相关性越强;其值越接近 0,说明两个变量的相关性越弱。

例如,假设有 4 名学生的平均身高是 170 厘米。若要猜测每名学生的身高,唯一可以参考的信息就是平均身高,此时只能猜测每名学生的身高均为 170 厘米。实际上,这 4 名学生的身高分别为 181 厘米、176 厘米、162 厘米、161 厘米。则猜测所产生的总误差为:

$$E_1 = (181 - 170) + (176 - 170) + (170 - 162) + (170 - 161) = 34(\text{厘米})$$

若此时再假设前两名学生为男生,平均身高是 178.5 厘米;后两名学生为女生,平均身高是 161.5 厘米。现在再来猜测这 4 名学生的身高时就可以以性别作为参考。此时,男生的身高均猜测为 178.5 厘米,女生的身高均猜测为 161.5 厘米,则猜测所产生的总误差为:

$$E_2 = (181 - 178.5) + (178.5 - 176) + (162 - 161.5) + (161.5 - 161) = 6(\text{厘米})$$

消减误差比例为:

$$PRE = \frac{E_1 - E_2}{E_1} = \frac{34 - 6}{34} = 0.82$$

可见,借助性别来猜测学生的身高可以消减 82%的误差,这说明性别与身高有较强的相关关系。

若假设 4 名学生的身高是两名男生均为 175 厘米,两名女生均为 165 厘米,平均身高仍为 170 厘米,计算此时的 E_1,E_2 和消减误差比例分别为:

$$E_1 = 2 \times (175 - 170) + 2 \times (170 - 165) = 20(\text{厘米})$$

$$E_2 = 2 \times (175 - 175) + 2 \times (165 - 165) = 0(\text{厘米})$$

$$PRE = \frac{E_1 - E_2}{E_1} = \frac{20 - 0}{20} = 1$$

此时,性别与身高是完全相关的,借助性别可以准确地猜测学生的身高。

消减误差比例公式中 E_1,E_2 的具体定义,不仅在不同层次的变量有所不同,而且对于同一层次的变量,也可以有所不同。下面介绍列联表中根据两种 E_1 和 E_2 的定义方法所形成的两种系数:λ 系数和τ系数。

【案例】

相关系数的应用

在某城市社区随机抽取了 200 名 60 岁以上的老年人,男女各 100 名,他们对去老年公寓养老的态度分布如下表所示。

态度 性别	愿意	不愿意	合计
男	30	70	100
女	60	40	100
合计	90	110	200

从表中可以看出,老年人是否愿意去老年公寓养老与性别是相关的。那么,这两个变量之间的相关程度怎么样呢?这就需要计算二者的相关系数。下面将介绍两种相关系数:λ 系数和τ系数。

4.3.2 λ 系数

λ 系数就是基于消减误差比例的思想构建的列联相关系数。利用消减误差比例的思想构建列联相关系数的关键是确定 E_1 和 E_2,现举一例予以说明。

假设在某学校随机抽取了 200 名学生,男女各 100 名,对他们是否愿意参加课外辅导的调查结果如表 4.10 所示。从表 4.10 可以看出,学生们是否愿意参加课外辅导与性别是相关的。要计算这两个变量的相关系数,应先定义 E_1 和 E_2。

表 4.10 学生是否愿意参加课外辅导的统计结果

态度 性别	愿意	不愿意	合计
男生	40	60	100
女生	70	30	100
总计	110	90	200

假设只知道调查样本中有 110 个学生愿意参加课外辅导,90 人不愿意参加。在这种情况下要猜测每一个学生的态度,可以猜测为所有的学生都愿意参加课外辅导。因为这样能猜对 110 人,猜错 90 人。此时形成的误差 E_1 为:

$$E_1 = 200 - 110 = 90(\text{人})$$

如果在知道了不同性别的学生对参加课外辅导的态度分布的情况下再对每个学生的态度进行猜测,猜测的方法是:所有的男生均猜测为不愿意,所有的女生均猜测为愿意。这样能猜对 130 人,猜错 70 人。此时形成的误差 E_2 为:

$$E_2 = (100 - 60) + (100 - 70) = 70(\text{人})$$

则消减误差比例为:

$$PRE = \frac{E_1 - E_2}{E_1} = \frac{90 - 70}{90} = 0.22$$

即利用性别来猜测学生对参加课外辅导的态度可以消减 22%的误差。根据上述定义 E_1 和 E_2 的方法可以推导出计算列联表中两个变量之间 λ 系数的公式。下面讨论 λ 系数中 E_1 和 E_2 的定义方法。

(1)E_1 的定义

以列联表 4.2 为例,在未知 y 与 x 相关之前,如果要去预测 y 值,唯一可以参考的则是 y 本身的分布,即关于 y 的边缘分布。当预测每一个 y 值时,用边缘分布中的众数来猜测所有个体要比用其他取值来猜测产生的误差小。设变量 y 众数的频次为 $\max(n_{*j})$,则猜测误差 E_1 为:

$$E_1 = n - \max(n_{*j}) \tag{4.6}$$

(2)E_2 的定义

当知道 y 与 x 相关之后,如果再去预测每一个 y 值,显然要先看它属于 x 的哪一类,然后根据这一类中 y 的众数去猜测它,即用条件分布中的众数去预测 y,这样猜中的频次最多,误差最小。

设 $x = x_1$ 时,条件分布中众数的频次为 $\max(n_{1j})$;

$x = x_2$ 时,条件分布中众数的频次为 $\max(n_{2j})$;

⋮

$x = x_i$ 时,条件分布中众数的频次为 $\max(n_{ij})$;

⋮

$x = x_r$ 时,条件分布中众数的频次为 $\max(n_{rj})$。

则猜测误差 E_2 为:

$$E_2 = n - \sum_{i=1}^{r} \max(n_{ij}) \tag{4.7}$$

(3)λ 系数的计算

综上,用变量 x 来猜测 y 的消减误差比例 λ_y 系数的计算公式为:

$$\lambda_y=\frac{E_1-E_2}{E_1}=\frac{n-\max(n_{*j})-\left[n-\sum_{i=1}^{r}\max(n_{ij})\right]}{n-\max(n_{*j})}$$

$$=\frac{\sum_{i=1}^{r}\max(n_{ij})-\max(n_{*j})}{n-\max(n_{*j})} \tag{4.8}$$

即 $\lambda_y=\dfrac{\text{每行最高频次之和}-y\text{ 边缘和中的最高频次}}{\text{个体总数}-y\text{ 边缘和中的最高频次}}$

当变量 x 和 y 不相关时,边缘频率分布等于条件频率分布,所有的众数均在同一列,因此有:

$$\sum_{i=1}^{r}\max(n_{ij})=\max(n_{*j})$$

代入式(4.8)得:

$$\lambda_y=0$$

当变量 x 和 y 完全相关时,表 4.2 中的每一行都只有一个不为 0 的频次,因此有:

$$\sum_{i=1}^{r}\max(n_{ij})=n$$

代入式(4.8)得:

$$\lambda_y=1$$

即当变量 x 和 y 不相关时,$\lambda_y=0$;当变量 x 和 y 完全相关时,$\lambda_y=1$。

从上述 λ_y 系数的计算中可以看出,消减误差比例是基于借助 x 猜测 y 来定义的。如果借助 y 来猜测 x,定义的 E_1 和 E_2 是不同的,计算出的 λ 系数也是不同的,即 λ 系数具有不对称性。

参照式(4.8),借助 y 来猜测 x 的 λ_x 系数的计算公式为:

$$\lambda_x=\frac{E_1-E_2}{E_1}=\frac{n-\max(n_{i*})-\left[n-\sum_{j=1}^{c}\max(n_{ij})\right]}{n-\max(n_{i*})}$$

$$=\frac{\sum_{j=1}^{c}\max(n_{ij})-\max(n_{i*})}{n-\max(n_{i*})} \tag{4.9}$$

即 $\lambda_x=\dfrac{\text{每列最高频次之和}-x\text{ 边缘和中的最高频次}}{\text{个体总数}-x\text{ 边缘和中的最高频次}}$

如果两个变量之间具有明确意义上的因果关系,习惯上将 x 设为自变量,将 y 设为因变量。如果两个变量之间的因果关系不太明确,可以计算 λ_y 和 λ_x 的加权平均数作为两个变量的列联相关系数,计算公式如下:

$$\lambda=\frac{n-\max(n_{i*})}{2n-\max(n_{i*})-\max(n_{*j})}\lambda_x+\frac{n-\max(n_{*j})}{2n-\max(n_{i*})-\max(n_{*j})}\lambda_y \tag{4.10}$$

【例 4.2】　请计算表 4.1 中年龄段与电视节目类型间的 λ 系数。

解　由交叉列表可以看出,年龄段与电视节目类型是相关的。

设节目类型为 x,年龄段为 y,则:

$$\lambda_y = \frac{\sum_{i=1}^{r} \max(n_{ij}) - \max(n_{*j})}{n - \max(n_{*j})} = \frac{20 + 35 + 20 - 57}{124 - 57} = \frac{18}{67} = 0.269$$

$$\lambda_x = \frac{\sum_{j=1}^{c} \max(n_{ij}) - \max(n_{i*})}{n - \max(n_{i*})} = \frac{20 + 20 + 35 - 60}{124 - 60} = \frac{15}{64} = 0.234$$

$$\lambda = \frac{n - \max(n_{i*})}{2n - \max(n_{i*}) - \max(n_{*j})}\lambda_x + \frac{n - \max(n_{*j})}{2n - \max(n_{i*}) - \max(n_{*j})}\lambda_y$$

$$= \frac{124 - 60}{2 \times 124 - 60 - 57} \times 0.234 + \frac{124 - 57}{2 \times 124 - 60 - 57} \times 0.269$$

$$= \frac{64}{131} \times 0.234 + \frac{67}{131} \times 0.269 = 0.252$$

即年龄段和电视节目类型的 λ 系数为 0.252。

【例 4.3】　为了研究饮食习惯与地区之间的关系,作了共 100 人的抽样调查(见表 4.11),请计算地区和饮食习惯间的 λ 系数。

表 4.11　饮食习惯与地区的抽样调查结果

地区 / 饮食习惯	南方	北方	总计
面食	10	30	40
米食	40	20	60
总计	50	50	100

解　为了检验饮食习惯是否与地区相关,设变量地区为 x,饮食习惯为 y,则:

$$\lambda_y = \frac{\sum_{i=1}^{r} \max(n_{ij}) - \max(n_{*j})}{n - \max(n_{*j})} = \frac{40 + 30 - 60}{100 - 60} = \frac{10}{40} = 0.25$$

结果表明,饮食习惯与地区间是相关的,如果用地区去解释饮食习惯的差异,可以减少预测误差的 25%。

4.3.3　τ 系数

τ 系数也是基于消减误差比例的思想构建的列联相关系数,但是对 E_1 和 E_2 的定义与 λ 系数中的有所不同。仍以表 4.10 中学生是否愿意参加课外辅导为例,说明 τ 系数计算中 E_1 和 E_2 的定义方法。

在不知道变量 x 和 y 相关的情况下,猜测每个个体的 y 值时,只能参考 y 的边缘分布。为了更多地利用变量 y 边缘分布的信息,不再用众数对 y 进行猜测,而是改用 y 边缘分布的比例进行猜测。具体做法是,将表 4.10 中的 200 人随机地分为 110 人和 90 人两组。将 110 人这一组的个体都猜测为愿意参加课外辅导,对于这组学生的态度猜错的人数为:

$$110 \times \left(1 - \frac{110}{200}\right)$$

将 90 人这一组的个体都猜测为不愿意参加课外辅导,对于这组学生的态度猜错的人数为:

$$90 \times \left(1 - \frac{90}{200}\right)$$

这样猜测产生的误差 E_1 为:

$$E_1 = 110 \times \left(1 - \frac{110}{200}\right) + 90 \times \left(1 - \frac{90}{200}\right) = 99(\text{人})$$

当知道变量 x 和 y 相关后,将 100 名男生随机分为 40 人和 60 人两组。将 40 人这一组的个体都猜测为愿意参加课外辅导,而将 60 人这一组的个体都猜测为不愿意参加课外辅导。那么,对于男生的态度猜错的人数为:

$$40 \times \left(1 - \frac{40}{100}\right) + 60 \times \left(1 - \frac{60}{100}\right) = 48(\text{人})$$

同理,将 100 名女生随机分为 70 人和 30 人两组。将 70 人这一组的个体都猜测为愿意参加课外辅导,而将 30 人这一组的个体都猜测为不愿意参加课外辅导。那么,对于女生的态度猜错的人数为:

$$70 \times \left(1 - \frac{70}{100}\right) + 30 \times \left(1 - \frac{30}{100}\right) = 42(\text{人})$$

这样,猜测产生的误差 E_2 为:

$$E_2 = 48 + 42 = 90(\text{人})$$

消减误差比例为:

$$PRE = \frac{E_1 - E_2}{E_1} = \frac{99 - 90}{99} = 0.091$$

依据上述方法计算出的 PRE 即为 τ 系数。下面以列联表 4.2 为例,讨论 τ 系数的一般形式。

$$E_1 = n_{*1}\left(1 - \frac{n_{*1}}{n}\right) + n_{*2}\left(1 - \frac{n_{*2}}{n}\right) + \cdots + n_{*c}\left(1 - \frac{n_{*c}}{n}\right)$$

$$= n - \frac{1}{n}\sum_{j=1}^{c} n_{*j}^2 \tag{4.11}$$

$$E_2 = \left(n_{1*} - \frac{1}{n_{1*}}\sum_{j=1}^{c} n_{1j}^2\right) + \left(n_{2*} - \frac{1}{n_{2*}}\sum_{j=1}^{c} n_{2j}^2\right) + \cdots + \left(n_{r*} - \frac{1}{n_{r*}}\sum_{j=1}^{c} n_{rj}^2\right)$$

$$= n - \sum_{i=1}^{r}\sum_{j=1}^{c}\frac{n_{ij}^2}{n_{i*}} \tag{4.12}$$

将式(4.11)和式(4.12)代入式(4.5),得:

$$\tau_y = \frac{E_1 - E_2}{E_1} = \frac{n - \frac{1}{n}\sum_{j=1}^{c} n_{*j}^2 - \left(n - \sum_{i=1}^{r}\sum_{j=1}^{c}\frac{n_{ij}^2}{n_{i*}}\right)}{n - \frac{1}{n}\sum_{j=1}^{c} n_{*j}^2}$$

$$= \frac{\sum_{i=1}^{r}\sum_{j=1}^{c}\frac{n_{ij}^2}{n_{i*}} - \frac{1}{n}\sum_{j=1}^{c} n_{*j}^2}{n - \frac{1}{n}\sum_{j=1}^{c} n_{*j}^2} \tag{4.13}$$

当变量 x 和 y 不相关时,边缘频率分布等于条件频率分布:

$$\frac{n_{11}}{n_{1*}} = \frac{n_{21}}{n_{2*}} = \cdots = \frac{n_{*1}}{n}$$

$$\frac{n_{12}}{n_{1*}} = \frac{n_{22}}{n_{2*}} = \cdots = \frac{n_{*2}}{n}$$

$$\vdots$$

$$\frac{n_{1c}}{n_{1*}} = \frac{n_{2c}}{n_{2*}} = \cdots = \frac{n_{*c}}{n}$$

因此,下列各式可用边缘分布来表示:

$$\sum_{i=1}^{r}\frac{n_{i1}^2}{n_{i*}} = \frac{n_{11}^2}{n_{1*}} + \frac{n_{21}^2}{n_{2*}} + \cdots + \frac{n_{r1}^2}{n_{r*}} = (n_{11} + n_{21} + \cdots + n_{r1}) \times \left(\frac{n_{*1}}{n}\right) = \frac{n_{*1}^2}{n}$$

$$\sum_{i=1}^{r}\frac{n_{i2}^2}{n_{i*}} = \frac{n_{12}^2}{n_{1*}} + \frac{n_{22}^2}{n_{2*}} + \cdots + \frac{n_{r2}^2}{n_{r*}} = (n_{12} + n_{22} + \cdots + n_{r2}) \times \left(\frac{n_{*2}}{n}\right) = \frac{n_{*2}^2}{n}$$

$$\vdots$$

$$\sum_{i=1}^{r}\frac{n_{ic}^2}{n_{i*}} = \frac{n_{1c}^2}{n_{1*}} + \frac{n_{2c}^2}{n_{2*}} + \cdots + \frac{n_{rc}^2}{n_{r*}} = (n_{1c} + n_{2c} + \cdots + n_{rc}) \times \left(\frac{n_{*c}}{n}\right) = \frac{n_{*c}^2}{n}$$

把以上 c 个式子加总起来,则有:

$$\sum_{i=1}^{r}\sum_{j=1}^{c}\frac{n_{ij}^2}{n_{i*}} = \frac{1}{n}\sum_{j=1}^{c} n_{*j}^2 \tag{4.14}$$

将式(4.14)代入式(4.13),由于分子为 0,所以有:

$$\tau_y = 0$$

当变量 x 和 y 完全相关时,表 4.2 中的各列及各行均只有一个不为 0 的频次,因此边缘分布的值与各列的 n_{ij}值相等,则:

$$\sum_{i=1}^{r}\sum_{j=1}^{c}\frac{n_{ij}^2}{n_{i*}} = n \tag{4.15}$$

将式(4.15)代入式(4.13),分子与分母相等,因此:

$$\tau_y = 1$$

可见,当变量 x 和 y 不相关时,$\tau_y=0$;当变量 x 和 y 完全相关时,$\tau_y=1$。

与 λ 系数一样,如果借助 y 来猜测 x,定义的 E_1 和 E_2 是不同的,计算出的τ系数也是不同的,即τ系数也具有不对称性。

借助 y 来猜测 x 的τ系数的计算公式为:

$$\tau_x=\frac{E_1-E_2}{E_1}=\frac{n-\frac{1}{n}\sum_{i=1}^{r}n_{i*}^2-\left(n-\sum_{j=1}^{c}\sum_{i=1}^{r}\frac{n_{ij}^2}{n_{*j}}\right)}{n-\frac{1}{n}\sum_{i=1}^{r}n_{i*}^2}$$

$$=\frac{\sum_{j=1}^{c}\sum_{i=1}^{r}\frac{n_{ij}^2}{n_{*j}}-\frac{1}{n}\sum_{i=1}^{r}n_{i*}^2}{n-\frac{1}{n}\sum_{i=1}^{r}n_{i*}^2} \tag{4.16}$$

【例 4.4】 请计算表 4.1 中年龄段与电视节目类型间的τ系数。

解 设节目类型为变量 x,年龄段为变量 y,则:

$$E_1=n-\frac{1}{n}\sum_{j=1}^{c}n_{*j}^2=124-\frac{1}{124}\times(27^2+40^2+57^2)=79.02$$

$$E_2=n-\sum_{i=1}^{r}\sum_{j=1}^{c}\frac{n_{ij}^2}{n_{i*}}$$

$$=124-\left(\frac{20^2+10^2+2^2}{32}+\frac{5^2+20^2+35^2}{60}+\frac{2^2+10^2+20^2}{32}\right)=65$$

$$\tau=\frac{E_1-E_2}{E_1}=\frac{79.02-65}{79.02}=0.177$$

即年龄段与电视节目类型的τ系数为 0.177。

与 λ 系数相比,τ系数中 E_1 和 E_2 的定义稍显复杂,但τ系数比较充分地利用了样本数据的信息。因此,一般认为,表明变量之间相关程度的τ系数比 λ 系数更为准确。

4.4 等级相关系数

4.4.1 等级相关的概念

等级相关指的是两个定序变量之间的相关。如果有两个定序变量,当一个变量取不同等级时,另一个变量的分布有较大差异,则认为这两个定序变量存在等级相关。例如,择偶中的“门当户对”就是婚姻双方家庭社会经济地位等级相关的表现。

两个定序变量之间的关系同样可以用分类条形图、分类饼图和折线图进行描述,变量之间关系的强度则可以用等级相关系数来描述。由于定序变量的取值具有比较大小的意义,变量的变化具有方向性,因此相关系数也具有方向性。如果两个变量的变化方向一致,则说明两个变量正相关;如果两个变量的变化方向相反,则说明两个变量负相关。等级相关系数的符号表明相关的方向。本节介绍几种等级相关的分析方法,包括斯皮尔曼等级相关系数、Gamma 等级相关系数、肯德尔τ系数和 Somer's d 系数。

4.4.2 斯皮尔曼等级相关系数 r_s

(1)构建斯皮尔曼等级相关系数的统计思想

斯皮尔曼等级相关系数是根据每个个体在两个变量上的等级差值来测量两个变量的相关程度的。将两个变量对应的两组数据分别排序后,每个个体在两个变量上分别获得了一个等级。如果两个变量有比较强的正相关关系,个体的两个等级差就会比较小,所有个体的两个等级差值的平方和也会比较小;反之,如果两个变量有比较强的负相关关系,个体的两个等级差就会比较大,所有个体的两个等级差值的平方和也会比较大。因此,所有个体的两个等级差值的平方和可以用来测量两个变量的等级相关程度。

(2)斯皮尔曼等级相关系数的计算

先举一例予以说明,假设调查了 5 对夫妻,他们双方的家庭社会经济地位如表 4.12 所示。

表 4.12　夫妻双方家庭社会经济地位统计结果

丈夫的家庭地位 / 妻子的家庭地位	1.很低	2.较低	3.一般	4.较高	5.很高
1.很低					1
2.较低	1				
3.一般		1			
4.较高			1		
5.很高				1	

我们把一对夫妻称作上述配对样本中的一个单元,于是这 5 对夫妻可写作 5 个单元:

(1,2)

(2,3)

(3,4)

(4,5)

(5,1)

现在来计算每一对夫妻家庭社会经济地位的等级差的平方:

$$(1-2)^2$$
$$(2-3)^2$$
$$(3-4)^2$$
$$(4-5)^2$$
$$(5-1)^2$$

可以想象,等级差的平方和极小值为 0,它表示双方家庭都是严格按照高配高、低配低,这称作完全的正等级相关:

$$(1-1)^2$$
$$(2-2)^2$$
$$(3-3)^2$$
$$(4-4)^2$$
$$(5-5)^2$$

相反,如果双方家庭严格按照高配低、低配高,则称作完全的负等级相关,这时等级差的平方和为极大值:

$$(1-5)^2$$
$$(2-4)^2$$
$$(3-3)^2$$
$$(4-2)^2$$
$$(5-1)^2$$

斯皮尔曼等级相关系数就是以上述等级差的平方和为基础来讨论等级相关的。设样本共有 n 对单元,其中 x 共有 n 个等级,y 也有 n 个等级。

x 等级:$1,2,3,\cdots,n$

y 等级:$1,2,3,\cdots,n$

设每一个单元 x 和 y 的观察值为:

$$(x_1,y_1)$$
$$(x_2,y_2)$$
$$\vdots$$
$$(x_n,y_n)$$

它们等级差的平方为:

$$(x_1-y_1)^2=d_1^2$$
$$(x_2-y_2)^2=d_2^2$$
$$\vdots$$
$$(x_n-y_n)^2=d_n^2$$

斯皮尔曼等级相关系数 r_s 的计算公式为:

$$r_s=1-\frac{6\sum_{i=1}^{n}d_i^2}{n(n^2-1)} \tag{4.17}$$

其中,d_i 为第 i 个个体在两个变量上的等级差;n 为个体总数,也是等级总数。

当 x 和 y 完全正等级相关时,有:

$$x_1 = y_1$$
$$x_2 = y_2$$
$$\vdots$$
$$x_n = y_n$$

因此:

$$r_s = 1 - \frac{6 \times 0}{n(n^2 - 1)} = 1$$

当 x 和 y 完全负等级相关时,有:

$$(x_1, y_1) = (1, n)$$
$$(x_2, y_2) = (2, n - 1)$$
$$\vdots$$
$$(x_n, y_n) = (n, 1)$$

因此有:

$$x_1 - y_1 = 1 - n$$
$$x_2 - y_2 = 2 - (n - 1)$$
$$\vdots$$
$$x_n - y_n = n - 1$$

此时,x 和 y 等级差的平方和 $\sum d_i^2$ 将达到极大值 $\left(\sum d_i^2\right)_{\max}$。

$$\begin{aligned}\left(\sum d_i^2\right)_{\max} &= (x_1 - y_1)^2 + (x_2 - y_2)^2 + \cdots + (x_n - y_n)^2 \\ &= (1 - n)^2 + [2 - (n - 1)]^2 + [3 - (n - 2)]^2 + \cdots + (n - 1)^2 \\ &= \frac{1}{3}n(n^2 - 1)\end{aligned}$$

代入式(4.17),得:

$$r_s = 1 - \frac{6\sum_{i=1}^{n} d_i^2}{n(n^2 - 1)} = 1 - \frac{6}{n(n^2 - 1)} \times \frac{1}{3}n(n^2 - 1) = -1$$

可见,当两个变量完全正相关时,$r_s = 1$;当两个变量完全负相关时,$r_s = -1$。即 r_s 的取值范围为[-1,1]。

1)无相同等级的斯皮尔曼等级相关系数的计算

设变量 x 与 y 均为定序变量,且不含相同等级。也就是说,在任何一个变量上都不存在两个个体取值相同的情况,每个个体占有一个等级。此时,可以直接利用式(4.17)计算斯皮尔曼等级相关系数。

【例 4.5】 表 4.13 列出了 10 名学生的语文成绩和数学成绩,请计算这 10 名学生语文成绩和数学成绩的斯皮尔曼等级相关系数。

表 4.13　学生的语文成绩和数学成绩统计表(一)

序号	语文成绩 x	语文排名 d_x	数学成绩 y	数学排名 d_y	$d=d_x-d_y$	d^2
1	98	1	96	1	0	0
2	96	2	92	3	-1	1
3	95	3	85	5	-2	4
4	87	4	89	4	0	0
5	84	5	93	2	3	9
6	78	6	81	6	0	0
7	73	7	70	8	-1	1
8	69	8	73	7	1	1
9	65	9	60	10	-1	1
10	60	10	64	9	1	1

解　由斯皮尔曼等级相关系数的计算公式可得

$$r_s = 1 - \frac{6\sum_{i=1}^{n} d_i^2}{n(n^2 - 1)} = 1 - \frac{6 \times (1 + 4 + 9 + 1 + 1 + 1 + 1)}{10 \times (10^2 - 1)} = 0.891$$

可见,这 10 名学生语文成绩和数学成绩的正等级相关程度很高。

2)有相同等级的斯皮尔曼等级相关系数的计算

如果在一个变量中两个个体的取值相等,就会出现相同等级。在统计学中,相同等级也称为“结”。对于结的处理一般是采用具有相同等级的个体所应占有的平均等级作为它们的共同等级,这样就能保证个体数与等级数基本一致。当相同等级不太多时,也可以计算斯皮尔曼等级相关系数。

【例 4.6】　表 4.14 列出了 10 名学生的语文成绩和数学成绩,其中成绩排名含有相同等级,请计算这 10 名学生语文成绩和数学成绩的斯皮尔曼等级相关系数。

表 4.14　学生的语文成绩和数学成绩统计表(二)

序号	语文成绩 x	语文排名 d_x	数学成绩 y	数学排名 d_y	$d=d_x-d_y$	d^2
1	98	1	96	1	0	0
2	96	2	92	3	-1	1
3	95	3	89	4.5	-1.5	2.25
4	87	4.5	89	4.5	0	0
5	87	4.5	93	2	2.5	6.25

续表

序号	语文成绩 x	语文排名 d_x	数学成绩 y	数学排名 d_y	$d=d_x-d_y$	d^2
6	78	6	81	6	0	0
7	73	7	70	8	-1	1
8	65	8.5	73	7	1.5	2.25
9	65	8.5	64	9.5	-1	1
10	60	10	64	9.5	0.5	0.25

解　这 10 名学生在语文成绩排名和数学成绩排名上的处理见表 4.14，由斯皮尔曼等级相关系数的计算公式可得

$$r_s = 1 - \frac{6\sum_{i=1}^{n} d_i^2}{n(n^2 - 1)} = 1 - \frac{6 \times (1 + 2.25 + 6.25 + 1 + 2.25 + 1 + 0.25)}{10 \times (10^2 - 1)} = 0.915$$

可见，这 10 名学生语文成绩和数学成绩的正等级相关程度很高。

由于斯皮尔曼等级相关系数要求没有相同等级，因此当变量的取值不是很多但个体数很多时，这个要求是难以满足的。以年龄为例，年龄的取值只有 100 多个，如果调查的个体有 10 000 人，则必然会有很多同龄的人，这些同龄人自然会有相同的等级。从这个角度看，斯皮尔曼等级相关系数主要适用于小样本中的变量以及取值很多的尺度变量之间关系的计算。

4.4.3　Gamma 等级相关系数

【案例】

Gamma 等级相关系数的应用

下表是 882 名不同文化程度的城市居民对周围环境满意度的调查结果。

文化程度 \ 满意度	不满意	不好说	满意
初中及以下	99	203	40
高中、中专	111	199	31
大专及以上	94	91	14

当要求计算文化程度与环境满意度的等级相关系数时，由于斯皮尔曼等级相关系数主要适用于小样本中的变量以及取值很多的尺度变量之间关系的计算，显然其在本例中并不适用。这时，就可以选择 Gamma 等级相关系数。

由于斯皮尔曼等级相关系数仅适用于变量没有相同等级或只有少量的相同等级，但在社会调查中的定序变量大多仅有几个取值，而样本数往往成百上千，这必然导致大量的数据处于相同等级。这时，斯皮尔曼等级相关系数就不能有效地测量定序变量间的等级相关。在这种情况下，可以用 Gamma 等级相关系数来描述两个定序变量之间的相关程度，其不受样本容量的限制。Gamma 等级相关系数是用同序对与异序对的数量差来测量两个变量的相关程度的。

(1)同序对、异序对和同分对

1)同序对

设单元 A 变量 x 和 y 具有等级 (x_i, y_i)，单元 B 变量 x 和 y 具有等级 (x_j, y_j)，若当 $x_i > x_j$ 时，$y_i > y_j$，则称 A 和 B 是同序对。可见，同序对只要求 x 变化方向与 y 变化方向相同，但并不要求 A 与 B 中 x 的变化量 $x_i - x_j$ 与 y 的变化量 $y_i - y_j$ 相等。

2)异序对

设单元 A 变量 x 和 y 具有等级 (x_i, y_i)，单元 B 变量 x 和 y 具有等级 (x_j, y_j)，若当 $x_i > x_j$ 时，$y_i < y_j$，则称 A 和 B 是异序对。可见，异序对只要求 x 变化方向与 y 变化方向相反，但并不要求 A 与 B 中 x 的变化量 $|x_i - x_j|$ 与 y 的变化量 $|y_i - y_j|$ 相等。

3)同分对

设单元 A 变量 x 和 y 具有等级 (x_i, y_i)，单元 B 变量 x 和 y 具有等级 (x_j, y_j)，若变量 x 具有相同的等级，即 $x_i = x_j$，则称为 x 同分对；若变量 y 具有相同的等级，即 $y_i = y_j$，则称为 y 同分对；若变量 x 与变量 y 等级都相同，即 $x_i = x_j$ 且 $y_i = y_j$，则称为 x、y 的同分对。

例如，在表 4.14 中，序号为 1 与 2、1 与 3、2 与 4、3 与 6 等个体均为同序对；序号为 2 与 5、7 与 8 等个体均为异序对；序号为 3 与 4、4 与 5、8 与 9、9 与 10 等个体均为同分对。

【例 4.7】 请以表 4.15 中的单元数据，列举其中的同序对、异序对和同分对。

表 4.15 单元数据

变量＼单元	A	B	C	D	E
x	3	3	3	1	2
y	2	1	1	1	3

解 单元对数共有 $C_5^2 = 10$，先以 A 为基础来讨论。

AB：x 同分对

AC：x 同分对

AD：同序对

AE：异序对

再依次以 B，C，D 为基础来讨论

BC：x，y 同分对

BD：y 同分对

BE:异序对

CD:y 同分对

CE:异序对

DE:同序对

在列联表中存在大量的同序对和异序对。现以 3×3 交叉列表为例,说明同序对和异序对的计算方法,其他结构的列联表也可以参考使用。设列联表 4.16 中两个定序变量 x 和 y 的取值情况为 $x_3>x_2>x_1$ 且 $y_3>y_2>y_1$。

表 4.16　3×3 列联表

x \ y	y_1	y_2	y_3
x_1	n_{11}	n_{12}	n_{13}
x_2	n_{21}	n_{22}	n_{23}
x_3	n_{31}	n_{32}	n_{33}

n_{11},n_{12}和 n_{13}的个体在变量 x 上取值相同,均为 x_1,属于同分对;n_{11},n_{21}和 n_{31}的个体在变量 y 上取值相同,均为 y_1,也属于同分对。可见,在列联表中同一行或同一列的个体均构成同分对。

n_{22},n_{32},n_{23}和 n_{33}的个体在变量 x 和 y 上的取值都大于 n_{11}对应的取值,因此,它们与 n_{11}的个体可以构成同序对。同理,n_{21}与 n_{32},n_{33}的个体构成同序对,n_{12}与 n_{23},n_{33}的个体构成同序对,n_{22}与 n_{33}的个体也构成同序对。

设 n_s 为同序对数目,则 3×3 列联表中同序对数为:

$$n_s = n_{11} \times (n_{22} + n_{32} + n_{23} + n_{33}) + n_{21} \times (n_{32} + n_{33}) + n_{12} \times (n_{23} + n_{33}) + n_{22} \times n_{33} \tag{4.18}$$

n_{21},n_{22},n_{31}和 n_{32}的个体在变量 x 上的取值都大于 n_{13},而在变量 y 上的取值都小于 n_{13},因此,它们与 n_{13}的个体构成异序对。同理,n_{12}的个体可以与 n_{21},n_{31}的个体构成异序对,n_{23}的个体可以与 n_{31},n_{32}的个体构成异序对,n_{22}的个体可以与 n_{31}的个体构成异序对。

设 n_d 为异序对数目,则 3×3 列联表中异序对数为:

$$n_d = n_{13} \times (n_{21} + n_{22} + n_{31} + n_{32}) + n_{12} \times (n_{21} + n_{31}) + n_{23} \times (n_{31} + n_{32}) + n_{22} \times n_{31} \tag{4.19}$$

(2)Gamma 等级相关系数的计算

明确了同序对和异序对的概念后可以看出,在两个变量的分布中,如果同序对多而异序对少,则表明两个变量之间存在正相关关系;反之,如果异序对多而同序对少,则表明两个变量之间存在负相关关系。按照这种思想构建的 Gamma 等级相关系数的计算公式为:

$$G = \frac{n_s - n_d}{n_s + n_d} \tag{4.20}$$

其中，n_s 为同序对的数目，n_d 为异序对的数目。

当两个变量完全正相关时，$n_d=0, G=1$；当两个变量完全负相关时，$n_s=0, G=-1$。可见，G 的取值范围为 $[-1,1]$。Gamma 等级相关系数不仅表明了两个定序变量相关程度的大小，而且表明了相关的方向。

【例 4.8】 表 4.17 是 500 名被调查者文化程度代际流动的抽样调查结果，请计算父辈文化程度和子辈文化程度的 Gamma 等级相关系数。

表 4.17 文化程度代际流动的抽样调查结果

子辈文化 \ 父辈文化	大学	中学	小学
大学	118	37	15
中学	18	130	32
小学	9	43	98

解 由 Gamma 等级相关系数的计算公式可知：

$$n_s = 118 \times (130 + 43 + 32 + 98) + 18 \times (43 + 98) + 37 \times (32 + 98) + 130 \times 98$$
$$= 55\ 842$$

$$n_d = 15 \times (18 + 130 + 9 + 43) + 37 \times (18 + 9) + 32 \times (9 + 43) + 130 \times 9$$
$$= 6\ 833$$

$$G = \frac{n_s - n_d}{n_s + n_d} = \frac{55\ 842 - 6\ 833}{55\ 842 + 6\ 833} = 0.78$$

可见，父辈文化程度与子辈文化程度之间呈现较强的正相关关系。

4.4.4 肯德尔 τ 系数

在 Gamma 等级相关系数的计算中，只考虑了同序对和异序对的作用，而没有考虑同分对的作用，这在同分对非常多的情况下会使计算出的相关系数偏大。因此，统计学家肯德尔(Kendall)对此进行了修正。

肯德尔 τ 相关系数的分子仍然是同序对数 n_s 和异序对数 n_d 的差，只是分母作了修正。采用不同的修正方法，可构建不同的等级相关系数。肯德尔将等级相关系数分以下 3 种情况来讨论。

(1) τ_a

τ_a 系数仍以同序对数 n_s 与异序对数 n_d 之差作为分子，但以样本容量 n 所形成的总对数 $C_n^2=\frac{1}{2}n(n-1)$ 为分母，因此 τ_a 的计算公式为：

$$\tau_a = \frac{n_s - n_d}{\frac{1}{2}n(n - 1)} \tag{4.21}$$

显见,当数据中全是同序对时,$\tau_a=1$;反之,当数据中全是异序对时,$\tau_a=-1$。因此,τ_a 的取值范围为[-1,1]。

(2)τ_b

当出现同分对时,肯德尔将分母作了如下的修正:

$$\tau_b=\frac{n_s-n_d}{\sqrt{\frac{1}{2}n(n-1)-T_x}\sqrt{\frac{1}{2}n(n-1)-T_y}} \tag{4.22}$$

其中,T_x 表示变量 x 方向的全部同分对数,T_y 表示变量 y 方向的全部同分对数。当出现 x 和 y 方向都同分时,在两个方向都要计算进去。同时,当某个等级 i 出现不止 1 个同分对时,还要计算两两同分对所形成的数据对。因此,T_x 和 T_y 有如下的计算:

$$T_x=\sum C_{t_i}^2=\frac{1}{2}\sum t_i(t_i-1)$$

$$t_i=T_{x_i}+T_{x_iy_j}$$

t_i 包括在 i 等级上,仅 x 同分的对数 T_{x_i} 和 x、y 都同分的对数 $T_{x_iy_j}$ 之和。

$$T_y=\sum C_{t_j}^2=\frac{1}{2}\sum t_j(t_j-1)$$

$$t_j=T_{y_j}+T_{x_iy_j}$$

t_j 包括在 j 等级上,仅 y 同分的对数 T_{y_j} 和 x、y 都同分的对数 $T_{x_iy_j}$ 之和。

(3)τ_c

当同分对很多的情况下,肯德尔先将数据做成等级的列联表。对于由两个定序变量构成的 $r\times c$ 的列联表,τ_c 的计算公式为:

$$\tau_c=\frac{n_s-n_d}{\frac{1}{2}n^2\left(\frac{m-1}{m}\right)} \tag{4.23}$$

其中,$m=\min(r,c)$,即 m 为 $r\times c$ 等级列联表中 r 和 c 值中的较小者。

【例 4.9】 请计算表 4.17 中父辈文化程度和子辈文化程度的 τ_c 等级相关系数。

解 由例 4.8 可知,$n_s=55\ 842$,$n_d=6\ 833$。

表 4.17 是一个 3×3 交叉列表,因此 $m=\min(3,3)=3$,代入式(4.21)可得:

$$\tau_c=\frac{n_s-n_d}{\frac{1}{2}n^2\left(\frac{m-1}{m}\right)}=\frac{55\ 842-6\ 833}{\frac{1}{2}\times 500^2\times\left(\frac{3-1}{3}\right)}=\frac{49\ 009}{83\ 333}=0.59$$

结算结果表明,父辈文化程度和子辈文化程度呈现出较强的正相关关系。

对比例 4.8 和例 4.9 可知,利用同一组数据计算出的 Gamma 等级相关系数的绝对值要大于 τ_c 系数。

4.4.5 Somer's d 系数

Somer's d 系数(简称 d 系数)的分子仍然是同序对数 n_s 和异序对数 n_d 的差,但分母经过了两个方向上的修正,并给出了 d_{yx} 和 d_{xy} 两个相关系数。d_{yx} 可以视为变量 y 与变量 x 的相关,d_{xy} 可以视为变量 x 与变量 y 的相关。两个相关系数的计算公式分别为:

$$d_{yx}=\frac{n_s-n_d}{n_s+n_d+n_y} \tag{4.24}$$

$$d_{xy}=\frac{n_s-n_d}{n_s+n_d+n_x} \tag{4.25}$$

其中,n_y 表示变量 y 的同分对数,n_x 表示变量 x 的同分对数。在 n_y 和 n_x 中都不包括在变量 x 和 y 上同时同分的对数。因此,在 3×3 列联表中 n_x 和 n_y 的计算公式如下:

$$\begin{aligned} n_x = {} & n_{11}\times(n_{12}+n_{13})+n_{12}n_{13}+n_{21}\times(n_{22}+n_{23})+ \\ & n_{22}n_{23}+n_{31}\times(n_{32}+n_{33})+n_{32}n_{33} \end{aligned} \tag{4.26}$$

$$\begin{aligned} n_y = {} & n_{11}\times(n_{21}+n_{31})+n_{21}n_{31}+n_{12}\times(n_{22}+n_{32})+ \\ & n_{22}n_{32}+n_{13}\times(n_{23}+n_{33})+n_{23}n_{33} \end{aligned} \tag{4.27}$$

通常将 d_{yx} 和 d_{xy} 这两个相关系数的均值作为两个变量的相关系数,即

$$d=\frac{d_{yx}+d_{xy}}{2} \tag{4.28}$$

【例 4.10】 请计算表 4.17 中父辈文化程度和子辈文化程度的 Somer's d 系数。

解 由例 4.8 可知,n_s=55 842,n_d=6 833。

由式(4.24)至式(4.28)可得:

$$\begin{aligned} n_x &= 118\times(37+15)+37\times15+18\times(130+32)+ \\ &\quad 130\times32+9\times(43+98)+43\times98 \\ &= 19\ 250 \end{aligned}$$

$$\begin{aligned} n_y &= 118\times(18+9)+18\times9+37\times(130+43)+ \\ &\quad 130\times43+15\times(32+98)+32\times98 \\ &= 20\ 425 \end{aligned}$$

$$\begin{aligned} d_{yx} &= \frac{n_s-n_d}{n_s+n_d+n_y} \\ &= \frac{55\ 842-6\ 833}{55\ 842+6\ 833+20\ 425}=\frac{49\ 009}{83\ 100}=0.590 \end{aligned}$$

$$\begin{aligned} d_{xy} &= \frac{n_s-n_d}{n_s+n_d+n_x} \\ &= \frac{55\ 842-6\ 833}{55\ 842+6\ 833+19\ 250}=\frac{49\ 009}{81\ 925}=0.598 \end{aligned}$$

$$d=\frac{d_{yx}+d_{xy}}{2}=\frac{0.590+0.598}{2}=0.594$$

计算结果仍表明,父辈文化程度和子辈文化程度间呈较强的正相关关系。

【习　题】

1. 下表是老、中、青三代对某影片的抽样调查。

评价＼年龄段	老	中	青
评价很高	45	39	21
评价一般	47	26	22

要求：

①绘制分类条形图，并判断这些被调查者对影片的评价是否与他们的年龄有关。

②用 λ 和 τ 系数来衡量相关程度。

2. 下表是男、女青年对古典音乐是否喜爱的抽样调查。

喜爱程度＼性别	男	女
喜爱	46	20
无所谓	10	18
不喜爱	30	50

要求：

①绘制分类条形图，并判断这些被调查者对古典音乐的喜爱是否与他们的性别有关。

②用 λ 和 τ 系数来衡量相关程度。

3. 下表是某综合性大学入学的 3 025 名新生的性别与生源地情况。

地区＼性别	男	女	合计
东部	1 035	628	1 663
中部	579	356	935
西部	262	165	427
合计	1 876	1 149	3 025

要求：

①根据表中数据计算不同地区新生性别频率的条件分布，绘制相应的分类条形图和折线图。

②比较不同地区新生性别分布的特点。

4.下表是婚姻美满与文化程度的抽样调查。

文化程度 / 婚姻美满	大学	中学	小学
美满	9	16	5
一般	8	30	18
不美满	3	4	7

要求：计算上述被调查者文化程度与婚姻美满情况的 Gamma 等级相关系数、肯德尔 τ 系数和 Somer’s d 系数。

5.下表是 10 名学生活动能力和智商的抽样调查。

学生编号	活动能力名次	智商
1	1	110
2	2	110
3	3	105
4	4	95
5	5	120
6	6	94
7	7	100
8	8	105
9	9	105
10	10	110

要求：计算这 10 名学生活动能力与智商间的斯皮尔曼等级相关系数。

第5章 两个尺度变量关系的描述统计

社会调查中涉及的尺度变量有两个特点：一是数据分布的全距大；二是变量的取值多。如果制作列联表则会产生分布极其分散的巨型表格，无法展现变量之间的关系特征。换言之，尺度变量之间的关系不适合用列联表来描述。

一般来说，尺度变量之间的相关关系既可以用散点图来形象地描述，又可以用相关系数来概括地描述。如果变量之间存在因果关系，还可以用回归方程来描述因变量随自变量变化的情况。

5.1 相关分析

【案例】

中国人帕金森患病率与国际无差异

由北京协和医院临床流行病教研室主任、神经内科张振馨教授等组成的研究小组，对沿用20多年的中国人帕金森患病率作出重大修正。新报告数据显示，65岁以上的中国人帕金森患病率男性为1.7%，女性为1.6%，以美国2000年人口标准换算，这一患病率达2.1%，新数据是既往数据的13倍。

该研究由张振馨教授牵头，北京、上海、西安三地神经内科专家参与，历时6年，对上述三大城市的137个城乡居民区经抽样获取的29 454人进行入户调查和定期随访，使用国际最新的分层多级别整群抽样误差的加权调整，最大限度避免了抽样误差。

研究者分析了帕金森发病的危险因素，发现年龄是最重要的因素，此外，帕金森的发病与职业高度相关，丧偶、高文化程度、强脑力劳动等导致的精神、情绪紧张都会增加该病的发生，而饮绿茶和咖啡可预防帕金森。研究未发现其与基因、遗传有必然关系。专家同时指出，沿用20余年的中国人帕金森低患病率不是种族差异，而是由流行病学调查方法和统计学方法造成的。

5.1.1 相关的概念

两个尺度变量之间的相关关系指的是两个变量在变化过程中数量上的依存关系。当一个变量变化时另一个变量也会出现相应的变化,则这两个变量之间存在相关关系。如果一个变量变大(变小)时,另一个变量也随之变大(变小),则这两个变量之间是正相关关系;反之,如果一个变量变大(变小)时,另一个变量随之变小(变大),则这两个变量之间是负相关关系。如果两个变量的变化不存在上述依存性,则认为这两个变量不相关。

相关关系在自然界和人类社会中普遍存在。由于任何事物的变化都是由多种因素造成的,因此当我们只研究其中的一个或某几个因素,而对其他影响因素没有加以控制时,两个变量之间就表现为相关关系。例如,从遗传学角度看,子女的身高与其父母身高有很大关系。一般来说,父母较高时,其子女通常也比较高,父母较矮时,其子女通常也较矮。但实际情况并不完全是这样,因为它们之间不是完全确定的关系。显然,子女的身高并不完全是由父母身高一个因素所决定的,还有其他许多因素的影响,因此二者之间属于相关关系。再例如,农作物的单位面积产量与施肥量有密切的关系。在一定条件下,施肥量越多,单位面积产量就越高。但产量并不是施肥量一个因素决定的,还有其他许多因素的影响,如降雨量、温度、管理水平等。因此,农作物的单位面积产量与施肥量之间也是一种相关关系。

因此,相关关系可以归结为两点:一是变量间存在关系,二是这种关系又是非确定的,或者说只存在统计规律性。统计规律性的研究是和分布相联系的,因此相关关系也可以这样描述:设有两个变量 x 和 y,当 x 变化时会引起 y 相应的变化,但它们之间的变化关系是不确定的。如果当 x 取得任一可能值 x_i 时,y 相应地服从一定的概率分布,则称随机变量 y 和变量 x 之间存在着相关关系。

5.1.2 散点图

散点图可以形象地描述两个尺度变量的相关状况和相关强度。当进行了 n 次独立观测后得到如表 5.1 所示的关于 x 和 y 的数据对。其中 x_i 表示变量 x 在第 i 次观测中的测量值,与之相对的 y_i 是变量 y 在第 i 次观测中的测量值。x_i 和 y_i 是共生的,通常把数据对 $(x_i,y_i)(i=1,2,\cdots,n)$ 用平面上直角坐标的点表示,这样在 x 和 y 的平面上就呈现了 n 个散布点,称为散点图。

表 5.1　关于 x 和 y 的数据对

x	x_1	x_2	x_3	…	x_n
y	y_1	y_2	y_3	…	y_n

从图 5.1 可以看出,相关关系的表现形态大体上可分为线性相关、非线性相关、完全相关和不相关等几种。就两个变量而言,如果变量之间的关系近似地表现为一条直线,则称为线性相关,如图 5.1(a)和图 5.1(b)所示;如果变量之间的关系近似地表现为一条曲线,则称为非线性相关或曲线相关,如图 5.1(e)所示;如果一个变量的取值完全依赖于另

一个变量,各观测点落在一条直线上,则称为完全相关,如图 5.1(c)和图 5.1(d)所示;如果两个变量的观测点很分散,无任何规律,则表示变量之间没有相关关系,如图 5.1(f)所示。

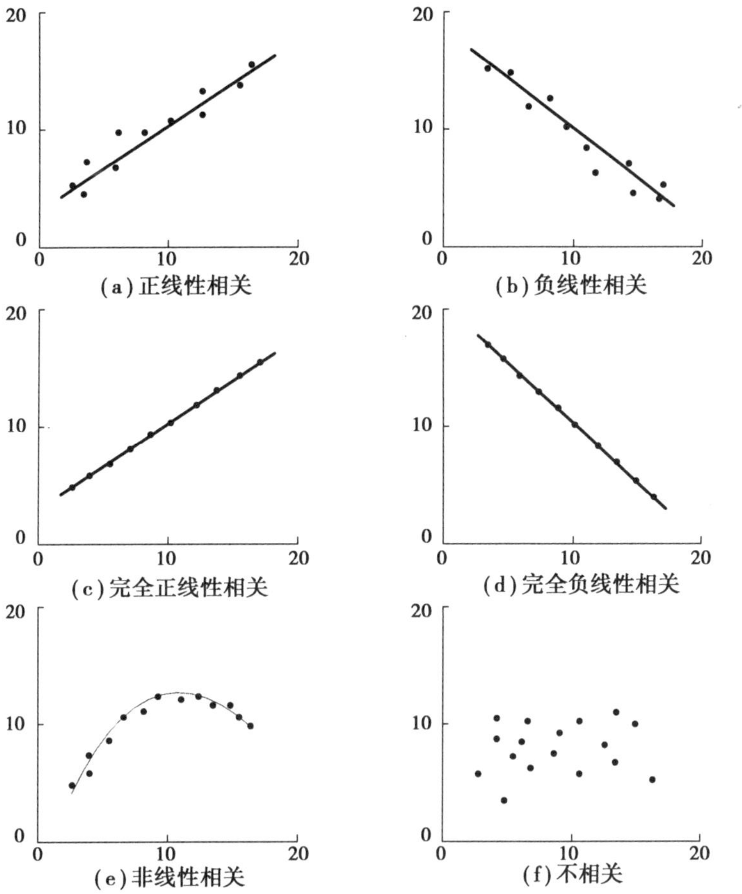

图 5.1　不同形态的散点图

5.1.3　相关系数

通过散点图可以判断两个变量之间有无相关关系,并对变量间的关系形态作出大致的描述,但散点图不能准确反映变量之间的关系强度。因此,为准确度量两个变量之间的关系强度,需要计算相关系数。对于非线性的相关关系,由于比较复杂,因此从略,这里仅介绍线性的相关关系。线性相关关系的强度是通过线性相关系数来度量的,简称相关系数 r。

(1)协方差

图 5.2 表示了变量 x 和变量 y 之间存在相关关系的散点图,它共有 n 对数据:

$$(x_1, y_1)$$
$$(x_2, y_2)$$
$$\vdots$$
$$(x_n, y_n)$$

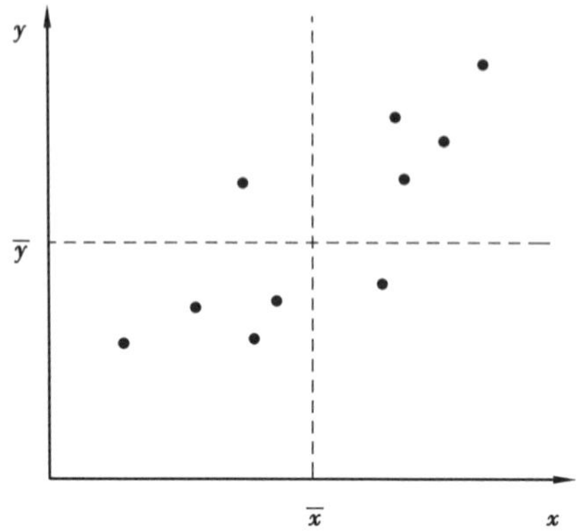

图 5.2　x 和 y 的散点图

x 和 y 的均值为：

$$\bar{x}=\frac{1}{n}(x_1+x_2+\cdots+x_n)=\frac{1}{n}\sum x_i$$

$$\bar{y}=\frac{1}{n}(y_1+y_2+\cdots+y_n)=\frac{1}{n}\sum y_i$$

把坐标轴移到 $\bar{x}$ 和 $\bar{y}$，于是对于新的坐标，其观测值为：

$$(x_1-\bar{x}),(x_2-\bar{x}),\cdots,(x_n-\bar{x})$$

$$(y_1-\bar{y}),(y_2-\bar{y}),\cdots,(y_n-\bar{y})$$

现在来研究 x 和 y 每对数据的乘积：

$$\begin{gathered}(x_1-\bar{x})(y_1-\bar{y})\\(x_2-\bar{x})(y_2-\bar{y})\\\vdots\\(x_n-\bar{x})(y_n-\bar{y})\end{gathered}$$

显然，如果观测值落在新坐标的第一或第三象限，则乘积

$$(x_i-\bar{x})(y_i-\bar{y})>0$$

反之，如果观测值落在新坐标的第二或第四象限，则乘积

$$(x_i-\bar{x})(y_i-\bar{y})<0$$

可以想象，如果变量 x 和 y 之间存在线性相关关系的话，则其观测点不会平均地分散在四个象限，而只会集中在一三象限或二四象限。线性相关程度愈强，其集中的程度愈明显。从数量上来考虑，则上述乘积的总和可以作为线性相关程度的标志。

当 $\sum_{i=1}^{n}(x_i-\bar{x})(y_i-\bar{y})=0$，则表示观测点均匀地分散在四个象限，即变量 x 和变量 y 之间不存在线性相关关系。

反之，当 $\sum_{i=1}^{n}(x_i-\bar{x})(y_i-\bar{y})\neq 0$，则表示变量 x 和变量 y 之间存在线性相关关系。其数值(绝对值)越大，则表示线性相关关系越强。而其乘积对样本总量的平均值就称作协方差，则协方差的计算公式为：

$$Cov(x,y) = \frac{\sum (x_i - \bar{x})(y_i - \bar{y})}{n - 1} \tag{5.1}$$

实际上，协方差的概念是不难理解的。变量的方差公式为：

$$S^2 = \frac{1}{n-1} \sum (x_i - \bar{x})^2$$

它表示变量观测值相对其均值的平均偏差，因此协方差则表示变量 x 和 y 的观测值相对其各自均值所造成的共同平均偏差。

(2) 相关系数 r

协方差的数量可以作为变量线性相关程度的度量，但由于它的数值与单位有关，因此不同单位的变量还无法进行比较。为此，将变量标准化，然后再求其乘积的平均。

$$\left(\frac{x_1 - \bar{x}}{S_x}\right)\left(\frac{y_1 - \bar{y}}{S_y}\right)$$

$$\left(\frac{x_2 - \bar{x}}{S_x}\right)\left(\frac{y_2 - \bar{y}}{S_y}\right)$$

$$\vdots$$

$$\left(\frac{x_n - \bar{x}}{S_x}\right)\left(\frac{y_n - \bar{y}}{S_y}\right)$$

取平均有：

$$\frac{1}{n-1}\sum_{i=1}^{n}\left(\frac{x_i - \bar{x}}{S_x}\right)\left(\frac{y_i - \bar{y}}{S_y}\right)$$

这就是样本数据的相关系数 r。对于总体数据而言，相关系数 r 为：

$$r = \frac{1}{n}\sum_{i=1}^{n}\left(\frac{x_i - \bar{x}}{\sigma_x}\right)\left(\frac{y_i - \bar{y}}{\sigma_y}\right)$$

但无论是样本数据还是总体数据，相关系数 r 都可写作：

$$r = \frac{\sum_{i=1}^{n}(x_i - \bar{x})(y_i - \bar{y})}{\sqrt{\sum_{i=1}^{n}(x_i - \bar{x})^2 \sum_{i=1}^{n}(y_i - \bar{y})^2}} \tag{5.2}$$

可见，相关系数就是标准化了的协方差。数值上，它等于协方差除以各自标准差的乘积。相关系数，正如协方差一样，都是度量变量间的线性相关程度的。

将式(5.2)整理后可以得到一个相关系数常用的导出公式：

$$r = \frac{\sum_{i=1}^{n}x_i y_i - n\overline{xy}}{\sqrt{\sum_{i=1}^{n}x_i^2 - n\bar{x}^2}\sqrt{\sum_{i=1}^{n}y_i^2 - n\bar{y}^2}} \tag{5.3}$$

用式(5.3)计算相关系数 r 比用式(5.2)相对简单一些。

为解释相关系数各数值的含义，需要对相关系数的性质有所了解。相关系数的性质可总结如下：

第一，相关系数 r 的取值范围为[-1,1]，即 $-1\leq r\leq 1$。若 $0<r\leq 1$，表明 x 和 y 之间存在正线性相关关系；若 $-1\leq r<0$，表明 x 和 y 之间存在负线性相关关系；若 $r=1$，表明 x 和 y 之间为完全正线性相关关系；若 $r=-1$，表明 x 和 y 之间为完全负线性相关关系；当 $r=0$ 时，y 的取值与 x 无关，二者之间不存在线性相关关系。

第二，相关系数 r 具有对称性。x 与 y 之间的相关系数 r_{xy} 和 y 与 x 之间的相关系数 r_{yx} 相等，即 $r_{xy}=r_{yx}$。

第三，相关系数 r 仅仅是 x 与 y 之间线性关系的一个度量，它不能用于描述非线性关系。这意味着，$r=0$ 只表示两个变量之间不存在线性相关关系，并不说明变量之间没有任何关系，它们之间可能存在非线性相关关系。变量之间的非线性相关程度较大时，可能会导致 $r=0$。因此，当 $r=0$ 或很小时，不能轻易得出两个变量之间不存在相关关系的结论，而应结合散点图作出合理的解释。

第四，相关系数 r 虽然是两个变量之间线性关系的一个度量，却不意味着 x 与 y 一定有因果关系。

了解相关系数的性质有助于对其实际意义作出解释。但根据实际数据计算出的 r 的取值一般在-1 和 1 之间。对于一个具体的 r 的取值，根据经验可将相关程度分为以下几种情况：当 $|r|\geq 0.8$ 时，可视为高度相关；$0.5\leq |r|<0.8$ 时，可视为中度相关；$0.3\leq |r|<0.5$ 时，可视为低度相关；当 $|r|<0.3$ 时，说明两个变量之间的相关程度极弱，可视为不相关。

【例 5.1】 请计算表 4.13 中这 10 名学生语文成绩和数学成绩的相关系数 r。

表 5.2　10 名学生的语文成绩和数学成绩统计表

序号	语文成绩 x	数学成绩 y	$x_i-\bar{x}$	$(x_i-\bar{x})^2$	$y_i-\bar{y}$	$(y_i-\bar{y})^2$	$(x_i-\bar{x})(y_i-\bar{y})$
1	98	96	17.5	306.25	15.7	246.49	274.75
2	96	92	15.5	240.25	11.7	136.89	181.35
3	95	85	14.5	210.25	4.7	22.09	68.15
4	87	89	6.5	42.25	8.7	75.69	56.55
5	84	93	3.5	12.25	12.7	161.29	44.45
6	78	81	-2.5	6.25	0.7	0.49	-1.75
7	73	70	-7.5	56.25	-10.3	106.09	77.25
8	69	73	-11.5	132.25	-7.3	53.29	83.95
9	65	60	-15.5	240.25	-20.3	412.09	314.65
10	60	64	-20.5	420.25	-16.3	265.69	334.15

解　根据表 4.13 中 10 名学生的语文成绩和数学成绩可得：

$$\bar{x} = \frac{\sum_{i=1}^{10} x_i}{10} = \frac{98 + 96 + 95 + 87 + 84 + 78 + 73 + 69 + 65 + 60}{10} = 80.5(\text{分})$$

$$\bar{y} = \frac{\sum_{i=1}^{10} y_i}{10} = \frac{96 + 92 + 85 + 89 + 93 + 81 + 70 + 73 + 60 + 64}{10} = 80.3(\text{分})$$

对$(x_i-\bar{x})^2$、$(y_i-\bar{y})^2$、$(x_i-\bar{x})(y_i-\bar{y})$的计算结果见表 5.2 所示。

$$\begin{aligned}\sum_{i=1}^{n}(x_i - \bar{x})(y_i - \bar{y}) &= 274.75 + 181.35 + 68.15 + 56.55 + 44.45 - \\ &\quad 1.75 + 77.25 + 83.95 + 314.65 + 334.15 \\ &= 1\ 433.5\end{aligned}$$

$$\begin{aligned}\sum_{i=1}^{n}(x_i - \bar{x})^2 &= 306.25 + 240.25 + 210.25 + 42.25 + 12.25 + \\ &\quad 6.25 + 56.25 + 132.25 + 240.25 + 420.25 \\ &= 1\ 666.5\end{aligned}$$

$$\begin{aligned}\sum_{i=1}^{n}(y_i - \bar{y})^2 &= 246.49 + 136.89 + 22.09 + 75.69 + 161.29 + \\ &\quad 0.49 + 106.09 + 53.29 + 412.09 + 265.69 \\ &= 1\ 480.1\end{aligned}$$

根据式(5.2)得：

$$r = \frac{\sum_{i=1}^{n}(x_i - \bar{x})(y_i - \bar{y})}{\sqrt{\sum_{i=1}^{n}(x_i - \bar{x})^2 \sum_{i=1}^{n}(y_i - \bar{y})^2}} = \frac{1\ 433.5}{\sqrt{1\ 666.5 \times 1\ 480.1}} = \frac{1\ 433.5}{1\ 570.5} = 0.913$$

计算结果表明，这 10 名学生的语文成绩和数学成绩间有很强的正相关关系，相关系数为 0.913。

【例 5.2】　表 5.3 列出了 10 个家庭的月收入与住房面积数据，请计算月收入与住房面积的相关系数 r。

表 5.3　月收入与住房面积统计表

编号	月收入 x_i /千元	住房面积 y_i /平方米	x_i^2	y_i^2	x_iy_i
1	1.3	31	1.69	961	40.3
2	2.1	37	4.41	1 369	77.7
3	1.7	47	2.89	2 209	79.9
4	4.2	56	17.64	3 136	235.2

续表

编号	月收入 x_i /千元	住房面积 y_i /平方米	x_i^2	y_i^2	x_iy_i
5	2.5	53	6.25	2 809	132.5
6	4.3	61	18.49	3 721	262.3
7	3.3	68	10.89	4 624	224.4
8	4.6	76	21.16	5 776	349.6
9	5.1	88	26.01	7 744	448.8
10	6.4	92	40.96	8 464	588.8

解　由表 5.3 可得：$n=10,\bar{x}=3.55,\bar{y}=60.9$

x_i^2,y_i^2 和 x_iy_i 的计算结果如表 5.3 所示。

$$\sum_{i=1}^{n} x_i^2 = 1.69+4.41+2.89+17.64+6.25+18.49+10.89+21.16+26.01+40.96 = 150.39$$

$$\sum_{i=1}^{n} y_i^2 = 961+1\ 369+2\ 209+3\ 136+2\ 809+3\ 721+4\ 624+5\ 776+7\ 744+8\ 464 = 40\ 813$$

$$\sum_{i=1}^{n} x_iy_i = 40.3+77.7+79.9+235.2+132.5+262.3+224.4+349.6+448.8+588.8 = 2\ 439.5$$

根据式(5.3)得：

$$r=\frac{\sum_{i=1}^{n}x_iy_i-n\bar{x}\bar{y}}{\sqrt{\sum_{i=1}^{n}x_i^2-n\bar{x}^2}\sqrt{\sum_{i=1}^{n}y_i^2-n\bar{y}^2}}=\frac{2\ 439.5-10\times3.55\times60.9}{\sqrt{150.39-10\times3.55^2}\sqrt{40\ 813-10\times60.9^2}}$$

$$=\frac{277.55}{301.25}=0.921$$

计算结果表明，这 10 个家庭的月收入和住房面积间有很强的正相关关系，相关系数为 0.921。

5.2　回归分析

相关分析的目的在于测度变量之间的关系强度,它所使用的测度工具就是相关系数。而回归分析则侧重于考察变量之间的数量关系,并通过一定的数学表达式将这种关系描述出来,进而确定一个或几个变量(自变量)的变化对另一个特定变量(因变量)的影响程度。

【案例】

父代与子代的关系

高尔顿(Galton)被誉为现代回归和相关技术的创始人。1875 年,高尔顿利用豌豆实验来确定尺寸的遗传规律。他挑选了 7 组不同尺寸的豌豆,并说服他在英国不同地区的朋友每一组种植 10 粒种子,然后把原始的豌豆种子(父代)与新长的豌豆种子(子代)进行尺寸比较。

当结果被绘制出来之后,他发现并非每一个子代都与父代一样,尺寸小的豌豆会得到更大的子代,而尺寸大的豌豆却得到较小的子代。高尔顿把这一现象叫作“返祖”(趋向于祖先的某种平均类型),后来又称之为“向平均回归”。一个总体中在某一时期具有某一极端特征(低于或高于总体均值)的个体(或者是单个个体或者是整个子代)在未来的某一时期将减弱它的极端性,这一趋势现在被称作“回归效应”。人们发现它的应用很广,而不仅限于从上一代到下一代的豌豆大小问题。

正如高尔顿进一步发现的那样,平均来说,非常矮小的父辈倾向于有偏高的子代,而非常高大的父辈倾向于有偏矮的子代。在第一次考试中成绩最差的那些学生在第二次考试中倾向于有更好的成绩(比较接近所有学生的平均成绩),而第一次考试中成绩最好的那些学生在第二次考试中倾向于有较差的成绩(比较接近所有学生的平均成绩)。同样,平均来说,第一年利润最低的公司第二年不会最差,而第一年利润最高的公司第二年不会是最好的。

5.2.1　回归分析的统计思想

设有两个变量 x 和 y,其中 x 为自变量,y 为因变量。它们之间的关系可以分为确定性关系和非确定性关系。

确定性关系即一一对应关系。当 x 取一定值时,y 有确定的值与之对应。例如,购买某种商品支付的金额=购买商品的数量×商品单价。在这里,购买商品的数量与支付的金额之间一一对应,它们之间的关系就是确定性关系。

非确定性关系则是一种数量上的依存关系,表现为两个变量相关,但并不一一对应。例如,一般而言,身高较高的人体重也相对较重,身高较矮的人体重也相对偏轻,但这并不是绝对的,一定的身高可以对应着多个体重。如果有两个人身高 x_i 和 x_j,且 $x_i<x_j$,我们

所说的身高越高体重越重的规律指的是身高为 x_i 的所有人的平均体重要低于身高为 x_j 的所有人的平均体重。

确定性关系可以用函数来描述,即 $y=f(x)$。如果玉米的价格是 5 元/千克,用 x 表示购买玉米的数量,y 表示支付的金额,则这两个变量的函数关系可以表述为 $y=5x$。

非确定性关系也可以采用函数的方法来描述,只是用自变量来估计因变量时会产生一定的误差。如果用函数的方法来描述两个变量之间的关系结构,同时又能够明确自变量对因变量的解释作用有多大,或者产生的误差有多大,就可以用确定性的方法来研究非确定性的变量关系,这就是回归分析的基本思想。

回归分析是对变量的一组观察值拟合一个函数,将非确定性关系转化为确定性关系进行研究。由于变量之间关系的特征不同,因此拟合的函数也不同。回归分析可以分为线性回归和非线性回归。

5.2.2 线性回归

(1)回归方程与线性回归方程

根据上一节的散点图可以看出,当自变量取某一值 x_i 时,因变量 y 对应为一概率分布,又称条件分布。如果对于所有的 $x_i(i=1,2,\cdots,n)$ 其条件分布都相同,说明变量 x 与 y 是不相关的。反之,如果对应不同的 x 值,y 的分布是不同的,则说明 x 与 y 是相关的。但分布的比较是复杂的,为此,将其简化为在 x 不同取值下分布数字特征的比较。其中,最简单的就是均值的比较。例如,可以将身高与体重的关系简化为在不同的身高下,研究被调查者的平均体重是否有所不同。由于确定的 $x=x_i$,y 的均值也是确定的,因此 x 与 y 的均值之间就形成了确定的函数关系。

把 $x=x_i$ 条件下,y_i 的均值记作 $E(y_i)$,如果 $E(y_i)$ 是 x 的函数则可表示为:

$$E(y_i)=f(x_i) \tag{5.4}$$

式(5.4)称作 y 对 x 的回归方程。可见,回归方程是研究自变量 x 不同取值时,因变量 y 平均值的变化。

当因变量 y 的平均值与自变量 x 呈现线性规律时,称作线性回归方程,这里因为只有一个自变量,又称为一元线性回归方程。它的表达式为:

$$E(y_i)=\alpha+\beta x_i \tag{5.5}$$

其中,α 称作回归常数,是回归直线的截距;β 称作回归系数,是回归直线的斜率。每一个真实 y_i 与回归直线的关系是:

$$y_i=\alpha+\beta x_i+e_i \tag{5.6}$$

其中,y_i 是随机变量,e_i 是随机误差项,由于 e_i 的值是非固定的,从而使 x 与 y 呈现非确定性的关系。

(2)最小二乘法

上面所谈变量 x 和变量 y 之间存在线性回归,是针对总体而言。但由于在现实情况中很难获取总体的全部数据,因而也就无法知道回归直线中的 α 和 β。因此,我们的任务是从总体中抽取一个样本，通过样本值估计出总体回归直线的系数 α 和 β，即建立直线回归方程。但是，正如一切随机现象所共有的特性，由于抽样误差的存在，样本的均值并不总是等于总体的均值。总体 y 均值点的连线为直线，并不表示样本 y 均值点的连线就能成为直线。那么，如何根据样本散点图上散乱的点作出一条最佳的估计直线呢？下面介绍最小二乘法（Least-squares criterion）的方法，可以证明它是通过样本对总体线性回归最好的估计方法。

设从总体中抽取一个样本，其观测值为

$$(x_1, y_1)$$
$$(x_2, y_2)$$
$$\vdots$$
$$(x_n, y_n)$$

现在围绕这 n 个观测点，画一条直线（见图 5.3）：

$$y = a + bx \tag{5.7}$$

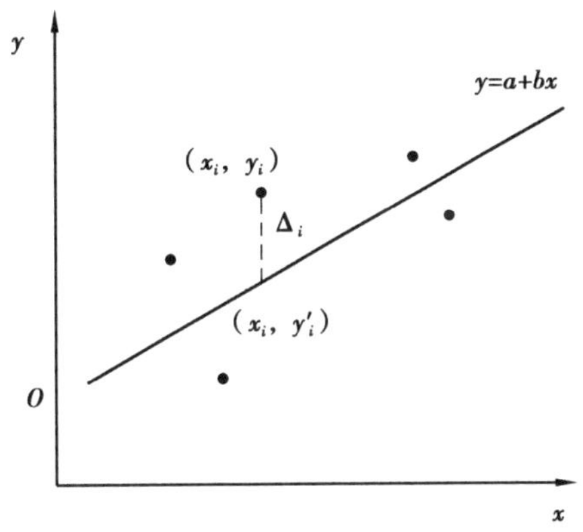

图 5.3　线性回归直线

可以想象，当 a 和 b 取不同值时，可以得到无数条直线。那么，在这无数条直线中，哪一条是这 n 个样本点的最佳拟合直线呢？一个很自然的想法，应该是到各点都比较接近的那条直线为最佳。统计学上将这样的想法表示为：各点到待估直线的铅直距离之和为最小，这就是求回归直线的最小二乘法的原理。

设点 i 的观测值为 (x_i, y_i)，把 x_i 代入待定的直线式(5.7)中，得：

$$y'_i = a + bx_i \tag{5.8}$$

y_i 到待定直线的铅直距离为 y_i 减去 y'_i：

$$\boldsymbol{\Delta}_i = y_i - y'_i = y_i - (a + bx_i) \tag{5.9}$$

$\boldsymbol{\Delta}_i$ 也称为残差，则 n 点铅直距离的平方和为：

$$Q(a,b) = \sum_{i=1}^{n} \boldsymbol{\Delta}_i^2 = \sum_{i=1}^{n} [y_i - (a + bx_i)]^2 \tag{5.10}$$

显然，Q 值是 a, b 的函数。根据最小二乘法的原理，需要求得使 $Q(a,b)$ 达最小值时的 a, b 值：

$$\begin{cases} \dfrac{\partial Q}{\partial a} = 0 \\ \dfrac{\partial Q}{\partial b} = 0 \end{cases} \tag{5.11}$$

将式(5.10)代入式(5.11)有：

$$\begin{cases} \sum_{i=1}^{n} [y_i - (a + bx_i)] = 0 \\ \sum_{i=1}^{n} [y_i - (a + bx_i)]\, x_i = 0 \end{cases} \tag{5.12}$$

根据式(5.12)，解二元一次联立方程得：

$$a = \bar{y} - b\bar{x} \tag{5.13}$$

$$b = \frac{\sum_{i=1}^{n}(x_i - \bar{x})(y_i - \bar{y})}{\sum_{i=1}^{n}(x_i - \bar{x})^2} = \frac{\sum_{i=1}^{n}(x_i y_i) - n\bar{x}\bar{y}}{\sum_{i=1}^{n} x_i^2 - n\bar{x}^2} \tag{5.14}$$

其中，$\bar{x} = \dfrac{1}{n}\sum_{i=1}^{n} x_i$，$\bar{y} = \dfrac{1}{n}\sum_{i=1}^{n} y_i$。

将通过最小二乘法所确定的 a，b 值，代入待估的直线方程式(5.7)中，得：

$$\hat{y} = a + bx \tag{5.15}$$

此即总体线性回归方程的最佳估计方程。

【例 5.3】 请以表 5.3 为例，求解以月收入为自变量、住房面积为因变量的回归方程。

解 根据表 5.3 中的数据可得：$\bar{x}=3.55$，$\bar{y}=60.9$。

$$\sum_{i=1}^{n}(x_i y_i) = 2\,439.5,\ \sum_{i=1}^{n} x_i^2 = 150.39$$

$$b = \frac{\sum_{i=1}^{n}(x_i y_i) - n\bar{x}\bar{y}}{\sum_{i=1}^{n} x_i^2 - n\bar{x}^2} = \frac{2\,439.5 - 10 \times 3.55 \times 60.9}{150.39 - 10 \times 3.55^2} = \frac{277.55}{24.365} = 11.39$$

$$a = \bar{y} - b\bar{x} = 60.9 - 11.39 \times 3.55 = 20.47$$

$$\hat{y} = a + bx = 20.47 + 11.39x$$

回归方程表明，家庭月收入每增加 1 000 元，住房面积会相应增加 11.39 平方米。

(3)线性回归方程的拟合优度

回归直线 $\hat{y}=a+bx$ 在一定程度上描述了变量 x 与 y 之间的数量关系，根据这一方程，可依据自变量 x 的取值来估计或预测因变量 y 的取值。但估计或预测的精度如何将取决于回归直线对观测数据的拟合程度。可以想象，如果各观测数据的散点都落在这一直线上，那么这条直线就是对数据的完全拟合，直线充分代表了各个点，此时用 x 来估计 y 是没有误差的。各观测点越是紧密围绕直线，说明直线对观测数据的拟合程度越好，反之则越差。回归直线与各观测点的接近程度称为回归直线对数据的拟合优度。

拟合优度是根据消减误差比例的思想计算的。当其他条件未知时，一般用变量 y 的均值 $\bar{y}$ 来猜测每个个体的 y 值，这时产生的误差平方和为 $\sum_{i=1}^{n}(y_i-\bar{y})^2$。若利用回归方程来猜测 y 值，产生的误差平方和为 $\sum_{i=1}^{n}(y_i-\hat{y}_i)^2$。与利用 $\bar{y}$ 进行猜测相比，消减的误差平方和为 $\sum_{i=1}^{n}(\hat{y}_i-\bar{y})^2$，所以消减误差比例为：

$$PRE=\frac{\sum_{i=1}^{n}(\hat{y}_i-\bar{y})^2}{\sum_{i=1}^{n}(y_i-\bar{y})^2} \tag{5.16}$$

这个消减误差比例就是回归方程的拟合优度，用 R^2 来表示。将 $\hat{y}=a+bx$，以及 a 与 b 的表达式(5.13)、(5-14)、(5-15)代入式(5.16)，整理后可得

$$R^2=\frac{\left[\sum_{i=1}^{n}(x_i-\bar{x})(y_i-\bar{y})\right]^2}{\sum_{i=1}^{n}(x_i-\bar{x})^2\sum_{i=1}^{n}(y_i-\bar{y})^2}=\frac{\left(\sum_{i=1}^{n}x_iy_i-n\bar{x}\bar{y}\right)^2}{\left(\sum_{i=1}^{n}x_i^2-n\bar{x}^2\right)\left(\sum_{i=1}^{n}y_i^2-n\bar{y}^2\right)} \tag{5.17}$$

R^2 也被称为判定系数，它测度了回归直线对观测数据的拟合程度。若所有观测点都落在直线上，则 $R^2=1$，拟合是完全的；如果 y 的变化与 x 无关，x 完全无助于解释 y 的变差，则 $R^2=0$。可见 R^2 的取值范围是[0,1]。R^2 越接近 1，表明回归直线与各观测点越接近，回归直线的拟合程度就越好；反之，R^2 越接近 0，则表明回归直线的拟合程度越差。

在一元线性回归中，相关系数 r 实际上是判定系数的平方根，即 $R^2=r^2$。根据这一结论，不仅可以由相关系数直接计算判定系数 R^2，也可以进一步理解相关系数的意义。相关系数 r 与回归系数的正负号是相同的，实际上，相关系数 r 从另一个角度说明了回归直线的拟合优度。$|r|$ 越接近 1，表明回归直线对观测数据的拟合程度越好。但用 r 说明回归直线的拟合优度要慎重，因为 r 的值总是大于 R^2 的值(除非 $r=0$ 或 $|r|=1$)。例如，当 $r=0.5$ 时，表面上看相关程度似乎接近一半，但 $R^2=0.25$，实际上这只能解释总变差的 25%。$r=0.7$ 才能解释近一半的变差，$r<0.3$ 意味着只有很少一部分变差可由回归直线来解释。

【例 5.4】 请以表 5.3 为例，计算例 5.3 中求得的回归方程的拟合优度。

解　因为拟合优度 $R^2=r^2$，由例 5.2 可得：

相关系数 $r=0.921$，则

$$R^2=r^2=0.921^2=0.848\ 2$$

即月收入可以解释住房面积变化的 84.82%。

5.2.3 非线性回归

【案例】

非线性关系的应用

下图是历年广交会的客商来自国家和地区的数量与成交额的相关散点图。

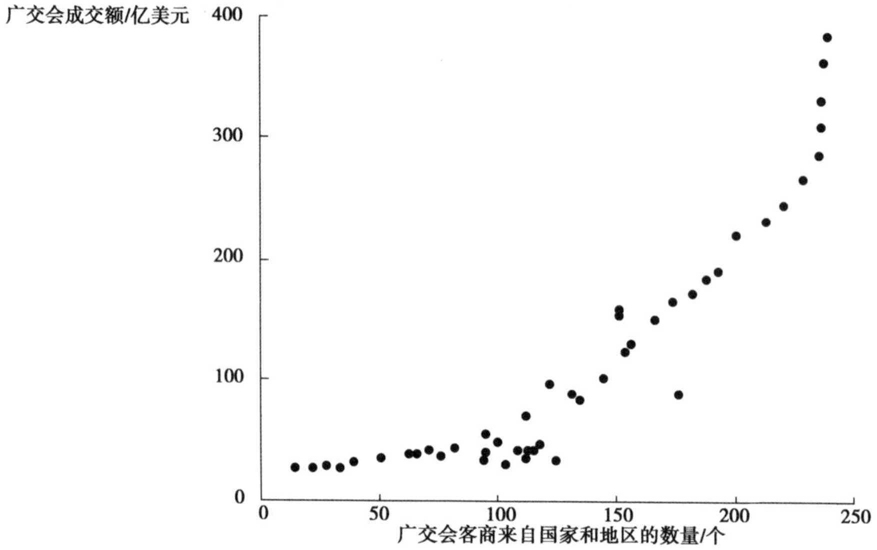

从图中可以看出,广交会客商来自国家和地区的数量与广交会成交额之间并不呈线性关系,而是呈非线性关系,因此无法用直线来拟合两个变量之间的关系。这时,就需要用到非线性回归。

(1)非线性回归方程的建立

如果变量 x 与 y 之间不是简单的线性关系,则用线性回归方程来拟合就不能很好地反映变量之间的关系,用线性回归方程进行预测也得不到很好的预测结果。从图 5.4 中可以看出,x 与 y 之间并不是线性关系,而是非线性关系。这时如果再用直线来拟合就不能很好地说明两个变量之间的关系了,会产生很大的误差。

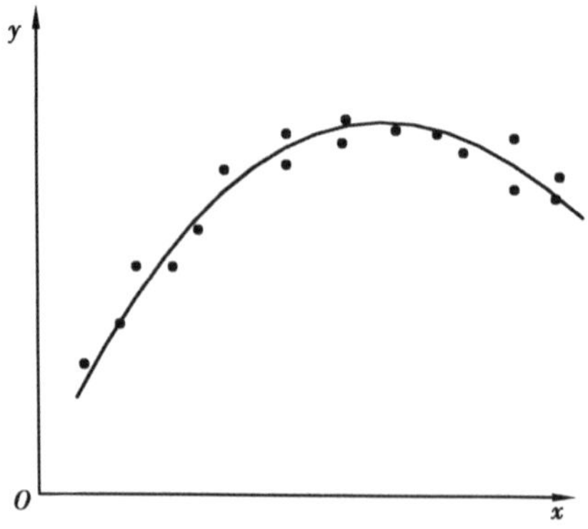

图 5.4 x 与 y 的散点图

在这种情况下，可以用曲线来拟合 x 与 y 之间的关系，这种方法称为非线性回归。与线性回归方程的建立一样，也可以采用最小二乘法来建立非线性回归方程。如果用二次曲线来拟合变量之间的关系，非线性回归方程为：

$$\hat{y} = a + bx + cx^2 \tag{5.18}$$

设 Q 为总误差平方和，则有：

$$Q = \sum_{i=1}^{n} (y_i - \hat{y}_i)^2 = \sum_{i=1}^{n} (y_i - a - bx_i - cx_i^2)^2 \tag{5.19}$$

分别求 Q 对 a,b,c 的偏导数得：

$$\frac{\partial Q}{\partial a} = \sum_{i=1}^{n} 2(y_i - a - bx_i - cx_i^2)(-1) \tag{5.20}$$

$$\frac{\partial Q}{\partial b} = \sum_{i=1}^{n} 2(y_i - a - bx_i - cx_i^2)(-x_i) \tag{5.21}$$

$$\frac{\partial Q}{\partial c} = \sum_{i=1}^{n} 2(y_i - a - bx_i - cx_i^2)(-x_i^2) \tag{5.22}$$

令上述 3 个导数等于 0，得到关于 a,b,c 的三元一次方程组：

$$\begin{cases} \sum_{i=1}^{n} 2(y_i - a - bx_i - cx_i^2)(-1) = 0 \\ \sum_{i=1}^{n} 2(y_i - a - bx_i - cx_i^2)(-x_i) = 0 \\ \sum_{i=1}^{n} 2(y_i - a - bx_i - cx_i^2)(-x_i^2) = 0 \end{cases} \tag{5.23}$$

求解上述三元一次方程组可得：

$$c = \frac{\left(\sum_{i=1}^{n} y_i x_i^2 - \bar{y}\sum_{i=1}^{n} x_i^2\right)\left(\bar{x}\sum_{i=1}^{n} x_i - \sum_{i=1}^{n} x_i^2\right) + \left(\sum_{i=1}^{n} y_i x_i - \bar{y}\sum_{i=1}^{n} x_i\right)\left(\bar{x}\sum_{i=1}^{n} x_i^2 - \sum_{i=1}^{n} x_i^3\right)}{\left(\bar{x}^2\sum_{i=1}^{n} x_i - \sum_{i=1}^{n} x_i^3\right)\left(\bar{x}\sum_{i=1}^{n} x_i^2 - \sum_{i=1}^{n} x_i^3\right) + \left(\bar{x}^2\sum_{i=1}^{n} x_i^2 - \sum_{i=1}^{n} x_i^4\right)\left(\bar{x}\sum_{i=1}^{n} x_i - \sum_{i=1}^{n} x_i^2\right)} \tag{5.24}$$

$$b = \frac{\left(\sum_{i=1}^{n} y_i x_i - \bar{y}\sum_{i=1}^{n} x_i\right)}{\left(\bar{x}\sum_{i=1}^{n} x_i - \sum_{i=1}^{n} x_i^2\right)} + \frac{\left(\bar{x}^2\sum_{i=1}^{n} x_i - \sum_{i=1}^{n} x_i^3\right)}{\left(\bar{x}\sum_{i=1}^{n} x_i - \sum_{i=1}^{n} x_i^2\right)}c \tag{5.25}$$

$$a = \bar{y} - b\bar{x} - c\bar{x}^2 \tag{5.26}$$

由于求解 a,b,c 的过程涉及大量数据高次方的运算，因此计算非常麻烦。如果拟合三次曲线或其他复杂的曲线，则计算量更大，这使得非线性回归方程的应用受到了限制。但是，计算机统计分析解决了大量数据计算繁杂的问题，用统计软件进行非线性回归分析的操作也很简单。目前，非线性回归也得到了有效的应用。

(2)非线性回归分析的应用

非线性回归首先要根据散点图中的数据分布来选择拟合函数。如果数据分布呈现明显的曲线特征,则选择一个形状与其相近的曲线方程,求解出相应的系数,即可建立非线性回归模型。在统计软件 *SPSS* 中给出的下面 10 种曲线方程,可作为拟合函数:

①Linear:直线。与一元回归分析完全相同,拟合的数学模型为:$y=a+bx$。

②Quadratic:二次曲线。拟合的数学模型为:$y=a+bx+cx^2$。

③Compound:复合函数曲线。拟合的数学模型为:$y=a+b^x$。

④Growth:等比级数曲线。拟合的数学模型为:$y=e^{a+bx}$。

⑤Logarithmic:对数曲线。拟合的数学模型为:$y=a+b\ \ln\ x$。

⑥Cubic:三次曲线。拟合的数学模型为:$y=a+bx+cx^2+dx^3$。

⑦S:S 形曲线。拟合的数学模型为:$y=e^{a+\frac{b}{x}}$。

⑧Expoential:指数函数曲线。拟合的数学模型为:$y=a+e^{bx}$。

⑨Inverse:反比例函数曲线。拟合的数学模型为:$y=a+\dfrac{b}{x}$。

⑩Power:幂函数曲线。拟合的数学模型为:$y=a+x^b$。

非线性回归与线性回归的不同点在于,对于一组观察值可以拟合多种曲线,计算的工作可以交给计算机来完成。研究者根据判定系数 R^2 的大小,可以从中选择拟合优度最好的曲线。

5.2.4 回归分析的应用

回归分析无论在自然科学中还是在社会科学中都得到了广泛的运用。但应该看到,在非实验性设计中,例如社会调查,它的变量在测量中是无法控制的。所谓控制只是用笔和纸进行分类。而在自然科学中,由于变量可以通过实验条件的控制和反复测量,因此变量测量的精度是比较高的。但在社会调查中,由于变量本身的概念,以及社会、心理等因素的影响,其可靠性只能达到真值的 0.5~0.8。那么,这些变量测量中的误差是怎样影响回归分析的呢?

首先因变量的测量误差,可以导致估计中标准差的增加,其结果是减少显著性差异,但不会导致回归系数的偏估。

对于自变量的测量,根据回归假定是要求没有测量误差的。而实际自变量测量误差的存在,可以导致回归系数的低估。这对单总体来说,问题还不大,因为至多只是估计得保守一些而已。但如果是回归系数的比较,那么由于变量测量误差的不同,会导致回归系数比较的错误结论。同样,如果自变量不止一个,而每个自变量的测量误差又不同的话,其结果也会变得十分复杂。

同时在回归假定中,要求误差项 e 与自变量是相互无关的。这一点在实验性设计中也比较容易满足,但对社会调查收集的资料来说,必须慎重考虑其独立性是否得到了满足。特别是那些判定系数 R^2 很小的情况,例如只有 10%,那就很难保证剩下 90%的误差确与自变量无关。正如国外社会学家所指出,应该清醒地看到,目前很多基于回归的因果分析,其结论很可能是歪曲了实际情况的。这向人们敲起了警钟,在运用回归分析的同时,必须注意自己的假定和测量。

以上是从使用回归方法本身来看,另外还可以从更广泛的非实验性研究的角度来看,社会调查属非实验性设计,其特点是研究现象的形成过程是研究者无法干预的,这点与实验性设计有很大不同。且不说自然科学中的实验,社会科学中的实验性研究,除了要研究的因素外,其他干扰因素要统统控制掉,或随机化掉,然后干预所要研究的因素,看它对因变量的影响。例如要研究不同教学方法的效果,但认为不同的年龄、性别、智商、家庭背景也会影响或干扰教学效果,那可以选择相同的年龄、性别、智商、家庭背景,或者采用随机抽取的方法确定每组的人选,以期使干扰因素随机化掉。最后让各组采用不同的教学方法,观察教学效果是否有所不同。但遗憾的是,在社会研究中,这样的实验设计往往是不可行的。例如不能像实施不同教学方法那样,指定一部分人吸烟、另一部分人不吸烟,以便进行吸烟对健康危害研究。研究者只能从既成的、不同健康水平的人群中了解他们是否抽烟。类似的非实验性设计在社会研究中比比皆是。例如研究婚姻问题,只能在已经是婚姻美满或不美满的人群中寻找哪些因素影响婚姻的美满。同样也只能在长寿老人中探索长寿的奥秘。由于这是回溯性的探讨,不免见仁见智,从而出现同样的资料会有不同的模型和不同的解释。而各种模型的解释力(判定系数 R^2)又都不很高,一般都在 30%。难怪有国外的社会学大师都感叹社会研究要找到真正的因果关系是很难的。或许有人说,这都是搞定量的人搞出来的,但这种看法是不对的。应该看到,这是研究中的一大进步,正如社会学大师布莱洛克来华讲学时所指出的,定性研究实际也同样存在这类问题,只是还没有意识到罢了。

5.3　相关与回归的比较

相关与回归都是研究变量间的非确定性关系的,而且都是研究其中的线性关系的。但是二者研究的角度是有所不同的。首先,回归是研究变量间的因果关系的。从人类对社会的探索来看,就是要找出影响人类行为的因果关系。而回归则是这种因果关系要建立的模型。例如,回归方程式

$$\hat{y} = a + bx \tag{5.27}$$

式中的变量 x 就是"因",变量 y 则是"果"。因此利用回归方程,可以通过自变量 x 的已知值去预测因变量 y 的未知值。比如子代和父代身高之间的关系,就有着明显的因果关系。作为因果关系的标志是"因"必先于"果","果"相对于"因"有着时间上的滞后。但相关关系则并不一定具有因果关系,例如同班同学 A 与 B 行为有着很高的相关关系,但两人间未必存在因果关系。它们往往是伴随、共存的关系,当然也不排斥一方为主的情况,但作为相关关系,一般不再追究孰因孰果。下列几种情况都可以作为相关研究的对象:

$x \to y$(x 引起 y 的变化)

$y \to x$(y 引起 x 的变化)

$x \leftrightarrow y$(x 和 y 互为因果)

$w \to x, w \to y$(x 和 y 间的关系,是由于共同因素 w 所造成的)

那么是否可以说，如果明确了变量间的因果关系，就只需要回归分析了呢？就是说，这时只需要回归系数 b 就能反映两个变量之间的关系了呢？答案是否定的。实际上，回归直线式(5.27)中回归系数 b，仅反映了增量 Δx 和 y 均值增量 $\Delta\widehat{y}$ 之间的关系：

$$\Delta\widehat{y} = b\Delta x \tag{5.28}$$

即 x 增加一个单位 $\Delta x=1$ 时，$\widehat{y}$ 将增加 b 个单位 $\Delta\widehat{y}=b$。b 说明了回归直线的陡度，b 值的大小与变量所取的单位是有关系的。回归直线中 $\widehat{y}$ 的变化，反映的是真实 y 值平均值的变化，而真实数据与回归直线分散的情况在式(5.27)中是不反映的。相关系数 r 则正是表现了真实数据与回归直线靠拢的程度。

可见，通过回归直线，x 可以预测 y 的平均值 $\widehat{y}$，而相关系数 r 反映了预测效果的好坏，或者说，相关系数反映了回归线拟合的好坏。因此，在探索变量间回归直线的同时，还应该研究相关系数。

此外，相关系数是双向对称的，即 x 对 y 的相关系数和 y 对 x 的相关系数是一样的。但回归系数则不一样，当把 x 作为自变量，y 作为因变量时，其回归方程为：

$$\widehat{y} = a + bx \tag{5.29}$$

反之，如果把 y 当作自变量，x 当作因变量，其回归方程为：

$$\widehat{x} = a' + b'y \tag{5.30}$$

式(5.29)和式(5.30)中的系数 a,b,a',b' 一般并不相等。因此，回归直线是非对称的。

【习　题】

1.从某一行业中随机抽取12家企业，所得产量与生产费用的数据如下：

企业编号	产量/台	生产费用/万元	企业编号	产量/台	生产费用/万元
1	40	130	7	84	165
2	42	150	8	100	170
3	50	155	9	116	167
4	55	140	10	125	180
5	65	150	11	130	175
6	78	154	12	140	185

要求：

①绘制产量与生产费用的散点图，判断二者之间的关系形态。

②计算产量与生产费用之间的线性相关系数。

2.随机抽取 10 家航空公司,对其最近一年的航班正点率和顾客投诉次数进行了调查,所得数据如下:

航空公司编号	航班正点率/%	顾客投诉次数
1	81.8	21
2	76.6	58
3	76.6	85
4	75.7	68
5	73.8	74
6	72.2	93
7	71.2	72
8	70.8	122
9	91.4	18
10	68.5	125

要求:

①绘制航班正点率和顾客投诉次数的散点图,说明二者之间的关系形态。

②计算航班正点率和顾客投诉次数之间的线性相关系数。

③用航班正点率作自变量,顾客投诉次数作因变量,建立估计的线性回归方程,并解释回归系数的意义。

④计算拟合优度。

3.下表是 20 个城市写字楼出租率和每平方米月租金的数据。

地区编号	出租率/%	月租金/(元每平方米)	地区编号	出租率/%	月租金/(元每平方米)
1	70.6	99	11	71.2	86
2	69.8	74	12	62.0	66
3	73.4	83	13	78.7	106
4	67.1	70	14	69.5	70
5	70.1	84	15	68.7	81
6	68.7	65	16	69.5	75
7	63.4	67	17	67.7	82
8	73.5	105	18	68.4	94
9	71.4	95	19	72.0	92
10	80.7	107	20	67.9	76

要求：

①绘制写字楼出租率和每平方米月租金的散点图，说明二者之间的关系形态。

②计算写字楼出租率和每平方米月租金的线性相关系数。

③建立以每平方米月租金为自变量，出租率为因变量的线性回归方程，并解释回归系数的意义。

④计算拟合优度。

4.下表是某住宅小区10个家庭的家庭年收入与人均住宅面积的数据：

个体编号	家庭年收入/万元	人均住宅面积/m^2
1	3.9	10
2	5.8	12
3	6.2	15
4	6.8	13
5	7.5	15
6	8.5	15
7	9.8	30
8	11	40
9	15.5	50
10	25	30

要求：

①绘制家庭年收入和人均住宅面积的散点图，说明二者之间的关系形态。

②计算家庭年收入和人均仹宅面积的线性相关系数。

③建立以家庭年收入为自变量、人均住宅面积为因变量的线性回归方程，并解释回归系数的意义。

④计算拟合优度。

5.某研究机构为了解该市居民受教育年限与收入的关系，有选择地进行了一次小规模调查，其中被调查者受教育年限与月收入的情况如下表所示。

个体编号	受教育年限/年	月收入/元	个体编号	受教育年限/年	月收入/元
1	6	800	5	9	1 500
2	6	1 100	6	9	1 800
3	6	900	7	12	2 100
4	9	900	8	12	1 700

续表

个体编号	受教育年限/年	月收入/元	个体编号	受教育年限/年	月收入/元
9	12	2 300	15	18	5 700
10	15	2 800	16	19	6 100
11	15	2 200	17	19	6 400
12	16	2 800	18	19	5 600
13	16	3 800	19	23	6 300
14	16	3 400	20	23	6 200

要求：

①绘制受教育年限与月收入的散点图,说明二者之间的关系形态。

②计算受教育年限与月收入的线性相关系数。

③建立以受教育年限为自变量、月收入为因变量的线性回归方程,并解释回归系数的意义。

④计算拟合优度。

第6章 类别变量与尺度变量关系的描述统计

在社会学研究中经常要分析类别变量和尺度变量之间的关系。例如,研究收入与学历是否相关,初婚年龄与地区是否相关,等等。这种变量之间的关系也可以用统计表、统计图和统计特征值来描述。

6.1 平均值比较分析

【案例】

平均值比较分析的应用

研究人员在东、中、西部3个地区随机抽取了16个环保重点城市,2019年空气质量达到及好于二级的天数数据如下表所示。

东部地区	中部地区	西部地区
168	135	187
239	229	134
276	188	202
188	93	254
302	—	179
344	—	230

如果想了解地区与空气质量达到及好于二级的天数之间是否相关,由于地区属于类别变量,天数属于尺度变量,此时可以采用平均值比较分析的方法。

6.1.1 平均值比较分析的统计思想

类别变量与尺度变量之间的差异在于,类别变量只有较少的几个取值,尺度变量则有很多取值，有些尺度变量的取值范围还很大。分析类别变量与尺度变量之间关系的方法是比较类别变量取不同值时，尺度变量的平均值是否有差异。如果类别变量取不同值时，尺度变量的平均值有较大差异，则认为类别变量与尺度变量相关；相反，如果类别变量取不同值时，尺度变量的平均值基本相等或差异不大，则认为类别变量与尺度变量不相关。

设存在两个变量 x 和 y，x 为类别变量，有 m 个取值 $x_1, x_2, \cdots, x_m$；y 为尺度变量。先按照类别变量将数据分为 m 类，然后计算每个类别变量 y 的平均值，得到 $\bar{y}_1, \bar{y}_2, \cdots, \bar{y}_m$。对这些平均值进行比较，如果差异很大则认为 x 和 y 相关；如果这些平均值都相等，或者仅有微小差异，则认为 x 和 y 不相关。

【例 6.1】 某班级进行了一次英语水平考试，不同性别学生的成绩如表 6.1 所示。请计算该班级学生的英语成绩与性别是否相关？

表 6.1　不同性别学生的英语成绩

性别 x	英语成绩 y/分									
男	64	68	73	76	80	85	91	93	97	98
女	63	66	72	79	82	88	90	92	96	99

解　已知 $n_1 = n_2 = 10$。

设该班级男生英语平均成绩为 $\bar{y}_1$，女生英语平均成绩为 $\bar{y}_2$。

$$\bar{y}_1 = \frac{\sum_{i=1}^{10} y_i}{10} = \frac{64 + 68 + 73 + 76 + 80 + 85 + 91 + 93 + 97 + 98}{10} = 82.5(\text{分})$$

$$\bar{y}_2 = \frac{\sum_{j=1}^{10} y_j}{10} = \frac{63 + 66 + 72 + 79 + 82 + 88 + 90 + 92 + 96 + 99}{10} = 82.7(\text{分})$$

由于男女生的英语平均成绩差异不大，因此可以认为这个班级学生的英语成绩与性别不相关，即男女生的英语成绩基本没有差异。

6.1.2　统计表、条形图与折线图

(1)统计表

类别变量与尺度变量之间的关系可以用统计表进行描述。例如，表 6.2 描述的是 2017 年各地区城镇(不含港澳台地区)居民人均可支配收入。从表中可以看出，不同地区城镇居民的人均可支配收入差异明显，因此可以认为城镇居民的人均可支配收入与地区是相关的。

表 6.2　2017 年各地区城镇居民人均可支配收入　　单位:元

地区	收入	地区	收入	地区	收入
北京	62 406.3	安徽	31 640.3	重庆	32 193.2
天津	40 277.5	福建	39 001.4	四川	30 726.9

续表

地区	收入	地区	收入	地区	收入
河北	30 547.8	江西	31 198.1	贵州	29 079.8
山西	29 131.8	山东	36 789.4	云南	30 995.9
内蒙古	35 670.0	河南	29 557.9	西藏	30 671.1
辽宁	34 993.4	湖北	31 889.4	陕西	30 810.3
吉林	28 318.7	湖南	33 947.9	甘肃	27 763.4
黑龙江	27 446.0	广东	40 975.1	青海	29 168.9
上海	62 595.7	广西	30 502.1	宁夏	29 472.3
江苏	43 621.8	海南	30 817.4	新疆	30 774.8
浙江	51 260.7				

资料来源:《中国统计年鉴 2018》

(2)条形图与折线图

类别变量与尺度变量之间的关系也可以用统计图鲜明地展现出来。将类别变量的每个取值用一个条表示,用条的高度表示属于该类别的所有个体在所研究的尺度变量上的平均值,可以绘制反映两个变量关系的条形图。从表 6.2 中的数据绘制的条形图(图 6.1)中可以看出,北京、上海、浙江、广东等地区的城镇人均可支配收入明显高于其他地区,这说明不同地区的城镇居民可支配收入存在较大差异,城镇居民可支配收入与地区之间存在相关关系。

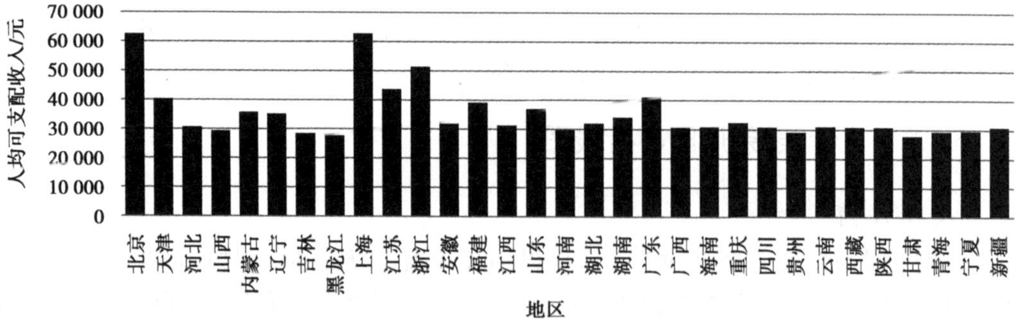

图 6.1　2017 年各地区城镇人均可支配收入的条形图

(3)折线图

将图 6.1 中条形顶端的中点用折线相连,就可以绘制出反映两个变量关系的折线图,如图 6.2 所示。

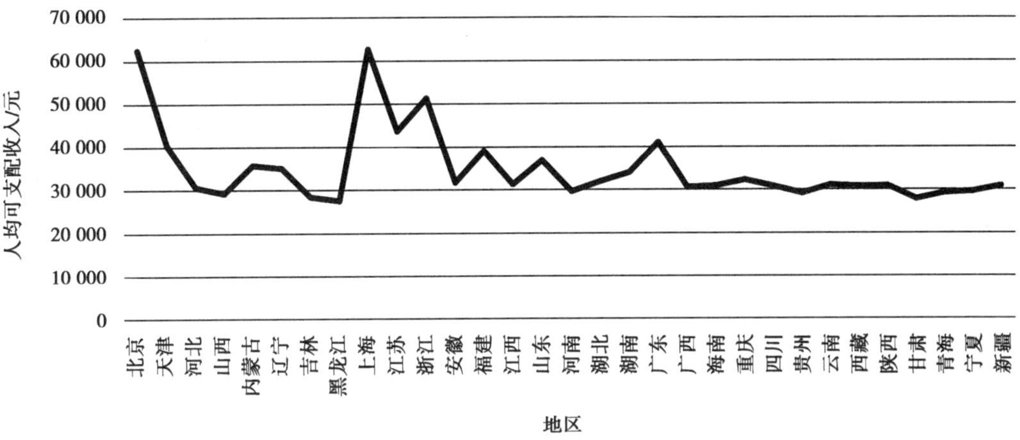

图 6.2　2017 年各地区城镇人均可支配收入的折线图

6.2　相关比率

【案例】

相关比率的应用

为了解原居住地区类型与男性居民做家务时间是否有关，研究人员在某社区中调查了原居住地分别为城市、县城和农村的 16 名男性居民，得到他们每周做家务的时间如下表所示。

原居住地类型	做家务时间/小时						
城市	6.0	7.0	3.5	5.0	9.0		
县城	3.5	3.5	1.0	4.0	2.0	3.5	3.5
农村	1.0	0.5	2.0	3.5			

若需要说明被调查者做家务时间与其原居住地区类型之间是否相关，由于原居住地类型属于类别变量，做家务时间属于尺度变量，此时可以采用相关比率的方法。

6.2.1　相关比率的构建思想

对不同类别的平均值进行比较只能粗略地说明类别变量与尺度变量之间是否相关，要想精确地说明两个变量的相关程度还要用相关系数。类别变量与尺度变量之间的相关系数称为相关比率，用 *eta* 来表示。相关比率也是基于消减误差比例的思想构建的。

假设已知变量 y 的平均值 $\bar{y}$，要猜测每个个体 y 变量的值 y_i，只能将每个个体的 y 值都猜测为平均值 $\bar{y}$。这时产生的总误差平方和为：

$$E_1 = \sum_{i=1}^{m} \sum_{j=1}^{n_i} (y_{ij} - \bar{y})^2 \tag{6.1}$$

如果知道 y 与一个类别变量 x 相关，且 x 有 m 个取值，每个类别的个体数分别为 n_1，n_2，…，n_m，在 x 的每个类别上 y 的均值分别为 $\bar{y}_1$，$\bar{y}_2$，…，$\bar{y}_m$，这时再猜测每个个体 y 变量的值时要看它属于 x 的哪个类别，并用该类别的均值 $\bar{y}_i$ 来猜测它，此时产生的总误差平方和为：

$$E_2 = \sum_{i=1}^{m} \sum_{j=1}^{n_i} (y_{ij} - \bar{y}_i)^2 \tag{6.2}$$

消减误差比例为：

$$PRE = \frac{E_1 - E_2}{E_1} = \frac{\sum_{i=1}^{m} \sum_{j=1}^{n_i} (y_{ij} - \bar{y})^2 - \sum_{i=1}^{m} \sum_{j=1}^{n_i} (y_{ij} - \bar{y}_i)^2}{\sum_{i=1}^{m} \sum_{j=1}^{n_i} (y_{ij} - \bar{y})^2} \tag{6.3}$$

PRE 即相关比率的平方，则相关比率为：

$$eta = \sqrt{\frac{E_1 - E_2}{E_1}} = \sqrt{\frac{\sum_{i=1}^{m} \sum_{j=1}^{n_i} (y_{ij} - \bar{y})^2 - \sum_{i=1}^{m} \sum_{j=1}^{n_i} (y_{ij} - \bar{y}_i)^2}{\sum_{i=1}^{m} \sum_{j=1}^{n_i} (y_{ij} - \bar{y})^2}} \tag{6.4}$$

相关比率 eta 与相关系数 r 有何异同呢？首先，它们都具有 PRE 性质。但是，相关系数研究的是两个尺度变量间的线性相关程度，也就是不仅要求变量都具有定距层次，而且还要求是线性的相关。如果其中之一不能满足，则不能用相关系数 r 进行讨论。相关比率 eta 研究的是类别变量与尺度变量之间的相关程度。由于类别变量不具有数量大小的概念，因此不存在关系是否线性的问题。

6.2.2 相关比率的计算

【例 6.2】 在某城市随机抽取 40 位居民，其文化程度与年家庭收入的分布如表 6.3 所示，请计算文化程度与年家庭收入的相关比率。

表 6.3 不同文化程度居民的年家庭收入 单位：千元

初中及以下 y_{1i}	高中（中专）y_{2i}	大学（专、本科）y_{3i}	研究生及以上 y_{4i}
40	39	75	99
20	45	83	133
15	49	89	128
50	68	94	105
32	55	120	117
27	37	116	93
21	53	98	—

续表

初中及以下 y_{1i}	高中(中专) y_{2i}	大学(专、本科) y_{3i}	研究生及以上 y_{4i}
38	71	107	—
11	64	88	—
25	79	97	—
—	72	—	—
—	84	—	—
—	86	—	—
—	77	—	—

解　$\bar{y}_1 = \dfrac{\sum_{j=1}^{10} y_{1j}}{10} = \dfrac{40 + 20 + 15 + 50 + 32 + 27 + 21 + 38 + 11 + 25}{10} = 27.9$

$$\bar{y}_2 = \frac{\sum_{j=1}^{14} y_{2j}}{14} = \frac{39 + 45 + 49 + 68 + 55 + 37 + 53 + 71 + 64 + 79 + 72 + 84 + 86 + 77}{14}$$

$= 62.8$

$$\bar{y}_3 = \frac{\sum_{j=1}^{10} y_{3j}}{10} = \frac{75 + 83 + 89 + 94 + 120 + 116 + 98 + 107 + 88 + 97}{10} = 96.7$$

$$\bar{y}_4 = \frac{\sum_{j=1}^{6} y_{4j}}{6} = \frac{99 + 133 + 128 + 105 + 117 + 93}{6} = 112.5$$

$$\bar{y} = \frac{\sum_{i=1}^{4}\sum_{j=1}^{n_i} y_{ij}}{40} = \frac{40 + 20 + \cdots + 93}{40} = 70$$

$$E_1 = \sum_{i=1}^{4}\sum_{j=1}^{n_i} (y_{ij} - \bar{y})^2 = (40 - 70)^2 + (20 - 70)^2 + \cdots + (93 - 70)^2 = 44\ 396$$

$$E_2 = \sum_{i=1}^{4}\sum_{j=1}^{n_i} (y_{ij} - \bar{y}_i)^2 = (40 - 27.9)^2 + \cdots + (25 - 27.9)^2 + (39 - 62.8)^2 + \cdots + (77 - 62.8)^2$$

$= (75 - 96.7)^2 + \cdots + (97 - 96.7)^2 + (99 - 112.5)^2 + \cdots + (93 - 112.5)^2$

$= 7\ 976.86$

$$eta^2 = \frac{E_1 - E_2}{E_1} = \frac{\sum_{i=1}^{4}\sum_{j=1}^{n_i} (y_{ij} - \bar{y})^2 - \sum_{i=1}^{4}\sum_{j=1}^{n_i} (y_{ij} - \bar{y}_i)^2}{\sum_{i=1}^{4}\sum_{j=1}^{n_i} (y_{ij} - \bar{y})^2} = 0.82$$

$eta = \sqrt{eta^2} = \sqrt{0.82} = 0.91$

这说明,文化程度与年家庭收入的相关比率为 0.91。

【习　题】

1.1 种产品需要人工组装,现有 3 种可供选择的组装方法。为检验哪种方法更好,随机抽取 15 个工人,让他们分别用 3 种方法组装。下面是 15 个工人分别用 3 种方法在相同的时间内组装的产品数量。

方法 A	方法 B	方法 C
164	129	125
167	130	126
168	129	126
165	130	127
170	131	126
165	130	128
164	129	127
168	127	126
164	128	127
162	128	127
163	127	125
166	128	126
167	128	116
166	125	126
165	132	125

要求:

①绘制 3 种方法组装产品平均数量的条形图。

②计算相关比率,说明组装方法与产品数量是否相关。

2.一家人才测评机构对随机抽取的 10 名小企业的经理人用两种方法进行自信心测试,得到的自信心测试分数如下:

人员编号	方法 1	方法 2
1	78	71
2	63	44
3	72	61
4	89	84
5	91	74
6	49	51
7	68	55
8	76	60
9	85	77
10	55	39

要求:计算相关比率,说明被调查者的自信心测试分数与测试方法是否相关。

3.顾客到银行办理业务时往往需要等待一段时间,而等待时间的长短与多种因素有关,比如,银行业务员办理业务的速度、顾客排队的方式等。为此,某银行准备采取两种排队方式进行试验,第一种排队方式是:所有顾客都进入一个等待队列;第二种排队方式是:顾客在 3 个业务窗口处列队 3 排等待。为比较哪种排队方式使顾客等待的时间更短,银行各随机抽取 10 名顾客,他们在办理业务时所等待的时间如下:

方式 1	6.5	6.6	6.7	6.8	7.1	7.3	7.4	7.7	7.7	7.7
方式 2	4.2	5.4	5.8	6.2	6.7	7.7	7.7	8.5	9.3	10.0

要求:

①绘制两种方式下顾客办理业务所等待平均时间的条形图。

②计算相关比率,说明排队方式与等待时间是否相关。

4.一家产品制造公司的管理者想比较 A,B,C 3 种培训方式对产品组装时间是否有影响,将 27 名新员工随机分配给这 3 种培训方式。培训结束后,参加培训的员工组装一件产品所花的时间如下:

培训方式		
A	B	C
8.8	8.2	8.6
9.3	6.7	8.5

续表

培训方式		
8.7	7.4	9.1
9.0	8.0	8.2
8.6	8.2	8.3
8.3	7.8	7.9
9.5	8.8	9.9
9.4	8.4	9.4
9.2	7.9	8.7

要求:计算相关比率,说明培训方式与组装产品时间是否相关。

5.为了解大学生网购的情况,某学院组织了一次小型调查,被调查的20名学生在过去3个月中的网购次数如下表所示。

按性别整理的调查结果

性别	网购次数											
男	3	8	6	4	0	5	1	0				
女	7	8	3	1	9	0	9	10	5	12	3	2

按专业整理的调查结果

专业	网购次数							
专业一	3	5	0	5				
专业二	8	4	1	7	8	3	12	3
专业三	6	0	2	1	9	0	9	10

要求:

①计算性别与网购次数的相关比率,说明被调查者的性别与其网购次数是否相关。

②计算专业与网购次数的相关比率,说明被调查者的专业与其网购次数是否相关。

第 7 章　参数估计

【案例】

传染规模估计

新冠肺炎疫情爆发后，国家高度戒备，采取了一系列措施对疫情进行防控。截至 2020 年 3 月 6 日 24 时，全国累计报告确诊病例 80 651 例，31 个省（自治区、直辖市）和新疆生产建设兵团报告新增确诊病例 99 例；现有疑似病例 502 例。根据近几日的新增情况可以估计出基本传染数 $R0$（衡量病毒传播力的一个定量指标），进而预测感染人数和疫情结束时间点。

日期	全国新增确诊数	日期	全国新增确诊数
2 月 8 日	2 656	2 月 22 日	648
2 月 9 日	3 062	2 月 23 日	409
2 月 10 日	2 478	2 月 24 日	508
2 月 11 日	2 015	2 月 25 日	406
2 月 12 日	15 152	2 月 26 日	433
2 月 13 日	5 090	2 月 27 日	327
2 月 14 日	2 641	2 月 28 日	427
2 月 15 日	2 009	2 月 29 日	573
2 月 16 日	2 048	3 月 1 日	202
2 月 17 日	1 886	3 月 2 日	125
2 月 18 日	1 749	3 月 3 日	119
2 月 19 日	394	3 月 4 日	139
2 月 20 日	889	3 月 5 日	143
2 月 21 日	397	3 月 6 日	99

数据来源：中华人民共和国国家卫生健康委员会网站。

根据上述信息如何比较准确地估计出感染规模的一个可信区间？如何比较可靠地预测病毒在人群中传播力的强弱变化趋势？这将涉及本章的点估计和区间估计内容。

在处理实际问题时，研究的总体分布类型有时候可以判断，但分布中的一个或多个参数往往难以确定。那么，如何根据样本数据来估计未知的参数，就是本章要讨论的参数估计问题。

7.1 参数估计的基本原理

7.1.1 估计量与估计值

如果能够获取研究对象总体的所有信息，那么，只需要对研究的总体作一些简单的统计描述，就可以得到研究对象的总体特征，比如，总体均值、方差、比例等。但在实际情况中，获取研究对象的全部信息往往是难以做到的，有些现象的范围比较广，不可能对总体中的每个单位都进行测定。或者有些总体的个体数很多，不可能也没有必要进行一一测定。这就需要从总体中抽取一部分个体进行调查，进而利用这些抽取到的样本所提供的信息来推断总体的某些数字特征，这就是参数估计。

参数估计（parameter estimation）是指利用样本统计量去估计相关总体参数。比如，用样本均值 $\bar{x}$ 估计总体均值 μ，用样本比例 ρ 估计总体比例 π，用样本方差 s^2 估计总体方差 σ^2 等。

如果将总体参数用符号 θ 来表示，而用于估计总体参数的样本统计量往往用 $\hat{\theta}$ 表示，参数估计也就是如何用 $\hat{\theta}$ 来估计 θ 的过程。

在参数估计中，用来估计总体参数的统计量称为估计量（estimator），用符号 $\hat{\theta}$ 表示。估计量是一个随机变量，是样本的函数。样本均值、样本比例、样本方差等都可以是一个估计量。而根据一个具体的样本计算出来的估计量的数值称为估计值（estimated value）。对于不同的样本，估计值往往是不同的。比如，要估计一个国家 13 岁青少年的平均身高，从全国 13 岁青少年中抽取一个随机样本，这个研究对象——全国 13 岁青少年的平均身高是一个未知的数据，是不知道的，称为未知参数，用 θ 表示，根据抽取的一个样本计算的平均身高 $\bar{x}$ 就是一个估计量，用 $\hat{\theta}$ 表示，假定计算出来的样本平均身高为 164 cm，这个 164 cm 就是估计量的具体数值，称为估计值。

7.1.2 点估计与区间估计

（1）点估计

【引例】 汽车油耗是衡量汽车性能的一个重要指标，这一指标是一个具体的数值。那么，如何得出这个具体的数值（点）来表示汽车的油耗指标呢？对比不同型号，不同品牌汽车的油耗数据就需要知道各品牌各型号具体的油耗数值。此时，就需要对不同型号，不同品牌汽车油耗这个数值（点）进行估计，然后进行比较。

对某品牌某型号汽车油耗进行测量过程如下，随机抽取20辆该品牌型号的汽车，每辆汽车加入5 L的汽油，耗完5 L汽油形式的里程数（km）如下：

29.8	27.6	28.3	27.9	30.1	28.7	29.9	28.0	27.9	28.7
28.4	27.2	29.5	28.5	28.0	30.0	29.1	29.8	29.6	26.9

以上数据是随机抽取的一个样本容量为20的样本观测值，那么，如何表示该品牌该型号汽车的5 L汽油的平均行驶里程数——这个具体的数字呢？一个很自然的想法就是利用这20个观测值的平均数来代替该品牌该型号汽车5 L汽油的平均行驶里程数，即用样本平均数（样本矩）代替总体平均行驶里程数（总体矩）。这一替换过程称为**替换原理**，也就是矩估计法。在上述过程中，估计出来的总体平均行驶里程数$\widehat{\theta}$，是由各个样本观测值θ_i（$\theta_1,\theta_2,\theta_3,\cdots,\theta_{20}$）计算得到的，即总体参数$\theta$的估计值$\widehat{\theta}$是样本观测值的$\theta_i$函数。

点估计（point estimation）就是用样本统计量$\widehat{\theta}$的某个取值直接作为总体参数θ的估计值。比如，用样本均值$\bar{x}$直接作为总体均值μ的估计值，用样本方差s^2直接作为总体方差σ^2的估计值等。要估计一个国家13岁青少年的平均身高，从全国13岁青少年中抽取一个随机样本，根据抽出的一个随机样本计算的样本平均身高为164 cm，这个164 cm就是全国13岁青少年的一个估计值，这就是点估计。

虽然在重复抽样条件下，点估计的均值有望等于总体真值［比如，$E(\bar{x})=\mu$］，但由于样本是随机的，抽出一个具体的样本得到的估计值很可能不同于总体真值。在用点估计值代表总体参数值的同时，还必须给出点估计值的可靠性，也就是说，必须能说出点估计值与总体参数的真实值接近的程度。但一个点估计值的可靠性是由它的抽样标准误差来衡量的，这表明一个具体的点估计值无法给出估计的可靠性的度量，因此就不能完全依赖于一个点估计值，而是围绕点估计值构造总体参数的一个区间，这就是区间估计。

（2）区间估计

参数的点估计给出了一个具体的数值作为θ的估计值，但点估计值精度如何？即点估计方法估计出的估计数值与θ的真实值之间究竟有多接近？显然点估计本身不能回答上述问题，需要由点估计的具体分布来反映。在实际中，度量一个点估计的精度的最直观的方法是给出未知参数的一个区间，即待估计的未知参数其具体真实值是哪一个，往往难以描述；但待估计的未知参数落在一个区间的可能性大小往往可以根据其分布状况给出比较可信的估计结果。这便产生了区间估计的概念。

【引例】　某药品生产企业，从长期实践知道，每包药物重量X服从正态分布，总体方差$\sigma^2=0.06$。从某天产品中随机抽取6包药品，测得重量为（单位：克）：

14.6　15.1　14.9　14.8　15.2　15.1

若问该企业该种药物每包重量的总体均值是多少，则可以根据上述点估计进行估计得到。但这样得出的估计值与总体均值的真实值往往是不相等的。既然总体均值的真实值往往根据样本难以得出，那么，可以从另一个角度思考总体均值的真实值，即总体未知的均值真实值落在某一个范围的可能性大小。那么，这个范围怎么得出呢？这便是区间估计的内容。

区间估计(interval estimate)是在点估计的基础上,给出总体未知参数的一个区间范围。这个区间范围通常由样本统计量的估计值加减估计误差得出。

与点估计不同的是:进行区间估计时,根据样本统计量的抽样分布类型,可以对样本统计量与总体未知参数的接近程度给出一个基于概率的度量。

根据样本均值的抽样分布可知,在重复抽样或无限总体抽样的情况下,样本均值的数学期望等于总体均值,即 $E(\bar{x})=\mu$。样本均值的标准误差为,$\sigma_{\bar{x}}=\frac{\sigma}{\sqrt{n}}$。由此可知样本均值 $\bar{x}$ 落在总体均值 μ 的两侧各为 1 个抽样标准差范围内的概率为 0.682 7;落在 2 个抽样标准差范围内的概率为 0.954 5;落在 3 个抽样标准差范围内的概率为 0.997 3;等等。

可以求出样本均值 $\bar{x}$ 落在总体均值 μ 的两侧任何一个抽样标准差范围内的概率。$\bar{x}$ 是已知的,而要估计的 μ 是未知的。由于 $\bar{x}$ 与 μ 的距离是对称的,如果某个样本的平均值落在 μ 的两个标准差范围之内,反过来,μ 也就被包括在以 $\bar{x}$ 为中心左右两个标准差的范围之内。因此约有 95%的样本均值会落在 μ 的两个标准差的范围之内。图 7.1 给出了区间估计的示意图。

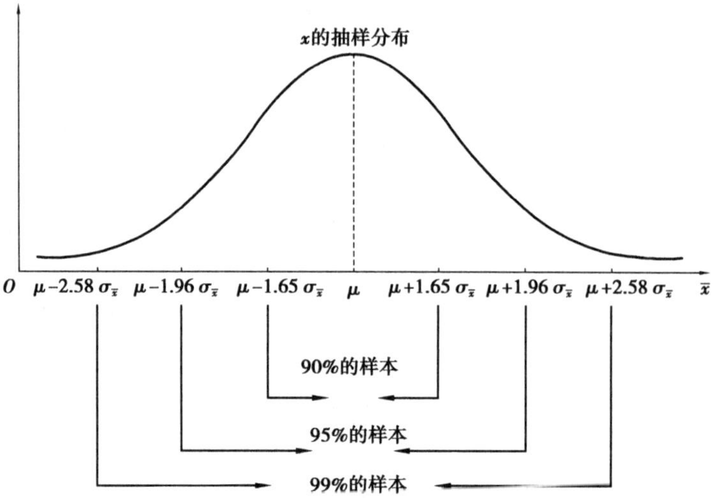

图 7.1 区间估计示意图

在区间估计中,由样本统计量所构造的总体参数的估计区间称为**置信区间**(confidence interval),其中区间的最小值称为置信下限,最大值称为置信上限。

一般地,置信下限和置信上限包含待估未知参数的概率称为置信水平(confidence level),也称为置信度或置信系数(confidence coefficient)。即如果将构造置信区间的步骤重复多次,置信区间中包含总体参数真值的次数所占的比例称为置信水平,也称为置信度或置信系数。

在构造置信区间时,可以用所希望的任意值作为置信水平。比较常用的置信水平及正态分布曲线下右侧面积为 $\alpha/2$ 时的 z 值($z_{\alpha/2}$) 如表 7.1 所示。

表 7.1　常用置信水平的 $z_{\alpha/2}$ 值

置信水平	α	$\alpha/2$	$z_{\alpha/2}$
90%	0.10	0.05	1.645
95%	0.05	0.025	1.96
99%	0.01	0.005	2.58

有关置信区间的概念可用图 7.2 来表示。

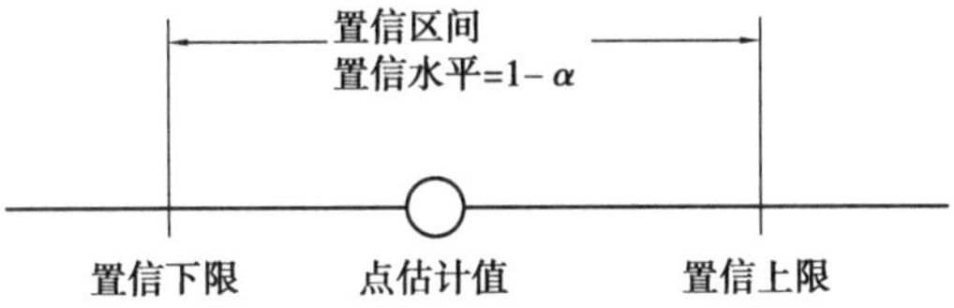

图 7.2　置信区间示意图

从图 7.1 和图 7.2 不难看出，当样本量给定时，置信区间的宽度随着置信系数的增大而增大，从直觉上说，区间比较宽时，才会使这一区间有更大的可能性包含参数的真值；当置信水平固定时，置信区间的宽度随样本量的增大而减小，换言之，较大的样本所提供的有关总体的信息要比较小的样本多。

7.1.3　评价估计量的标准

参数估计是用样本估计量 $\hat{\theta}$ 作为总体参数 θ 的估计。实际上，用于估计 θ 的估计量有很多，比如，可以用样本均值作为总体均值的估计量，也可以用样本中位数作为总体均值的估计量，等等。那么，究竟用样本的哪种估计量作为总体参数的估计呢？自然要用估计效果最好的那种估计量。什么样的估计量才算是一个好的估计量呢？这就需要有一个公认的评价标准。统计学家给出了评价估计量的一些标准，主要有以下几个。

(1)无偏性

估计量是一个随机变量，对于不同的样本会得到不同的估计值。那么进行参数估计的时候，都希望估计值越接近真实值越好。然而真正估计值等于真实值往往是难以达到的，因此，希望估计统计量能够很好地去估计未知参数，即希望估计值不要偏高也不要偏低。由此，对估计量引入了无偏性的判定标准。

无偏性(unbiasedness)是指估计量抽样分布的数学期望等于被估计的总体参数。设总体参数为 θ，所选择的估计量为 $\hat{\theta}$，如果 $E(\hat{\theta})=\theta$，则称 $\hat{\theta}$ 为 θ 的无偏估计量。

(2)有效性

一个无偏的估计量并不意味着它就非常接近被估计的参数，它还必须与总体参数的离散程度比较小。**有效性**(efficiency)是指对同一总体参数的两个无偏估计量，有更小标准差的估计量更有效。假定有两个用于估计总体参数的无偏估计量，分别用 $\hat{\theta}_1$ 和 $\hat{\theta}_2$ 表示，它们的抽样分布的方差分别用 $D(\hat{\theta}_1)$ 和 $D(\hat{\theta}_2)$ 表示，如果 $D(\hat{\theta}_1)$ 小于 $D(\hat{\theta}_2)$，即 $D(\hat{\theta}_1)<D(\hat{\theta}_2)$，就称 $\hat{\theta}_1$ 是比 $\hat{\theta}_2$ 更有效的一个估计量。在无偏估计的条件下，估计量的方差越小，估计就越有效。

图 7.3 说明了两个无偏估计量 $\hat{\theta}_1$ 和 $\hat{\theta}_2$ 的抽样分布。可以看到，$\hat{\theta}_1$ 的方差比 $\hat{\theta}_2$ 的方差小，因此 $\hat{\theta}_1$ 是比 $\hat{\theta}_2$ 的值更接近总体的参数，即 $\hat{\theta}_1$ 比 $\hat{\theta}_2$ 更有效，是一个更好的估计量。

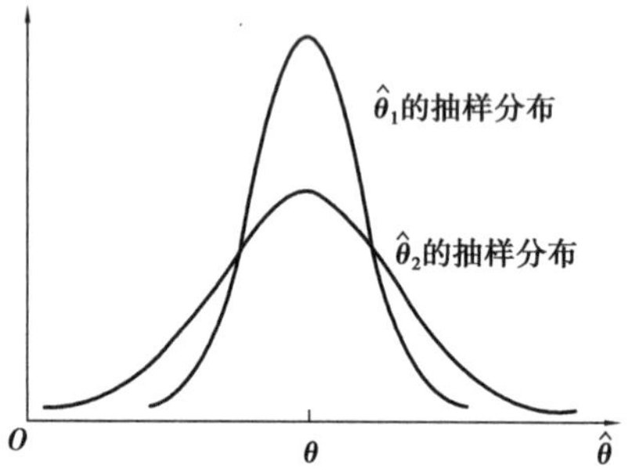

图 7.3 两个无偏估计量的抽样分布

(3)一致性(相合性)

一致性(consistency)是指随着样本量的增大，估计量的值越来越接近被估总体的参数。换言之，一个大样本给出的估计量要比一个小样本给出的估计量更接近总体的参数。根据样本均值的抽样分布可知，样本均值抽样分布的标准差为 $\sigma_{\bar{x}}=\dfrac{\sigma}{\sqrt{n}}$，由于 $\sigma_{\bar{x}}$ 与样本量大小有关，样本量越大，$\sigma_{\bar{x}}$ 的值就越小。因此可以说，大样本量给出的估计量更接近总体均值 μ。从这个意义上说，样本均值是总体均值的一个一致估计量。

7.2 一个总体参数的区间估计

【案例】

留学生生活成本支出估计

为了估算出国留学日常生活费支出，对某国家的在校本科生的月生活费支出问题进行了抽样调查。本次调查共发放问卷 500 份，回收问卷 491 份，其中有效问卷共 426 份。调查数据经整理后，得到全部 426 名留学生的生活费支出数据，如下表所示。

按支出分组数据/美元	人数/个
700 以下	7
700~1 000	66
1 000~1 300	143

续表

按支出分组数据/美元	人数/个
1 300~1 600	130
1 600~1 900	60
1 900 以上	20
合计	426

根据抽样结果，使用 95%的置信水平得到的估计结论是：去上述国家留学的本科生的月生活费平均水平在 1 357.9~1 554.1 美元。

那么，上述结果是如何分析得出的呢？经过本章学习，我们将会处理类似上述社会现实问题。

在对总体均值进行区间估计时，需要考虑到待估计总体的分布情况，比如，需要考虑总体是否为正态分布，总体方差是否已知，用于构造估计量的样本是大样本（通常要求 $n \geqslant 30$）还是小样本（$n<30$）等几种情况。下面就结合具体的带估计参数的总体分布情况，对参数估计的方法和过程给予说明。

7.2.1　单正态总体、方差已知，或非正态总体、大样本

当总体服从正态分布且 σ^2 已知时，或者总体不是正态分布但为大样本时，样本均值 $\bar{x}$ 的抽样分布均为正态分布，其数学期望为总体均值 μ，方差为 σ^2/n。而样本均值经过标准化以后的随机变量则服从标准正态分布，即

$$Z = \frac{\bar{x} - \mu}{\sigma/\sqrt{n}} \sim N(0,1) \tag{7.1}$$

根据式(7.1)和正态分布的性质可以得出总体均值 μ 在 $1-\alpha$ 置信水平下的置信区间为：

$$\bar{x} \pm Z_{\alpha/2}\frac{\sigma}{\sqrt{n}} \tag{7.2}$$

式中，$\bar{x}-Z_{\alpha/2}\frac{\sigma}{\sqrt{n}}$ 称为置信下限，$\bar{x}+Z_{\alpha/2}\frac{\sigma}{\sqrt{n}}$ 称为置信上限；α 是事先所确定的一个概率值，也称为风险值，它是总体均值不包括在置信区间的概率；$1-\alpha$ 称为置信水平；$Z_{\alpha/2}$ 是标准正态分布右侧面积为 $\alpha/2$ 时的 z 值；$Z_{\alpha/2}\frac{\sigma}{\sqrt{n}}$ 是估计总体均值时的估计误差（estimate error）。这就是说，总体均值的置信区间由两部分组成：点估计值和描述估计量精度的±值，这个±值称为估计误差。

如果总体服从正态分布但 σ^2 未知，或总体并不服从正态分布，只要是在大样本条件下，式(7.1) 中的总体方差 σ^2 就可以用样本方差 s^2 代替，这时总体均值 μ 在 $1-\alpha$ 置信水

平下的置信区间可以写为：

$$\bar{x} \pm Z_{\alpha/2}\frac{s}{\sqrt{n}} \tag{7.3}$$

【例 7.1】 一家中药生产企业以生产袋装中药为主，每天的产量大约为 8 000 袋。按规定每袋的重量应为 100 g。为对产品重量进行监测，企业质检部门经常要进行抽检，以分析每袋重量是否符合要求。现从某天生产的一批产品中随机抽取 25 袋，测得每袋重量如表 7.2 所示。

表 7.2 25 袋产品的重量 单位：g

112.5	101.0	103.0	102.0	100.5
102.6	107.5	95.0	108.8	115.6
100.0	123.5	102.0	101.6	102.2
116.6	95.4	97.8	108.6	105.0
136.8	102.8	101.5	98.4	93.3

已知产品重量服从正态分布，且总体标准差为 10 g。试估计该天产品在置信水平为 95%水平时，平均重量的置信区间。

解 已知 $\sigma=10$，$n=25$，置信水平 $1-\alpha=95\%$，查标准正态分布表，得 $Z_{\alpha/2}=1.96$。

根据样本数据计算的样本均值为：

$$\bar{x}=\frac{\sum_{i=1}^{n}x_i}{n}=\frac{2\ 634}{25}=105.36$$

根据式(7.2) 得区间估计为：

$$\bar{x} \pm Z_{\alpha/2}\frac{\sigma}{\sqrt{n}}=105.36 \pm 1.96\times\frac{10}{\sqrt{25}}$$

即 105.36±3.92=(101.44，109.28)。该批产品平均重量 95%的置信区间为 101.44 ~ 109.28 g。

7.2.2 正态总体、方差未知、小样本

如果总体服从正态分布，则无论样本量如何，样本均值 $\bar{x}$ 的抽样分布都服从正态分布。这时，只要总体方差 σ^2 已知，即使是在小样本的情况下，也可以按式(7.1)建立总体均值的置信区间。但是，如果总体方差 σ^2 未知，而且是在小样本情况下，则需要用样本方差 s^2 代替 σ^2，这时，样本均值经过标准化以后的随机变量则服从自由度为$(n-1)$的 t 分布，即：

$$t=\frac{\bar{x}-\mu}{s/\sqrt{n}}\sim(n-1) \tag{7.4}$$

因此,需要采用 t 分布来建立总体均值 μ 的置信区间。

t 分布是类似正态分布的一种对称分布,它通常要比正态分布平坦和分散。一个特定的 t 分布依赖于称之为自由度的参数。随着自由度的增大,t 分布逐渐趋于正态分布,根据 t 分布建立的总体均值 μ 在 $1-\alpha$ 置信水平下的置信区间为:

$$\bar{x} \pm t_{\frac{\alpha}{2}} \frac{s}{\sqrt{n}} \tag{7.5}$$

$t_{\frac{\alpha}{2}}$是自由度为$(n-1)$时,t 分布中右侧面积为$\frac{\alpha}{2}$时的 t 值。

【例 7.2】　某旅行社随机访问了 25 名旅游者,得知平均消费额 $\bar{x}=80$ 元,样本标准差 $s=12$ 元。已知旅游者消费额服从正态分布,求旅游者平均消费额 μ 的 95%的置信区间。

解　对于给定的置信度 95%($\alpha=0.05$),有:$t_{\frac{\alpha}{2}}(n-1)=t_{0.025}(24)=2.063\ 9$

将 $\bar{x}=80, s=12, n=25, t_{0.025}(24)=2.063\ 9$ 代入式(7.5)得出 μ 的 95%的置信区间为(75.05,84.95)。

7.3　两个总体参数的区间估计

在实际问题中,往往需要知道两个正态总体的总体均值之间或者方差之间是否有显著差异。从而需要估计两个总体的均值之差 $\mu_1-\mu_2$、两个总体的方差比 σ_1^2/σ_2^2的置信区间。

比如,组装某种产品有两种不同的方法,那么这两种组装方法在生产效率上是否有所差异呢?这往往是需要关注的问题。这就需要用到两个总体参数的区间估计。

若对上述两种组装方法分别随机安排 12 名工人,每个工人组装一件产品所用的时间如表 7.3 所示。

表 7.3　两种方法组装产品所需的时间　　单位:分钟

方法 1		方法 2	
28.3	30.1	27.6	22.2
37.6	29.0	31.0	33.8
32.1	28.8	20.0	30.2
37.2	36.0	31.7	26.0
38.5	34.4	32.0	31.2
28.0	30.0	33.4	26.5

假定两种方法组装产品所用时间的总体服从正态分布,且方差相等。试以 95%的置信水平建立两种方法组装产品所需要的平均时间之差的置信区间。

上述问题是关于两个正态总体均值之差的区间估计问题，接下来就介绍“双正态总体均值之差的置信区间估计”的估计过程和方法。

7.3.1 双正态总体均值之差的置信区间估计

设两个总体的均值分别为 μ_1 和 μ_2，从两个总体中分别抽取样本量为 n_1 和 n_2 两个随机样本，其样本均值分别为$\bar{x}_1$ 和$\bar{x}_2$。两个总体均值之差 $\mu_1-\mu_2$ 的估计量显然是两个样本均值之差$\bar{x}_1-\bar{x}_2$。

(1)两个总体均值之差的估计：独立样本——大样本的估计

如果两个样本是从两个总体独立抽取的，即一个样本中的元素与另一个样本的元素相互独立，则称为独立样本(independent sample)。如果两个总体都为正态分布，或两个总体不服从正态分布但两个样本都为大样本($n_1\geqslant 30$ 和 $n_2\geqslant 30$)，根据抽样分布的知识可知，两个样本均值之差$\bar{x}_1-\bar{x}_2$ 的抽样分布服从期望值为$(\mu_1-\mu_2)$、方差为$\left(\frac{\sigma_1^2}{n_1}+\frac{\sigma_2^2}{n_2}\right)$的正态分布，而两个样本均值之差经标准化后则服从正态分布，即

$$z=\frac{(x_1-x_2)-(\mu_1-\mu_2)}{\sqrt{\sigma_1^2/n_1+\sigma_2^2/n_2}}\sim N(0,1) \tag{7.6}$$

当两个总体的方差 σ_1^2 和 σ_2^2 都已知时，两个总体均值之差 $\mu_1-\mu_2$ 在 $1-\alpha$ 置信水平下的置信区间为：

$$(x_1-x_2)\pm z_{\alpha/2}\sqrt{\frac{\sigma_1^2}{n_1}+\frac{\sigma_2^2}{n_2}} \tag{7.7}$$

当两个总体的方差 σ_1^2 和 σ_2^2 未知时，可用两个样本的方差 s_1^2 和 s_2^2 代替，这时，两个总体均值之差 $\mu_1-\mu_2$ 在 $1-\alpha$ 置信水平下的置信区间为：

$$(x_1-x_2)\pm z_{\alpha/2}\sqrt{\frac{s_1^2}{n_1}+\frac{s_2^2}{n_2}} \tag{7.8}$$

【例 7.3】 2003 年某地区分行业调查职工平均工资情况：已知体育行业职工平均工资 $X\sim N(\mu_1,218^2)$，文教行业职工平均工资 $Y\sim N(\mu_2,227^2)$。从 X 中调查 25 人，平均工资为 1 286 元；Y 中调查 30 人，平均工资为 1 272 元。求这两个行业职工平均工资之差的 99%的置信区间。

解 由 $1-\alpha=0.99$，故 $\alpha=0.01$。查表得：$\mu_{0.005}=2.576$，又 $n_1=25$，$n_2=30$，$\sigma_1^2=218^2$，$\sigma_2^2=227^2$，$\bar{x}=1\ 286$，$\bar{y}=1\ 272$。代入式 7.7 得：$\mu_1-\mu_2$ 的置信度为 99%的置信区间约为(-140.96，168.96)，即两个行业职工平均工资之差在-140.96~168.96 的可信度为 99%。

(2)两个总体均值之差的估计：独立样本——小样本的估计

如果两个样本都是小样本，为估计两个总体的均值之差，则需要作出以下假定：①两个总体都服从正态分布；②两个随机样本独立地分别抽自两个总体。

此时，两个样本均值之差都服从正态分布。当两个总体方差 σ_1^2 和 σ_2^2 已知时，可用

式(7.7)建立两个总体均值之差的置信区间。当 σ_1^2 和 σ_2^2 未知时,有以下几种情况。

当两个总体的方差 σ_1^2 和 σ_2^2 未知但相等时,即 $\sigma_1^2=\sigma_2^2$,需要用两个样本的方差 s_1^2 和 s_2^2 来估计,这时,需要将两个样本的数据组合在一起,以给出总体方差的合并估计量 s_p^2,计算公式为:

$$s_p^2=\frac{(n_1-1)s_1^2+(n_2-1)s_2^2}{n_1+n_2-2} \tag{7.9}$$

这时,两个样本均值的差经标准化后服从自由度为 n_1+n_2-2 的 t 分布,即

$$t=\frac{(\overline{x_1}-\overline{x_2})-(\mu_1-\mu_2)}{s_p\sqrt{\frac{1}{n_1}+\frac{1}{n_2}}}\sim t(n_1+n_2-2) \tag{7.10}$$

因此,两个总体均值之差 $\mu_1-\mu_2$ 在 $1-\alpha$ 置信水平下的置信区间为:

$$(\overline{x_1}-\overline{x_2})\pm t_{\alpha/2}(n_1+n_2-2)\sqrt{s_p^2\left(\frac{1}{n_1}+\frac{1}{n_2}\right)} \tag{7.11}$$

【例7.4】 假定第一种方法随机安排12个工人,第二种方法随机安排8个工人,即 $n_1=12,n_2=8$,所得的有关数据如表7.4所示。

表7.4　两种方法组装产品所需的时间(二)　　单位:分钟

方法1	方法2	方法1	方法2
28.3	27.6	36.0	31.7
30.1	22.2	37.2	26.0
29.0	31.0	38.5	32.0
37.6	33.8	34.4	31.2
32.1	20.0	28.0	33.4
28.8	30.2	30.0	26.5

同时假定两个总体的方差不相等,试以95%的置信水平建立两种方法组装产品所需平均时间之差的置信区间。

解　根据表7.4的数据计算得到:

方法1:$\bar{x}_1=32.5\quad s_1^2=15.996$

方法2:$\bar{x}_2=27.875\quad s_2^2=23.014$

计算的自由度为:

$$v=\frac{\left(\frac{15.996}{12}+\frac{23.014}{8}\right)^2}{\frac{\left(\frac{15.996}{12}\right)^2}{12-1}+\frac{\left(\frac{23.014}{8}\right)^2}{8-1}}=13.188\approx 13$$

根据自由度13查 t 分布表得 $t_{0.05/2}(13)=2.160\ 4$,两个总体均值之差 $\mu_1-\mu_2$ 在 $1-\alpha$ 置信水平下的置信区间为:

$$(\overline{x_1}-\overline{x_2}) \pm t_{\alpha/2}(v)\sqrt{\frac{s_1^2}{n_1}+\frac{s_2^2}{n_2}} = 4.625 \pm 4.433$$

即(0.192,9.058),两种方法组装产品所需平均时间之差的95%的置信区间为0.192~9.058分钟。

7.3.2 两个总体方差比的区间估计

在现实问题中,还会经常遇到比较两个总体方差的问题。比如,希望比较用两种不同方法生产的产品性能的稳定性,比较不同测量工具的精度等。

比如,研究男女学生在生活费支出上的差异,这就属于两个总体方差比的区间估计问题。

设 S_1^2 是总体 $N(\mu_1,\sigma_1^2)$ 的样本容量为 n_1 的样本方差;S_2^2 是总体 $N(\mu_2,\sigma_2^2)$ 的样本容量为 n_2 的样本方差,且两个总体相互独立,其中 $\mu_1,\sigma_1^2,\mu_2,\sigma_2^2$ 未知。S_1^2,S_2^2 分别是 σ_1^2 和 σ_2^2 的无偏估计。那么

$$F=\left(\frac{\sigma_2}{\sigma_1}\right)^2\frac{S_1^2}{S_2^2} \sim F(n_1-1,n_2-1)$$

用 F 分布构造的两个总体方差比的置信区间可用图7.4来表示。

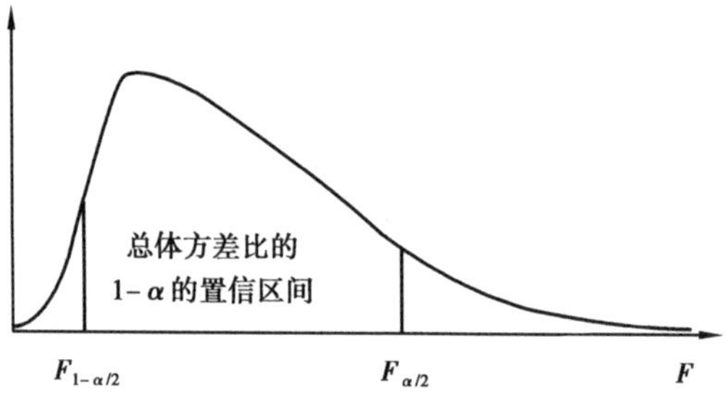

图7.4 方差比的置信区间示意图

建立两个总体方差比的置信区间,也就是要找到一个 F 值,使其满足:

$$F_{1-\alpha} \leq F \leq F_{\alpha/2} \tag{7.12}$$

由于$\left(\frac{\sigma_2}{\sigma_1}\right)^2\frac{S_1^2}{S_2^2}\sim F(n_1-1,n_2-1)$,故可用它来代替 F,于是有:

$$F_{1-\alpha/2} \leq \left(\frac{\sigma_2}{\sigma_1}\right)^2\frac{S_1^2}{S_2^2} \leq F_{\alpha/2} \tag{7.13}$$

根据式(7.13),可以推导出两个总体方差比 σ_1^2/σ_2^2 在 $1-\alpha$ 置信水平下的置信区间为:

$$\frac{\frac{S_1^2}{S_2^2}}{F_{\alpha/2}} \leq \left(\frac{\sigma_2}{\sigma_1}\right)^2 \leq \frac{\frac{S_1^2}{S_2^2}}{F_{1-\alpha/2}} \tag{7.14}$$

式中,$F_{\alpha/2}$和 $F_{1-\alpha/2}$是分子自由度为(n_1-1)和分母自由度为(n_2-1)的 F 分布的右侧

面积为 $\alpha/2$ 和 $1-\alpha/2$ 的分位数。由于 F 分布表中只给出面积较小的右分位数,此时可利用下面的关系求得 $F_{1-\alpha/2}$的分位数值:

$$F_{1-\alpha/2}(n_1,n_2)=\frac{1}{F_{\alpha/2}(n_2,n_1)} \tag{7.15}$$

式中,n_1 表示分子自由度;n_2 表示分母自由度。

【例 7.5】 某钢铁公司的管理人员为比较新旧两个电炉的温度状况,他们抽取了新电炉的 31 个温度数据,以及旧电炉的 25 个温度数据,并计算得出样本方差为:$s_1^2=75$,$s_2^2=100$。设新旧电炉的温度分别服从 $N(\mu_1,\sigma_1^2)$ 和 $N(\mu_2,\sigma_2^2)$。试求$\dfrac{\sigma_1^2}{\sigma_2^2}$的 95%置信区间。

解 $\dfrac{\sigma_1^2}{\sigma_2^2}$的 $1-\alpha$ 置信区间的两个端点分别是:$\dfrac{1}{F_{\alpha/2}(n_1-1,n_2-1)}\cdot\dfrac{s_1^2}{s_2^2}$和 $F_{\alpha/2}(n_2-1,n_1-1)\cdot\dfrac{s_1^2}{s_2^2}$

$$\alpha=0.05,n_1=31,n_2=25$$

查表得:

$$F_{0.05/2}(30,24)=2.21,F_{0.05/2}(24,30)=2.14$$

所以,置信区间下限为:$\dfrac{1}{2.21}\times\dfrac{75}{100}\approx0.34$,置信区间上限为:$2.14\times\dfrac{75}{100}\approx1.61$。

即新旧电炉温度方差比的 95%置信区间为 0.34~1.61。

7.4　样本量的确定

7.4.1　估计总体均值时样本量的确定

总体均值的置信区间是由样本均值和估计误差两部分组成的。在重复抽样或无限总体抽样条件下,估计误差为 $z_{\frac{\alpha}{2}}\dfrac{\sigma}{\sqrt{n}}$。那么,估计误差的大小由 $z_{\frac{\alpha}{2}}$的值和样本量 n 共同确定。一旦确定了置信水平 $1-\alpha$,$z_{\frac{\alpha}{2}}$的值就确定了。因此,一旦给定了 $z_{\frac{\alpha}{2}}$的值和总体标准差 σ,就可以确定希望的估计误差所需要的样本数量。令 E 代表所希望达到的估计误差,即

$$E=z_{\frac{\alpha}{2}}\frac{\sigma}{\sqrt{n}} \tag{7.16}$$

可知确定样本量的公式如下:

$$n=\frac{{z_{\frac{\alpha}{2}}}^2\sigma^2}{E^2} \tag{7.17}$$

式中的 E 值是研究者在给定的置信水平下可以接受的估计误差值,区间估计中所用到的置信水平可确定 $z_{\frac{\alpha}{2}}$ 的值。如果能求出 σ 的具体值,就可以计算出所需的样本量。如果 σ 的值不知道,可以用以前相同或类似的样本的标准差来代替;也可以用试验调查的办法,选择一个初始样本,以该样本的标准差作为 σ 的估计值。

7.4.2 估计总体比例时样本量的确定

与估计总体均值时样本量的确定方法类似,在重复抽样或无限总体抽样条件下,估计总体比例置信区间的估计误差为 $Z_{\alpha/2}\sqrt{\frac{\pi(1-\pi)}{n}}$,$Z_{\alpha/2}$ 的值、总体比例 π 和样本量 n 共同确定了估计误差的大小。一旦确定了置信水平 $1-\alpha$,$Z_{\alpha/2}$ 的值就确定了。由于总体比例的值是固定的,所以估计误差由样本量来确定,样本量越大,估计误差就越小,估计的精度就越好。因此,对于给定的 $Z_{\alpha/2}$ 的值,就可以确定任一希望的估计误差所需要的样本量。令 E 代表所希望达到的估计误差,即

$$E = Z_{\alpha/2}\sqrt{\frac{\pi(1-\pi)}{n}} \tag{7.18}$$

由此可以推导出重复抽样或无限总体抽样条件下确定样本量的公式如下:

$$n = \frac{z_{\frac{\alpha}{2}}^{2}\pi(1-\pi)}{E^{2}} \tag{7.19}$$

式中的估计误差 E 必须是使用者事先确定的,一般 E 的取值小于 0.10。$Z_{\alpha/2}$ 的值可直接由区间估计中所用到的置信水平确定。如果能够求出 π 的具体值,就可以用上面的公式计算所需的样本量。在实际应用中,如果 π 的值不知道,可以用类似的样本比例来代替;也可以用试验调查的办法,选择一个初始样本,以该样本的比例作为 π 的估计值。当 π 的值无法知道时,通常取使 $\pi(1-\pi)$ 最大时的 0.5。

【习　题】

1.从一个总体中随机抽取 $n=100$ 的随机样本,得到 $\bar{x}=104\ 560$,假定总体标准差 $\sigma=85\ 414$,试构建总体均值 μ 的 95%的置信区间。

2.人的身高服从正态分布,从大学一年级女生中随机抽取 6 名学生,测得身高数据(单位:cm)如下:149　158.5　152.5　165　157　142

求大学一年级女生平均身高的置信区间($\alpha=0.05$)。

3.从总体中抽取一个 $n=100$ 的简单随机样本,得到 $\bar{x}=81$,$s=12$。

①构建 μ 的 90%的置信区间。

②构建 μ 的 95%的置信区间。

③构建 μ 的 99%的置信区间。

4.利用下面的信息,构建总体均值的置信区间。

①总体服从正态分布，且已知 $\sigma=500$，$n=15$，$\bar{x}=8\ 900$，置信水平为 95%。

②总体不服从正态分布，且已知 $\sigma=500$，$n=35$，$\bar{x}=8\ 900$，置信水平为 95%。

③总体不服从正态分布，σ 未知，$n=35$，$\bar{x}=8\ 900$，$s=500$，置信水平为 90%。

④总体不服从正态分布，σ 未知，$n=35$，$\bar{x}=8\ 900$，$s=500$，置信水平为 99%。

5.某大学为了解学生每天上网的时间，在全校 7 500 名学生中采取重复抽样方法随机抽取 36 人，调查他们每天上网的时间，得到下面的数据(单位:小时)：

3.3	3.1	6.2	5.8	2.3	4.1	5.4	4.5	3.2
4.4	2.0	5.4	2.6	6.4	1.8	3.5	5.7	2.3
2.1	1.9	1.2	5.1	4.3	4.2	3.6	0.8	1.5
4.7	1.4	1.2	2.9	3.5	2.4	0.5	3.6	2.5

求该校大学生平均上网时间的置信水平分别为 90%，95%和 99%的置信区间。

6.物理系学生在某一学期中可选择不含实验课的 3 学分课程和含实验课程的 4 学分课程。期末考试内容一样。若上实验课的 12 名学生平均成绩为 84 分，标准差为 4；没上实验课的 18 名学生平均分 77，标准差为 6。假设总体均为正态分布且其方差相等。求两门课平均分数差的置信度为 99%的置信区间。

第 8 章　假设检验

【案例】

结婚年龄推迟问题

结婚年龄对一个社会的持续发展和人口政策都有很大的影响，是社会学家普遍关注的问题之一。如果结婚年龄不断推迟，会带来其他社会问题的连锁反应。比如，不断推迟结婚年龄会导致生育年龄和生育率下降，而且不育率也会上升。在放开二孩政策以来，我国生育率不升反降，这背后是否有结婚年龄不断推迟的因素，就值得社会学家开展进一步探讨。

如下，以某地为例，判断某一年该地区的结婚年龄是否显著推迟。根据以往统计数据，该地女青年的平均初婚年龄 22 岁。今年对本地区结婚的女青年，随机抽查 100 人，数据如下表所示。

年龄/岁	人数/个
20	5
21	12
22	30
23	32
24	13
25	6
25 以上	2
合计	100

最终计算得出：今年根据 100 名女青年的随机抽样调查，平均初婚年龄为 23 岁。问：能否认为该地女青年的初婚年龄比以往有所推迟？

回答这个问题就需要使用本章的假设检验方法。

在实际工作中经常遇到这样的问题。有一批货,规定次品率为 2%,经过抽样检查,如何判断这批产品是否合格?某制药厂生产新药,经过 100 名志愿者的临床实验后,如何分析抽样结果,判断新药的疗效?在前面经常说“假设总体服从某分布”,现在要问能否根据给定的一组样本值判断这个假设是否成立?如何判断?解决这几类问题,需要一套科学的方法,这就是假设检验。假设检验所解决的问题是:如何根据样本值来判断对总体的某种“看法”是否合理;对总体的分布形式或分布中某些未知参数作某种假设,然后抽取样本,构造合适的统计量,对假设的合理性进行判断,称为假设检验。

8.1　假设检验的基本概念与原理

8.1.1　假设检验的基本原理与概念

假设检验是帮助解决实际问题的工具,应用假设检验可以更好地分析问题。

例如:原冷拉钢筋生产线上生产的钢筋平均抗拉强度为 2 000 kg,标准差为 300 kg。现在希望钢筋平均抗拉强度能有所提高。生产线经过改进后,在新生产的一批钢筋中随机抽取了 25 根,测得钢筋平均抗拉强度为 2 150 kg。问:能否断言,钢筋平均抗拉强度确有提高?

对于这样一个现实问题,往往比较棘手。有人可能会说:随机抽取的样本平均值为 2 150 kg,比生产线改进前的抗拉强度均值 2 000 kg 提高了 150 kg,当然是提高了。但如果仔细想一下的话,你会发现:这种结论还是可能有些问题的。抽样是有误差的,这次抽样的样本均值为 2 150 kg。如果再随机抽取另一个样本进行观测,其均值还是 2 150 kg 吗?进一步来讲,这次抽样的样本均值超过了 2 000 kg,能否确定每次随机抽样的均值都超过 2 000 kg?这是一个值得探讨的问题。

如果仅凭一次抽样的样本均值大于 2 000 kg,就判定总体均值超过了 2 000 kg,即生产线改进后,生产的钢筋抗拉强度比以前更好。这种结论的得出,还有待进一步商榷。上述这种一次样本抽样估计出的总体未知参数,就是之前介绍的点估计。这种方法并没有给出估计结果可靠程度的度量指标,当然也就不知道把握性有多大了。

现在,希望把这一问题转化为一个统计问题,应用统计工具得到统计问题的答案。然后再把统计问题的答案转换成实际问题的答案。对于这种问题,合适的统计工具就是本章要介绍的假设检验。

为了更好地学习掌握假设检验的方法和步骤,需要对假设检验的基本原理做一个介绍。假设检验的分析方法主要包含两条基本的原理:带概率性质的反证法原理和小概率事件原理。

带概率性质的反证法原理。反证法(Proof by Contradiction),又称为归谬法。其证明过程大致如下:先假定命题结论的反面成立;在这个前提下,如果推出的结果与定义、公理、定理相矛盾,或与命题中的已知条件相矛盾,或与假定相矛盾;从而得出命题结论的对立面不成立,由此断定原命题成立。

假设检验所使用的反证法与此前接触的反证法最大的不同在于,假设检验的反证法是以概率为判断基础的反证法,即以概率大小来判断命题是否成立。

小概率事件原理。如何判断抽样结果是否合乎常理呢? Fisher(费歇尔)提出了 p 值这个概念,用来表示在原假设成立的条件下,抽样结果不合理的概率。他还给出了一个判决点,即 0.05,Fisher 认为 p 值小于 1/20 就足以拒绝原假设了。

一般认为:在一次随机抽样(试验)中,小概率事件几乎不可能发生。如果发生了,则说明事先的假设(原假设 H_0)是错误的。注意,小概率事件在一次随机抽样(试验)中几乎不可能发生,但并不是一定不会发生。这说明即使是一次抽样,小概率事件仍有可能发生,只是发生的可能性很小而已。也就是说上述判断存在判断错误的可能性,只是判断错误的可能性很小而已。

上述判断错误发生,即下面情况发生:原假设 H_0 是正确的,但在一次随机抽样(试验)中,小概率事件发生了。以概率反证法得出了如下结论:原假设 H_0 是错误的,即拒绝接受原假设 H_0。这一类判断错误,称为假设检验的第一类错误,即拒真错误。用公式表示如下:

$$P(\text{拒绝 } H_0 \mid H_0 \text{ 为真}) = \alpha$$

在标准的假设检验中,除了上述判断错误外,还有另一种可能的判断错误发生。这就是 α 和 β 风险,后面详细介绍。

【例 8.1】 某厂生产干电池,根据长期的资料知道,干电池的寿命服从正态分布,$\alpha=5$ 小时,要求平均寿命 $\mu=200$ 小时,今对一批产品抽查了 10 个样品,测得寿命的数据如下(单位:小时):201,208,212,197,205,209,194,207,199,206。问这批干电池的平均寿命是否是 200 小时?

分析:设干电池的寿命为 X,$X\sim N(\mu,5^2)$,现在的问题是:μ 是否等于 200。

假设 $\mu=200$ 记作 $H_0:\mu=200$ 如果这个假设成立,那么 $X\sim N(200,5^2)$。考虑统计量(因为 $\overline{X}$ 为 μ 的无偏估计,若 H_0 成立,则 $|\overline{X}-\mu|$ 应很小,而 $\sigma/\sqrt{n}$ 为已知固定量,所以 $|\overline{X}-\mu|$ 与 $\left|\dfrac{\overline{X}-\mu}{\sigma/\sqrt{n}}\right|$ 具有相同的性质) $Z=\dfrac{\overline{X}-200}{5/\sqrt{10}}\sim N(0,1)$ 于是:$P\left\{\left|\dfrac{\overline{X}-200}{5/\sqrt{10}}\right|>Z_{\alpha/2}\right\}=\alpha$,$0<\alpha<1$。

当 α 很小时,取 $\alpha=0.02$,$Z_{0.025}=1.96$,$\overline{X}=203.8$,则事件 $\left\{\left|\dfrac{\overline{X}-200}{5/\sqrt{10}}\right|>Z_{0.025}\right\}$ 是一个小概率事件。

若 $\left|\dfrac{\overline{X}-200}{5/\sqrt{10}}\right|=2.40>1.96=Z_{0.025}$,这就是小概率事件 $\left\{\left|\dfrac{\overline{X}-200}{5/\sqrt{10}}\right|>Z_{0.025}\right\}$ 居然发生了,由于经验告诉我们:小概率事件在一次试验中很难发生的,因此,有理由认为原来的假设 $\mu=200$ 不成立,即这批干电池的平均寿命不是 200 小时。若样本的样本均值 $\overline{X}=201.9$,这

时 $\left|\dfrac{\overline{X}-200}{5/\sqrt{10}}\right|=1.2016<Z_{0.025}$,小概率事件 $\left\{\left|\dfrac{\overline{X}-200}{5/\sqrt{10}}\right|>Z_{0.025}\right\}$ 没有发生,于是没有理由否定原来的假设,因此认为原来的假设成立,即 $\mu=200$。

由以上分析:假设检验的思想方法是一种反证法。根据"小概率事件在一次试验中不会发生",如果小概率事件在一次试验中发生了,则认为原假设不成立(先假设结论成立,然后在这个结论成立的条件下进行推导和运算)。假设检验采用的是一种带概率性质的反证法。

结合上述例 8.1,给出以下几个在假设检验中经常涉及的概念。

定义 1　称 $H_0:\mu=200$ 为原假设或零假设。把相反的结论称作备择假设或对立假设,记作 $H_0:\mu\neq200$。

定义 2　称 $\alpha(0<\alpha<1)$ 为显著性水平,常取 $\alpha=0.05$、0.10、0.01 等。

定义 3　拒绝原假设 H_0 的区域称为拒绝(否定)域,如 $\left|\dfrac{\overline{X}-200}{5/\sqrt{10}}\right|>Z_{1-\alpha/2}$。拒绝域以外的区域称为接受域。拒绝域的边界点称为临界点(图 8.1)。

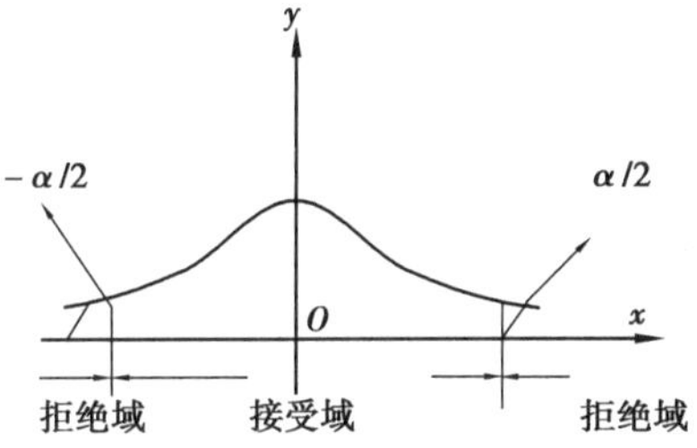

图 8.1　拒绝域与临界点

定义 4　统计量 $\overline{Z}=\dfrac{\overline{X}-\mu_0}{\sigma/\sqrt{n}}$ 称为检验统计量。

如果根据样本值计算出的统计量的观察值落入拒绝域,则认为原假设 H_0 不成立,称作在显著性水平 α 下拒绝 H_0;否则,接受 H_0。拒绝域的大小与显著性水平 α 的大小有关。如例 8.1,当 $\alpha=0.05$ 时,$\left|\dfrac{\overline{X}-200}{5/\sqrt{10}}\right|=2.40>1.96$,从而拒绝 H_0;如果取 $\alpha=0.02$,$Z_{0.01}=2.58>2.40$,则应接受 H_0。可见 α 的选择是重要的。

8.1.2　假设检验的一般步骤

结合上述例 8.1,给出假设检验的一般步骤。假设检验的基本步骤分 5 步,这里给出的步骤更细一点。

(1)将实际问题提炼为统计问题

这是进行假设检验很重要的一步,也是关键的一步。举个例子来说明,某工厂对产品生产线进行了技术改造。生产线改造后与改造前有什么差异,首先就要搞清楚生产线改造后与改造前对比什么，是合格率提高了？是加工精度提高了？还是人力节省了？是加工工时缩短了？如果关注点是：生产线改造后与改造前，产能是不是提升了？那么，实际问题就可以提炼成"改造后的每小时产出数是否高于改造前"这样一个统计问题。如果关注点是：改造后比改造前，产能是不是提升了，产品质量是不是提高了？那么，实际问题就可以提炼成"改造后的每小时产出数是否高于改进前，产品寿命是不是高于改造前"这样的统计问题。此时，就需要提炼出多个统计问题。每个统计问题所采用的推断方法可能不尽相同。

再举个例子，如果你是一名教师，最近改进教学方式方法（比如借助现代教育手段，开展了在线教学的尝试）。如果你想知道，以前的教学方式与现在线上线下结合的教学方式，教学效果是否有明显提高。这时你就要首先考虑如何对"教学效果"进行评价。是由学生评价打分呢？还是仅仅按照期末考试成绩来度量教学效果，然后通过分数看看学生对知识的接受程度呢？不同的侧重点可以提炼出不同的统计问题。

（2）建立假设和显著性水平

进行假设检验需要建立一对相互对立的前提假设，即原假设 H_0 和备择假设 H_1。通常将改变前后无区别的、不需证明的放在原假设，将有差别的、需要证明的放在备择假设。

在前例中，生产线改造前的均值和方差都是确定已知的了。生产线改造后，待运行稳定抽样，这样可以建立的假设如下：

$$H_0:\mu=\mu_0, H_1:\mu>\mu_0$$

在介绍假设检验的基本原理的时候，曾说过：在一次随机抽样（试验）中，小概率事件是几乎不可能发生。如果"在一次随机抽样（试验）中，小概率事件发生了"这就不合乎常理，就有理由拒绝接受原假设。这里所谓的"不合乎常理"，并非逻辑上的相互矛盾，而是基于人们在实践中广泛采用的原则。显然，小概率事件发生的概率越小，否定原假设就越有说服力。这里的"小概率事件"究竟概率要"小"到什么程度才能算"小概率事件"呢？在实际检验中，常常将这个"小概率"用 α 来表示。这个 α 称为显著性水平。显著性水平 α，也是之前所陈述的犯第一类错误的风险。根据经验往往对 α 取较小的数值，大多数情况下取 0.05，当然也有取 0.1 或者 0.01 的。

（3）确定检验统计量及拒绝域

因为不同的检验方法是基于不同的前提假设而推导出来的。因此，在假设检验的方法应用中，都会涉及一些前提条件，如随机抽样的概率分布等。比如，在单样本 z 检验中要求收集的数据要服从正态分布；在方差分析中要求每个样本都要服从正态分布，且要满足方差齐性即方差相等的要求；等等。如果这些前提条件不能满足，则这个方法应用的效果就要大打折扣，这就是在每次检验时要验证前提条件的原因。

在确定了相应的检验方法后，就可以写出该检验方法对应的检验统计量及统计量的分布。确定显著性水平后，即可以根据相应的检验统计量计算出拒绝域。

所谓的拒绝域，就是根据原假设和相应的统计量计算得出的统计量应该落入的一个区域范围。将一次随机抽样中的样本观测值,代入相应的统计量,计算出的统计量数值落在这个区域时,就可以拒绝原假设。由此可知,拒绝域代表的是样本远离原假设的程度。不同的统计量,不同的检验方式(单侧检验还是双侧检验),对应的拒绝域不同。关于拒绝域后面会另行介绍。

(4)根据样本计算检验统计量的值并进行判断

确定了拒绝域,下面就是根据样本计算检验统计量的值,如果这个值落在拒绝域中,则拒绝原假设,接受备择假设;如果没有落在拒绝域,就说明拒绝原假设的证据还不够充分,但尽量不要说接受原假设。

另外一种判断方法是计算 p 值,即备择假设远离原假设的概率,p 值计算相对烦琐。但现在相关统计软件已经非常普及,统计软件中往往可以直接得到 p 值。举例来说,如果原假设是 $\mu=10$,备择假设是 $\mu>10$,抽样计算出的样本均值是10.5,则 p 值就是 $\mu\geqslant 10.5$ 的概率;如果备择假设是 $\mu<10$,则 p 值就是 $\mu\leqslant 10.5$ 的概率。将这个 p 值与 α 进行比较,如果 $p<\alpha$ 则说明样本均值离原假设比较远,可以拒绝原假设;如果 $p>\alpha$,则说明没有足够的证据证明原假设不成立,所以无法拒绝原假设。

(5)将统计判断结果转换成实际结果

最后一步,要把统计上得出的结论转换为实际的结论,并据此作出相应的决策。

8.1.3 假设检验的两类错误

由于假设检验的依据是“小概率事件在一次试验中很难发生”。但很难发生并不等于不会发生。因而假设检验的结论有可能是错误的,其错误可以分为两大类:

统计决策表

	接受 H_0	拒绝 H_0
H_0 真实	判断正确	弃真错误(α)
H_0 不真实	取伪错误(β)	判断正确

第一类错误:“弃真”——如果原假设成立,而观察值落入拒绝域,从而作出拒绝的结论,$P\{拒绝\ H_0|H_0\ 为真\}=\alpha$,即犯第一类错误的概率为 α。

第二类错误:“取伪”——如果原假设不成立,而观察值未落入拒绝域,从而作出接受的结论,$P\{拒绝\ H_0|H_0\ 为真\}=\beta$,即犯第二类错误的概率为 β。

人们当然希望犯两类错误的概率同时都很小,但是当容量 n 一定时,$\alpha\downarrow,\beta\uparrow;\beta\downarrow,\alpha\uparrow$ 取定 α 要想使 β 降低,则必须增加样本容量 n。在给定样本容量 n 的情况下,一般来说,总是控制犯第一类错误的概率。α 的取值常为0.1,0.05,0.01,0.005等,这种只对犯第一类错误的概率加以控制,称为显著性检验问题(“宁可错杀一千,也不放过一个”的概率依据)。

8.1.4 双侧假设检验与单侧假设检验

定义 5 在例 8.1 中,形式 $H_0:\mu=\mu_0,H_1:\mu\neq\mu_0$ 称为双侧假设检验(拒绝域分布在接受域的两侧)。称 $H_0:\mu\leqslant\mu_0,H_1:\mu>\mu_0$ 为右侧假设检验;$H_0:\mu\geqslant\mu_0,H_1:\mu<\mu_0$ 为左侧假设检验。二者统称为单侧假设检验。

设总体 $X\sim N(\mu,\sigma^2)$,σ 为已知,$X_1,X_2,\cdots,X_n$ 来自 X 的样本,给定显著性水平 α,则:$H_0:\mu\leqslant\mu_0,H_1:\mu>\mu_0$ 的拒绝域为:

$$\overline{Z}=\frac{\overline{X}-\mu_0}{\sigma/\sqrt{n}}\geqslant Z_\alpha\,\mu_0\because\ \overline{Z}=\frac{\overline{X}-\mu_0}{\sigma/\sqrt{n}}\sim N(0,1)$$

当 H_0 为真时,有 $P\{拒绝\ H_0|H_0\ 为真\}=P_{\mu_0}\left\{\frac{\overline{X}-\mu_0}{\sigma/\sqrt{n}}\geqslant k\right\}=\alpha\Rightarrow k=2\alpha$。

同理,$H_0:\mu\geqslant\mu_0,H_1:\mu<\mu_0$ 的拒绝域形式为:$\overline{Z}=\frac{\overline{X}-\mu_0}{\sigma/\sqrt{n}}\leqslant -Z_\alpha$。

【例 8.2】 一台机器生产的产品重量服从正态分布 $N(40,4)$(单位:克)。机器技改后生产了一批产品,从中随机抽取 25 个,测得重量的样本均值为 $\bar{x}=41.25$ 克,在显著性水平为 $\alpha=0.05$ 的情况下,判断这批产品的平均重量是否有显著增加。

解 根据题意,这是方差已知,对正态总体均值的单侧检验。于是设:

$$H_0:\mu\leqslant\mu_0=40,H_1:\mu>\mu_0=40$$

其检验统计量的拒绝域为:

$$\overline{Z}=\frac{\overline{X}-\mu_0}{\sigma/\sqrt{n}}\geqslant Z_\alpha$$

而 $\alpha=0.05,Z_{0.05}=1.645,\bar{x}=41.25$,计算得:

$$\overline{Z}=\frac{\overline{X}-\mu_0}{\sigma/\sqrt{n}}=\frac{41.25-40}{2/\sqrt{25}}=3.125\geqslant 1.645$$

即样本均值落在拒绝域内,从而拒绝 H_0,接受 H_1。认为这批产品的平均重量有显著增加。

由上述例题,归纳出假设检验的一般步骤:

①提出原假设 H_0 及备择假设 H_1;

②选择统计量(样本容量);

③求出在假设 H_0 成立的条件下,该统计量服从的概率分布;

④选择显著性水平 α,确定拒绝域;

⑤根据样本值计算统计量的观察值,看观察值是否落入拒绝域内,做出拒绝或接受 H_0 的结论。

8.2　正态总体均值与方差的假设检验

正如前文所述,在进行假设检验时,需要先确定总体的分布,进而根据已知条件,选择相应的检验方法,并构造相应的统计量来开展假设检验。

根据中心极限定理:当 n 充分大时,不论 $X_1,X_2,\cdots,X_n$ 服从什么分布,只要 $X_1,X_2,\cdots,X_n$ 满足独立同分布,那么,随机变量 $X_1,X_2,\cdots,X_n$ 之和的分布近似于正态分布。另外,正态分布也是常见的分布之一。因此,接下来讨论总体是正态分布的几种假设检验。正态分布 $N(\mu,\sigma^2)$ 含有两个参数 μ 和 σ^2,因此,本节讨论的假设检验都是在不同条件下对这两个参数的假设检验。

8.2.1　单个总体 $N(\mu,\sigma^2)$ 均值 μ 与方差 σ^2 的检验

(1)σ^2 已知,关于 μ 的检验(μ 检验)

设 $X_1,X_2,\cdots,X_n$ 是取自正态总体 $X\sim N(\mu,\sigma^2)$ 的随机变量,$\sigma=\sigma_0^2$ 为已知常量。在上节中,已经讨论了 $X\sim N(\mu,\sigma^2)$ 当 σ^2 已知时,关于 $H_0:\mu=\mu_0,H_1:\mu\neq\mu_0$ 的检验问题。

如果原假设 $H_0:\mu=\mu_0$ 为真,按照点估计的知识,样本均值 $\overline{X}$ 是总体均值的无偏估计。那么 $\overline{X}$ 应该在总体均值 μ_0 附近随机摆动,而不会偏离 μ_0 太远。

如果 $\overline{X}$ 距离 μ_0 太远,那么,可以认为原假设 $H_0:\mu=\mu_0$ 不成立,即拒绝原假设。所以,当 $\overline{X}$ 到 μ_0 的距离大到一定程度时,就可以拒绝原假设,即满足($|\overline{X}-\mu_0|>K$)就会拒绝原假设 $H_0:\mu=\mu_0$。因此,拒绝域的结构应该有如下形式:($|\overline{X}-\mu_0|>K$)。

为了便于查表,对($|\overline{X}-\mu_0|>K$)标准化,即可以得到 σ^2 已知,关于 μ 的检验的统计量。统计量如下:$\overline{Z}=\dfrac{\overline{X}-\mu_0}{\sigma/\sqrt{n}}$。根据对 μ 的检验具体情况,又可以细分为如下3种情形。

①取 $\overline{Z}=\dfrac{\overline{X}-\mu_0}{\sigma/\sqrt{n}}$,当 $H_0:\mu=\mu_0$,而备择假设为 $H_1:\mu\neq\mu_0$ 时,$Z\sim N(0,1)$,对于给定的 $\alpha(0<\alpha<1)$,$P\{|Z|>Z_{\alpha/2}\}=\alpha$,拒绝域形式为:

$$\left|\frac{\overline{X}-\mu_0}{\sigma/\sqrt{n}}\right|>Z_{\alpha/2}\tag{8.1}$$

称为 μ 检验法。

②当原假设为:$H_0:\mu\leqslant\mu_0$,备择假设为:$H_1:\mu>\mu_0$ 时,由例8.2,拒绝域为

$$\frac{\overline{X}-\mu_0}{\sigma/\sqrt{n}}>Z_{\alpha}\tag{8.2}$$

③当原假设为：$H_0:\mu\geqslant\mu_0$，备择假设为：$H_1:\mu<\mu_0$时，取统计量$\overline{Z}=\dfrac{\overline{X}-\mu_0}{\sigma/\sqrt{n}}$，当 H_0 成立时，

$$\frac{\overline{X}-\mu}{\sigma/\sqrt{n}}\geqslant\frac{\overline{X}-\mu}{\sigma/\sqrt{n}}\Rightarrow\frac{\overline{X}-\mu}{\sigma/\sqrt{n}}<-Z_\alpha\supset\frac{\overline{X}-\mu}{\sigma/\sqrt{n}}<-Z_\alpha$$

$$\frac{\overline{X}-\mu}{\sigma/\sqrt{n}}\sim N(0,1),P\left\{\frac{\overline{X}-\mu}{\sigma/\sqrt{n}}<-Z_\alpha\right\}=\alpha\Rightarrow P\left\{\frac{\overline{X}-\mu_0}{\sigma/\sqrt{n}}<-Z_\alpha\right\}\leqslant\alpha$$

从而，取拒绝域为：

$$\frac{\overline{X}-\mu_0}{\sigma/\sqrt{n}}<-Z_\alpha\tag{8.3}$$

【例 8.3】 某厂对废水进行处理，要求某种有毒物质的浓度不超过 19(mg/L)。抽样检查得 10 个数据，其样本均值为$\overline{X}=17.1$ mg/L，假设有毒物质的含量服从正态分布，且$\sigma^2=8.5(\text{mg/L})^2$。问处理后的废水是否合格($\alpha=0.05$)？

解 令 $H_0:\mu>\mu_0=19$，$H_1:\mu\leqslant\mu_0=19$ 取 $Z=\dfrac{\overline{X}-\mu_0}{\sigma/\sqrt{n}}$，$\sigma=\sqrt{8.5}$，$n=10$，在 H_0 成立的情况下，$Z=\dfrac{\overline{X}-\mu_0}{\sigma/\sqrt{n}}=\dfrac{17.1-19}{\sqrt{8.5\times10}}=-2.06<-Z_\alpha=-Z_{0.05}=-1.645$。

故拒绝 H_0，即处理后的废水合格。

【例 8.4】 （左侧检验情形）某批发商欲从某厂家购进一批灯泡，根据合同规定灯泡的使用寿命平均不能低于 1 000 小时。已知灯泡燃烧寿命服从正态分布，标准差为 200 小时。在总体中随机抽取了 100 个灯泡，得知样本均值为 960 小时，批发商是否应该购买这批灯泡？

解 这是一个单侧检验问题。显然，如果灯泡的燃烧寿命超过了 1 000 小时，批发商是欢迎的，因为他用已定的价格(灯泡寿命为 1 000 小时的价格)购进了更高质量的产品。因此，如果样本均值超过 1 000 小时，他会购进这批灯泡。问题在于样本均值为 960 小时他是否应当购进。因为即便总体均值为 1 000 小时，由于抽样的随机性，样本均值略小于 1 000 小时的情况也会经常出现。在这种场合下，批发商更关注可以容忍的下限，即当灯泡寿命低于什么水平时拒绝。于是检验的形式为：$H_0:\mu\geqslant1\ 000$；$H_1:\mu<1\ 000$。

【例 8.5】 （右侧检验情形）某食品生产商大量生产某种袋装食品。按照合同约定，该批袋装食品的重量，每袋不少于 500 克，重量不合格率不能超过 1%。现在总体中随机抽取了 200 个袋，其中有 1 袋低于 500 克。问该批食品是否符合合同要求？

解 这是一个右侧检验问题。显然，重量不合格率越低越好。在这个产品质量检验的问题中，比较关心次品率的上限，即不合标准的比例达到多少就要拒绝。由于采用的是产品质量抽查，即使总体不合标准的比例没有超过 1%，属于合格范围，但由于抽样的

随机性，样本中不合标准的比例略大于 1%的情况也会经常发生。于是检验的形式为：$H_0: \mu \leqslant 1\%$；$H_1: \mu > 1\%$。

（2）σ^2 未知，检验 μ（t 检验）

设 $X_1, X_2, \cdots, X_n$ 是取自正态总体 $X \sim N(\mu, \sigma^2)$ 的随机变量，σ^2 未知。$\overline{X}$ 为样本均值，S^2 为样本方差。仍需要对相关均值进行检验。比如，$H_0: \mu = \mu_0$。μ_0 为已知常数。

如果原假设 $H_0: \mu = \mu_0$ 为真，按照点估计的知识，样本均值 $\overline{X}$ 是总体均值的无偏估计。那么 $\overline{X}$ 应该在总体均值 μ_0 附近随机摆动，而不会偏离 μ_0 太远。

如果 $\overline{X}$ 距离 μ_0 太远，那么，可以认为原假设 $H_0: \mu = \mu_0$ 不成立，即拒绝原假设。所以，当 $\overline{X}$ 到 μ_0 的距离大到一定程度，就可以拒绝原假设，即满足（$|\overline{X} - \mu_0| > K$）就会拒绝原假设 $H_0: \mu = \mu_0$。因此，拒绝域的结构应该有如下形式：（$|\overline{X} - \mu_0| > K$）。

为了便于查表，对（$|\overline{X} - \mu_0| > K$）标准化，但此时 σ^2 未知。因此，关于 μ 的检验的统计量在构造时，不能再用上述 $Z = \dfrac{\overline{X} - \mu_0}{\sigma / \sqrt{n}}$ 这个统计量。此时只能用样本方差 S^2 替代统计量 $Z = \dfrac{\overline{X} - \mu_0}{\sigma / \sqrt{n}}$ 中的 σ。

此时，在 σ 未知的情形下，新构造的统计量为 $T = \dfrac{\overline{X} - \mu_0}{S / \sqrt{n}}$，其中统计量 T 服从自由度为 $n-1$ 的 t 分布，即 $T = \dfrac{\overline{X} - \mu}{S / \sqrt{n}} \sim t(n-1)$。

根据对 μ 的检验具体情况，又可以细分为如下 3 种情形。

①$H_0: \mu = \mu_0, H_1: \mu \neq \mu_0$ 时，取统计量 $T = \dfrac{\overline{X} - \mu_0}{S / \sqrt{n}}$，当 H_0 成立时，$T = \dfrac{\overline{X} - \mu}{S / \sqrt{n}} \sim t(n-1)$。

因为 S 为 σ 的无偏估计，对于给定的 $\alpha (0 < \alpha < 1)$，$P\{|T| > t_{\alpha/2}(n-1)\} = \alpha$，从而其拒绝域为：

$$\left| \frac{\overline{X} - \mu}{S / \sqrt{n}} \right| > t_{\alpha/2}(n - 1) \tag{8.4}$$

称为 t 检验法。

②$H_0: \mu \leqslant \mu_0, H_1: \mu > \mu_0$，拒绝域为：

$$\frac{\overline{X} - \mu_0}{S / \sqrt{n}} > t_{\alpha}(n - 1) \tag{8.5}$$

③$H_0: \mu \geqslant \mu_0, H_1: \mu < \mu_0$，拒绝域为：

$$\frac{\overline{X} - \mu_0}{S / \sqrt{n}} < -t_{\alpha}(n - 1) \tag{8.6}$$

【例 8.6】 用一仪器间接测量温度 5 次：1 250，1 265，1 245，1 260，1 275。而用另一种精密仪器测得该温度为 1 277（可看作真值）。问此仪器测温度有无系统误差（测量的温度服从正态分布）（$\alpha=0.05$）？

解 ① 提出原假设 H_0 及备择假设 H_1；

$$H_0:\mu=\mu_0=1\ 277,H_1:\mu\neq\mu_0=1\ 277$$

②选择统计量及样本容量；

根据题意知，检验的参数是均值，且总体分布服从正态分布，方差题中未知。所以，选择统计量 $T=\dfrac{\overline{X}-1\ 277}{S/\sqrt{n}}$。样本容量为 $n=5$。

③求出在假设 H_0 成立的条件下，该统计量服从的概率分布；

$T=\dfrac{\overline{X}-1\ 277}{S/\sqrt{n}}$服从自由度为 4 的 t 分布，即 $T=\dfrac{\overline{X}-1\ 277}{S/\sqrt{n}}\sim t(n-1)$。

④选择显著性水平 α，确定拒绝域；

根据题意要求，此时显著性水平 $\alpha=0.05$，经查表可得：$t_{\alpha/2}(n-1)=t_{0.025}(4)=2.776$，$\overline{X}=1\ 259,S^2=\dfrac{570}{4}$，故拒绝域为：

$$|t|>2.776$$

⑤根据样本值计算统计量的观察值，看观察值是否落入拒绝域内，作出拒绝或接受 H_0 的结论。

对 $T=\dfrac{\overline{X}-1\ 277}{S/\sqrt{n}}$代入相关样本计算值，得：

$$|t|=\left|\frac{\overline{X}-\mu_0}{S/\sqrt{n}}\right|=\left|\frac{1\ 259-1\ 277}{\sqrt{5\times570/4}}\right|=3.37>t_{\alpha/2}(n-1)$$

由一次抽样的样本值，计算可知，t 落在拒绝域内，因此要拒绝原假设 H_0。即拒绝接受该仪器没有系统误差的假设；接受备择假设 H_1，即可以认为该仪器存在系统误差。

（3）单个正态总体方差的检验

设总体 $X\sim N(\mu,\sigma^2)$，μ,σ^2 均未知，$X_1,X_2,\cdots,X_n$ 来自 X。

①$H_0:\sigma^2=\sigma_0^2,H_1:\sigma^2\neq\sigma_0^2,\sigma_0^2$ 为已知常数时，因为 S 为 σ 的无偏估计，当 H_0 成立时，统计量$\chi^2=\dfrac{(n-1)S^2}{\sigma_0^2}\sim\chi^2(n-1)$，对于给定的 $\alpha\in(0,1)$，有：

$$P\{\chi^2\geqslant\chi^2_{1-\alpha/2}(n-1)\}=\frac{\alpha}{2},P\{\chi^2\leqslant\chi^2_{\alpha/2}(n-1)\}=\frac{\alpha}{2}$$

即 $P\{$拒绝 $H_0|H_0$ 为真$\}=P\left\{\left(\dfrac{(n-1)S^2}{\sigma_0^2}\leqslant k_1\right)\cup\left(\dfrac{(n-1)S^2}{\sigma_0^2}\geqslant k_2\right)\right\}=\alpha$。

从而其拒绝域为：

$$\chi^2 \leqslant \chi^2_{\alpha/2}(n-1) \text{ 或 } \chi^2 \geqslant \chi^2_{1-\alpha/2}(n-1) \tag{8.7}$$

称为χ^2 检验法。

②$H_0:\sigma^2 \leqslant \sigma_0^2, H_1:\sigma^2 > \sigma_0^2$，拒绝域为：

$$\frac{(n-1)S^2}{\sigma_0^2} > \chi^2_{1-\alpha}(n-1) \tag{8.8}$$

③$H_0:\sigma^2 \geqslant \sigma_0^2, H_1:\sigma^2 < \sigma_0^2$，拒绝域为：

$$\frac{(n-1)S^2}{\sigma_0^2} < \chi^2_{\alpha}(n-1) \tag{8.9}$$

【例 8.7】　用老的铸造法铸造的零件的强度的平均值为 52.8 g/mm^2，标准差为 1.6 g/mm^2。为了降低成本，改变了铸造方法，抽取了 9 个样品，测得其强度为：51.9，53.0，52.7，54.1，53.2，52.3，52.5，51.1，54.1。假设强度服从正态分布。试判断新方法是否改变了强度的均值和标准差？（$\alpha=0.05$）

解　先判断 $\sigma^2=1.6^2$ 是否成立，再判断 $\mu=52.8$ 是否成立。

①$H_0:\sigma^2=1.6^2, H_1:\sigma^2\neq 1.6^2$，对于给定的（$\alpha=0.05$），则统计量

$$\chi^2=\frac{(n-1)S^2}{\sigma_0^2}=\frac{8S^2}{1.6^2}=\frac{9.54}{1.6^2}=3.72, \chi^2_{0.025}(8)=2.18, \chi^2_{0.975}(8)=17.54$$

当 H_0 成立时，其拒绝域为：$\chi^2<2.18$，或$\chi^2>17.54$。

χ^2 未落入拒绝域，故接受 H_0，认为 $\sigma^2=1.6^2$。

②由前面判断 $\sigma^2=1.6^2$，可认为 σ^2 已知。

假设 $H_0':\mu=52.8, H_1':\mu\neq 52.8$，则取统计量 $Z=\dfrac{\overline{X}-52.8}{\sigma/\sqrt{n}}$，

当 H_0' 成立时，拒绝域为：$|Z|=\left|\dfrac{\overline{X}-52.8}{1.6/\sqrt{9}}\right|>Z_{\alpha/2}=1.96$。由样本值得：

$$\overline{X}=52.77, Z=\frac{52.77-52.8}{1.6/\sqrt{9}}=-0.06, \because |Z|=0.06<1.96。$$

未落入拒绝域内，故接受 H_0'，即认为 $\mu=52.8$。

注：如果在①的结论中有 $\sigma^2\neq 1.6^2$，则在②中用 $t=\dfrac{\overline{X}-\mu}{S/\sqrt{n}}$检验。

8.2.2　两个正态总体均值与方差的检验

设 $X_1, X_2, \cdots, X_{n1}$与 $Y_1, Y_2, \cdots, Y_{n2}$来自正态总体 $N(\mu_1, \sigma_1^2)$和 $N(\mu_2, \sigma_2^2)$的样本，且这两个样本相互独立。$\overline{X}, \overline{Y}; S_1^2, S_2^2$ 分别是这两个样本的样本均值和样本方差。

（1）σ_1^2, σ_2^2 已知，检验 $\mu_1-\mu_2$

①$H_0:\mu_1=\mu_2, H_1:\mu_1\neq\mu_2$ 时，取统计量

$$Z=\frac{\overline{X}-\overline{Y}}{\sqrt{\sigma_1^2/n_1+\sigma_2^2/n_2}}$$

当 H_0 成立时，$Z\sim N(0,1)$，$\therefore P\left\{\left|\frac{\overline{X}-\overline{Y}}{\sqrt{\sigma_1^2/n_1+\sigma_2^2/n_2}}\right|>Z_{\alpha/2}\right\}=\alpha$，其拒绝域为：

$$\left|\frac{\overline{X}-\overline{Y}}{\sqrt{\sigma_1^2/n_1+\sigma_2^2/n_2}}\right|>Z_{\alpha/2} \tag{8.10}$$

同理可知：

②$H_0:\mu_1\leqslant\mu_2$，$H_1:\mu_1>\mu_2$。其拒绝域为：

$$\frac{\overline{X}-\overline{Y}}{\sqrt{\sigma_1^2/n_1+\sigma_2^2/n_2}}>Z_{\alpha} \tag{8.11}$$

（2）已知 $\sigma_1^2=\sigma_2^2=\sigma^2$，但 σ^2 未知时，检验 $\mu_1-\mu_2$

①$H_0:\mu_1=\mu_2$，$H_1:\mu_1\neq\mu_2$。取统计量 $t=\dfrac{\overline{X}-\overline{Y}}{S_w\sqrt{\dfrac{1}{n_1}+\dfrac{1}{n_2}}}$，

当 H_0 成立时，$t\sim t(n_1+n_2-2)$，对于给定的 $\alpha\in(0,1)$，有：

$$P\{|t|>t_{\alpha/2}(n_1+n_2-2)\}=\alpha$$

其中 $S_w^2=\dfrac{(n_1-1)S_1^2+(n_2-1)S_2^2}{n_1+n_2-2}$，$S_w=\sqrt{S_w^2}$，拒绝域为：

$$|t|>t_{\alpha/2}(n_1+n_2-2) \tag{8.12}$$

②$H_0:\mu_1-\mu_2\leqslant\delta$，$H_1:\mu_1-\mu_2>\delta$，取统计量

$$t=\frac{(\overline{X}-\overline{Y})-\delta}{S_w\sqrt{\dfrac{1}{n_1}+\dfrac{1}{n_2}}}$$

当 H_0 成立时，$t\sim t(n_1+n_2-2)$，对于给定的 $\alpha\in(0,1)$，有 $P\{t>t_\alpha(n_1+n_2-2)\}=\alpha$，拒绝域为：

$$t>t_\alpha(n_1+n_2-2) \tag{8.13}$$

【例 8.8】 学习成绩基本一样的甲乙两个同学参加了这次 5 门课程的综合考评，其成绩分别为：（单位：分）

甲：88　87　92　90　91

乙：89　89　90　84　88

假设他们的成绩均服从正态分布，且有相同的方差。在显著性水平为 $\alpha=0.05$ 的情况下，能否判断乙比甲的成绩要差？

解 ①提出原假设 H_0 及备择假设 H_1。

要判断甲乙两个同学成绩的好坏，即需要对两个同学的平均成绩进行比较。因甲乙两个同学的成绩都服从正态分布，设甲成绩为 $X\sim N(\mu_1,\sigma^2)$，乙成绩为 $X\sim N(\mu_2,\sigma^2)$。

由题意得：$\bar{x}=89.6,\bar{y}=88.0,\bar{x}-\bar{y}>0$。

要判断“乙的成绩是否比甲的要差”这个命题。假设“乙不比甲的成绩差”，则其对立命题就是“乙比甲的成绩要差”。即做假设：$H_0:\mu_1-\mu_2\leqslant 0,H_1:\mu_1-\mu_2>0$。

②选择统计量（样本容量）。

由题意知，甲乙两个同学的成绩都服从正态分布，设甲成绩为 $X\sim N(\mu_1,\sigma^2)$，乙成绩为 $Y\sim N(\mu_2,\sigma^2)$，且具有相同的方差。因此，选取统计量 $t=\dfrac{\overline{X}-\overline{Y}}{S_w\sqrt{\dfrac{1}{n_1}+\dfrac{1}{n_2}}}$。

其中 $n_1=n_2=5$。经过计算得：

$$S_1^2=4.3,S_2^2=5.5,S_w=\sqrt{\frac{(n_1-1)S_1^2+(n_2-1)S_2^2}{n_1+n_2-2}}\approx 2.213\ 6$$

③求出在假设 H_0 成立的条件下，该统计量服从的概率分布。

当 H_0 成立时，$t=\dfrac{\overline{X}-\overline{Y}}{S_w\sqrt{\dfrac{1}{n_1}+\dfrac{1}{n_2}}}$服从自由度为 n_1+n_2-2 的 t 分布，即 $t\sim t(n_1+n_2-2)$。

④选择显著性水平 α，确定拒绝域。

由题意知，显著性水平 $\alpha=0.05$，有：

$$P\{t>t_\alpha(n_1+n_2-2)\}=\alpha$$

则统计量的拒绝域为：

$$t>t_\alpha(n_1+n_2-2)$$

查表得 $\alpha=0.05,t_{0.05}(8)=1.859\ 5$。因此，当一次抽样的统计量计算结果落入$(1.859\ 5,+\infty)$时，就有理由拒绝原假设；否则，接受原假设。

⑤根据样本值计算统计量的观察值，看观察值是否落入拒绝域内，作出拒绝或接受 H_0 的结论。分别将由样本计算得出的数值代入 t 统计量得：

$$t=\frac{(\overline{X}-\overline{Y})}{S_w\sqrt{\dfrac{1}{n_1}+\dfrac{1}{n_2}}}=1.142\ 9<t_{0.05}(8)=1.859\ 5$$

t 统计量的计算值没有落入拒绝域$(1.859\ 5,+\infty)$内，所以接受原假设 H_0，即没有理由认为乙的成绩比甲的成绩差。

即根据甲乙两个同学参加了这次的学期 5 门课程的综合考评，不能得出“乙的成绩比甲的成绩差”这一结论。

（3）两个正态总体方差的检验

设 $X\sim N(\mu_1,\sigma_1^2),Y\sim N(\mu_2,\sigma_2^2)$，$X,Y$ 相互独立。$\overline{X},\overline{Y};S_1^2,S_2^2$ 分别是 X,Y 的样本均值和样本方差，$\mu_1,\sigma_1^2,\mu_2,\sigma_2^2$ 均未知。

①$H_0:\sigma_1^2=\sigma_2^2,H_1:\sigma_1^2\neq\sigma_2^2$，取统计量 $F=S_1^2/S_2^2$，当 H_0 成立时，有 $F\sim F(n_1-1,n_2-1)$，对于给定的 $\alpha(0<\alpha<1)$有：

$$P\{F < F_{1-\alpha/2}(n_1-1,n_2-1)\} = \frac{\alpha}{2}, P\{F > F_{\alpha/2}(n_1-1,n_2-1)\} = \frac{\alpha}{2}$$

从而拒绝域为：

$$F < F_{1-\alpha/2}(n_1-1,n_2-1), \text{或 } F > F_{\alpha/2}(n_1-1,n_2-1) \tag{8.14}$$

称为 F 检验法。同理可得：

②$H_0:\sigma_1^2 \leqslant \sigma_2^2, H_1:\sigma_1^2 > \sigma_2^2$，其故拒绝域为：

$$S_1^2/S_2^2 > F_\alpha(n_1-1,n_2-1) \tag{8.15}$$

③$H_0:\sigma_1^2 \geqslant \sigma_2^2, H_1:\sigma_1^2 < \sigma_2^2$，其拒绝域为：

$$S_1^2/S_2^2 \leqslant F_{1-\alpha}(n_1-1,n_2-1) \tag{8.16}$$

【例 8.9】 设甲乙两个工厂生产统一品牌的灯泡，其寿命均服从正态分布，在甲厂抽取容量为 10 的样本，测得样本方差为 $S_1^2=4.38$；在乙厂抽取容量为 12 的样本，测得样本方差为 $S_2^2=1.56$。在显著性水平为 $\alpha=0.05$ 的情况下，判断两个工厂产品寿命的方差大小。

解 由题意，作假设 $H_0:\sigma_1^2 \leqslant \sigma_2^2, H_1:\sigma_1^2 > \sigma_2^2$，

$$n_1 = 10, n_2 = 12, s_1^2 = 4.38, s_2^2 = 1.56 \Rightarrow F = s_1^2/s_2^2 \approx 2.808$$

当 $\alpha=0.05$ 时，查表得：$F_{0.05}(9,11)=2.90$，因为：

$$F = 2.808 < F_{0.05}(9,11) = 2.90$$

所以接受原假设 H_0，即认为二者没有多大区别。

8.2.3 基于成对数据的检验（t 检验）

在实际工作中，往往会遇到关于两个总体成对数据的均值的检验问题。在这种情况下，两个总体不是独立的。通常在相同条件下作对比试验，得到一批成对的观察值，然后分析观察数据并作出推断，称为逐对比较法。

设 X 和 Y 是两个正态总体，均值分别为 μ_1,μ_2，X 和 Y 不是相互独立的，取成对的样本：$(X_1,Y_1),(X_2,Y_2),\cdots,(X_n,Y_n)$，要检验 $H_0:\mu_1=\mu_2$，令 $Z=X-Y$，则该检验变为正态总体 σ^2 未知情况下对 μ 的检验。

【例 8.10】 为了比较用来做鞋底的两种材料的质量，选取 15 个运动员，每人穿一双新鞋，其中一只是以材料甲做鞋底，另一只是以材料乙做鞋底。其厚度均为 10 毫米。过了一季度再测量厚度，得到数据如下：

材料甲：6.6　8.3　5.2　7.9　7.8　6.1　6.1　9.1　7.0　8.2　9.3　8.5　7.5　8.9　9.4

材料乙：7.4　8.8　6.8　6.3　7.0　4.4　4.2　9.1　5.4　8.0　9.1　7.5　6.5　7.7　9.4

设 $d_i=\text{甲}_i-\text{乙}_i(i=1,2,\cdots,15)$ 来自正态总体。问是否可以认为材料甲制成的鞋底比材料乙的耐穿？（$\alpha=0.05$）

解 设题中所设正态总体的均值为 μ_d。作假设

$$H_0:\mu_d \leqslant 0, H_1:\mu_d > 0$$

由题意得：

$$\bar{d} = \frac{1}{15}\sum_{i=1}^{15} d_i = 0.553\,3, s = \sqrt{\frac{1}{15-1}\sum_{i=1}^{15}(\bar{d}-d_i)^2} = 1.022\,5$$

$$\therefore t = \frac{\bar{d} - 0}{s/\sqrt{n}} = \frac{0.553\ 3}{1.022\ 5/\sqrt{15}} = 2.095\ 8$$

当 $\alpha=0.05$ 时,查表得:$t_\alpha(n-1)=1.763$,从而有 $t \geqslant t_\alpha(n-1)=1.763$,$t$ 落在拒绝域中,故接受 H_1,即认为材料甲比材料乙耐穿。

8.2.4　区间估计与假设检验的关系

设 $X_1,X_2,\cdots,X_n$ 是来自总体 X 的样本,$(x_1,x_2,\cdots,x_n)$ 是相应的样本值,Θ 是参数 θ 的可能取值范围。设 $\underline{\theta}(X_1,X_2,\cdots,X_n)$,$\bar{\theta}(X_1,X_2,\cdots,X_n)$ 是参数 θ 的一个置信水平为 $1-\alpha$ 的置信区间,则对 $\forall\theta\in\Theta$,有

$$P_\theta\{\underline{\theta}(X_1,X_2,\cdots,X_n) < \theta < \bar{\theta}(X_1,X_2,\cdots,X_n)\} \geqslant 1-\alpha \tag{8.17}$$

考虑显著性水平为 α 的双边检验,

$$H_0:\theta=\theta_0,H_1:\theta\neq\theta_0 \tag{8.18}$$

由式(8.17)$P_{\theta_0}\{\underline{\theta}(X_1,X_2,\cdots,X_n)<\theta_0<\bar{\theta}(X_1,X_2,\cdots,X_n)\}\geqslant 1-\alpha$ 等价变形为

$$P_{\theta_0}\{(\theta_0 \leqslant \underline{\theta}(X_1,X_2,\cdots,X_n)) \cup (\theta_0 \geqslant \bar{\theta}(X_1,X_2,\cdots,X_n))\} \leqslant \alpha \tag{8.19}$$

由显著性水平为 α 的假设检验的拒绝域的定义,检验(8.19)的拒绝域为:

$$(\theta_0 \leqslant \underline{\theta}(X_1,X_2,\cdots,X_n)) \cup (\theta_0 \geqslant \bar{\theta}(X_1,X_2,\cdots,X_n))$$

接受域为:$\underline{\theta}(X_1,X_2,\cdots,X_n)<\theta_0<\bar{\theta}(X_1,X_2,\cdots,X_n)$。

由此说来,当要检验假设(8.19)时,可先求出 θ 的置信水平为 $1-\alpha$ 的置信区间$(\underline{\theta},\bar{\theta})$,然后考察 θ_0 是否落在区间$(\underline{\theta},\bar{\theta})$,若 $\theta_0\in(\underline{\theta},\bar{\theta})$,则接受 H_0,若 $\theta_0\notin(\underline{\theta},\bar{\theta})$,则拒绝 H_0。

另一方面,对于 $\forall\theta_0\in\Theta$,考虑显著性水平为 α 的假设检验问题,

$$H_0:\theta=\theta_0,H_1:\theta\neq\theta_0$$

假设它的接受域为 $\underline{\theta}(X_1,X_2,\cdots,X_n)<\theta_0<\bar{\theta}(X_1,X_2,\cdots,X_n)$,即有:

$$P_{\theta_0}\{\underline{\theta}(X_1,X_2,\cdots,X_n) < \theta_0 < \bar{\theta}(X_1,X_2,\cdots,X_n)\} \geqslant 1-\alpha$$

由 θ_0 的任意性,即对 $\forall\theta\in\Theta$,有:

$$P_\theta\{\underline{\theta}(X_1,X_2,\cdots,X_n) < \theta_0 < \bar{\theta}(X_1,X_2,\cdots,X_n)\} \geqslant 1-\alpha$$

因此$(\underline{\theta}(X_1,X_2,\cdots,X_n),\bar{\theta}(X_1,X_2,\cdots,X_n))$是参数 θ 的一个置信水平为 $1-\alpha$ 的置信区间。

由此说来,为求参数 θ 的置信水平为 $1-\alpha$ 的置信区间,先求出显著性水平为 α 的假设检验问题:$H_0:\theta=\theta_0,H_1:\theta\neq\theta_0$ 的接受域:

$$\underline{\theta}(X_1,X_2,\cdots,X_n) < \theta_0 < \bar{\theta}(X_1,X_2,\cdots,X_n)$$

则$(\underline{\theta}(X_1,X_2,\cdots,X_n),\bar{\theta}(X_1,X_2,\cdots,X_n))$是参数 θ 的一个置信水平为 $1-\alpha$ 的置信区间。

综上所述,假设检验的接受域是区间估计的置信区间,故假设检验与区间估计的统计处理是相通的。假设检验和参数估计(区间)都是统计问题。在总体已知,参数未知的

情况下总体的一些性质可归结为参数的性质。假设检验与参数估计是从不同方面回答同一问题。如纺纱厂纺出的纱的强力是否达标，通过样本观察值的研究，假设检验的回答是“是或否”，参数估计回答的是强力是多少（或范围）。即假设检验所讨论的问题是否成立，回答是定性的，而参数估计则从“量”的方面给出回答。

【例 8.11】 设 $X\sim N(\mu,1)$，μ 未知，$\alpha=0.05$，$n=16$，且由一个样本值计算得 $\bar{x}=5.20$。根据前面的条件，对总体均值的置信区间与假设检验求解。

解 ①由区间估计结果进行假设检验。

根据题目条件，得到参数 μ 的一个置信水平为 $1-\alpha$ 的置信区间为：

$$(\bar{x}-z_{0.025}/\sqrt{16},\bar{x}+z_{0.025}/\sqrt{16})=(5.20-0.49,5.20+0.49)=(4.71,5.69)$$

根据区间估计结果，可以进行双侧检验。于是

考虑检验问题：$H_0:\mu=5.2$，$H_1:\mu\neq5.2$，

因为样本均值 $\bar{x}=5.2\in(4.71,5.69)$，故接受 H_0。

②由假设检验结果给出相应的区间估计。

首先，求右边检验问题：$H_0:\mu\leqslant\mu_0$，$H_1:\mu>\mu_0$ 的接受域，并求 μ 的单侧置信下限。因为 $\alpha=0.05$，右边检验问题的拒绝域为：$z=\dfrac{\bar{x}-\mu_0}{1/\sqrt{16}}\geqslant z_{0.05}$，或 $\mu_0\leqslant4.79$。

因此，右边检验问题的接受域为 $\mu_0>4.79$。

这样就得到 μ 的单侧置信区间 $(4.79,\infty)$，单侧置信下限 $\underline{\mu}=4.79$。

8.3 非正态总体参数的假设检验

上一节介绍了正态总体均值与方差的假设检验。在实际问题中，还经常会遇到非正态总体的参数的假设检验问题。这些假设检验的理论基础是中心极限定理，因此，要求讨论的样本容量充分大，即大样本假设检验。

8.3.1 概率 p 的假设检验

【引例】【招聘测试问题】某大型知名软件公司在进行某专业领域的工程师人力资源的招聘工作，负责本次招聘的该公司人力资源部需要对应聘者进行专业测试。人力资源部门给出了 10 道选择题，每个选择题有 4 个备选答案，其中只有一个是正确的。或者说，正确的比率只有 0.25。问至少应答对几道，才能考虑录取？

分析：在该背景下，不再有总体为正态分布的实际情况，因此不能再按照以前总体服从正态分布的假设检验进行统计推断。

仔细分析的话，该总体实际上是二项分布，即总体是 $B(1,p)$ 分布。

应聘者都答对了，X 取值为 1（相当于投不均匀的硬币，正面朝上），答错了，X 取值为 0。$B(1,p)$ 分布性质：$E(X)=p$，$D(X)=p(1-p)$。

在该题中，一个完全瞎猜的应聘者，答对的概率是 0.25，即 $p=0.25$。对任意一个应聘

者，我们不知道，他是否是瞎猜的（不知道他的 p 值是多少），不妨先假设：(H_0)：$p=0.25$，备择假设(H_1)：$p>0.25$。

如何确定检验的统计量呢？

思路：应聘者答 10 道题，相当于得到 10 个样本：$X_1,X_2,\cdots,X_{10}$。不能用统计量做检验，因为不知道分布形式（仅仅知道其均值与方差）。但是完全知道统计量 $Y=X_1+X_2+\cdots+X_{10}$的分布，即二项分布 $B(1,p)$，并且可以计算出统计量 Y 的值。

因此，可以用 Y 来做假设检验。

【例 8.12】　一个灯泡厂生产的灯泡在通常情况下次品率为 5%。某天从生产的一批灯泡中随机抽取 100 个，测得次品为 8 个，问在显著性水平 $\alpha=0.05$ 的情况下，能否认为该天生产的灯泡的次品率仍然为 5%？

分析：本题目要求对该天生产的灯泡的次品率仍然为 5%进行假设检验。于是，作假设：

$$H_0:p=0.05,H_1:p\neq 0.05$$

这是对其次品发生的概率 p 的假设检验。

该问题的数学模型为：设总体 X 服从两点分布，即

$$P\{X=k\}=p^k(1-p)^{1-k},(k=0,1)$$

作假设

$$H_0:p=p_0,H_1:p\neq p_0$$

从总体中抽取样本 $X_1,X_2,\cdots,X_n$（n 充分大）。对应的样本均值 $\bar{x}=\dfrac{1}{n}\sum\limits_{i=1}^{n}x_i=\dfrac{m}{n}$ 为事件发生的频率。当原假设 H_0 成立时，有：

$$E(\bar{x})=p_0,D(\bar{x})=\frac{p_0(1-p_0)}{n}$$

由棣莫弗-拉普拉斯中心极限定理，有：$U=\dfrac{\dfrac{m}{n}-p_0}{\sqrt{\dfrac{p_0(1-p_0)}{n}}}\overset{\text{近似}}{\sim}N(0,1)$。

而上述假设为双侧检验，对于显著性水平 α，拒绝域为：

$$\left\{|U|=\left|\frac{\dfrac{m}{n}-p_0}{\sqrt{\dfrac{p_0(1-p_0)}{n}}}\right|>z_{\alpha/2}\right\}$$

同理可得，当假设为 $H_0:p\leqslant p_0,H_1:p>p_0$ 时，其拒绝域为：$\{U>z_\alpha\}$。

当假设为 $H_0:p\geqslant p_0,H_1:p<p_0$ 时，其拒绝域为：$\{U<-z_\alpha\}$。

于是，给出概率 p 检验法的步骤为：首先，根据题意做出假设；其次，根据抽样计算事件发生的频率$\dfrac{m}{n}$，并求出统计量 U 的值；再次，根据给定的显著性水平 α，查表得到相应

的值;最后,判断检验统计量的值是否落入拒绝域,并给出结论。

在例 8.12 中,因为$\frac{m}{n}=\frac{8}{100}=0.08$,$p_0=0.05$,$1-p_0=0.95$,得

$$U=\frac{0.08-0.05}{\sqrt{\frac{0.05\times0.95}{100}}}\approx1.376$$

而 $\alpha=0.05$ 时,$z_{0.05/2}=1.96$,于是 $|U|\approx1.376<z_{\alpha/2}=1.96$,所以接受原假设 H_0,即认为当天生产灯泡的次品率仍为 5%。

【例 8.13】 根据以往长期统计,某门课程期末考试成绩的补考率不小于 5%,由于信息技术的引入,许多教师改进了教学方法与手段后,从本学期该门课程的期末考试中随机抽取 500 份考试成绩,发现有 15 份为不及格。问能否认为通过改进教学方法和手段,该门课程期末考试的补考率降低了?($\alpha=0.05$)

解 由题意,作假设:$H_0:p\geqslant p_0=0.05$,$H_1:p<=0.05$

抽样成绩的补考频率为$\frac{15}{500}=0.03$,于是 $U=\frac{0.03-0.05}{\sqrt{\frac{0.05\times0.95}{500}}}\approx-2.062$。

当 $\alpha=0.05$ 时,$z_{0.05}=1.645$,因为 $U\approx-2.062<-z_{0.05}=-1.645$,

所以拒绝原假设 H_0,即认为通过改进教学后,该课程期末考试成绩的补考率降至 5%以下。

8.3.2 非正态总体均值的大样本检验

设总体 X 的分布函数为 $F(x)$,$X_1,X_2,\cdots,X_n$ 是来自总体 X 的大样本($n\geqslant50$)。由中心极限定理,设 $E(X)=\mu$,$D(X)=\sigma^2$,$\bar{x}$为样本均值,当 n 充分大时,

$$U=\frac{\bar{x}-\mu}{\sigma/\sqrt{n}}\overset{\text{近似}}{\sim}N(0,1)$$

于是,取 $U=\frac{\bar{x}-\mu}{\sigma/\sqrt{n}}$为检验统计量,当总体的方差未知时,可以用样本方差代替总体方差,由于 n 充分大,所以,$U=\frac{\bar{x}-\mu}{s/\sqrt{n}}$仍然近似服从标准正态分布。对于 3 种不同假设的拒绝域,可以根据第二节的结论给出。

显然,前一段关于概率 p 的假设检验可以看成本部分的特殊情况。

【例 8.14】 某城市每天的交通事故发生次数服从泊松分布,根据历史资料显示,事故的平均发生次数为每天 3 次。近几年,该城市采用交巡警方式进行管理,随抽取 300 天的数据,每天平均发生交通事故次数为 2.7 次。在显著性水平 $\alpha=0.05$ 的情况下,能否认为每天平均发生交通事故的次数显著减少?

解 设每天交通事故发生次数为 X,则 X 服从泊松分布,所以 $E(X)=D(X)=3$。

由题意,作假设 $H_0:\lambda\geqslant\lambda_0=3$,$H_1:p<3$

检验统计量

$$U=\frac{\bar{x}-\lambda_0}{\sqrt{\lambda_0}}\sqrt{n}=\frac{2.7-3}{\sqrt{3}}\sqrt{300}=-3$$

当 $\alpha=0.05$ 时，$z_{0.05}=1.645$，因为 $U\approx-3<-z_{0.05}=-1.645$，

所以拒绝原假设 H_0，即可认为通过交巡警管理后，每天平均交通事故发生率已显著减少。

8.4 应用案例

8.4.1 硝化棉含水量的检验

问题 硝化棉是火药的重要原料之一。它是由纤维素与硝酸作用生成的纤维素硝酸酯。纤维素是由碳、氢、氧3种元素组成的高分子化合物。在自然界，一般木材中约有纤维素50%~80%，棉花中约含纤维素94%~98%。棉纤维呈细长的扭拧的毛细管状，具有中空结构，有很大的内表面。在小纤维、纤维束之间都有许多孔隙，因此纤维才有吸附、渗透和膨润等性能。这对棉纤维的精制和硝化棉的制造有很大实际意义。棉纤维膨润后，能提高试剂向纤维内部的扩散速度，有利于提高硝化棉的均一性。

描述与分析 硝化棉是无臭、无味的固体物质，仍保持了棉纤维原有的形态和毛细血管结构，但由于受了酸的作用，不像棉纤维那样柔软，而比棉纤维稍硬和脆。干燥的硝化棉是电的不良导体，摩擦时容易产生静电。然而当含有少量水分时，产生静电的现象就不会发生。硝化棉具有吸湿性，但比纤维素要小得多，而且随着含氮量的增加，吸湿性降低。硝化棉的吸湿性是指在一定条件（温度、湿度）下，硝化棉能吸着和保持一定水分的能力。它对火药的弹道稳定性有很大影响，例如当火药的水分变化1%时，火炮的初速就会变化4%，而初速变化1%，射程就会变化5%。所以硝化棉的吸湿性越小，火药的弹道稳定性越大。为了运输、保管和使用安全，工厂生产出来的硝化棉，都含有28%~32%的水分。可是，乙醚与水不能互溶，含有这么多水分的硝化棉，在醇醚溶剂中不能很好地溶解和溶胀。因此，在加工之前必须把硝化棉里的水分驱除出去。只要硝化棉含水量在4%以下就能在醇醚溶剂中很好地溶解和溶胀了。

在天然纤维素里含有很多杂质，如：半纤维素、果胶质、脂肪、高级烃、蛋白质、无机盐和棉桃皮，等等。这些杂质都必须除掉。所以棉纤维首先要经过精制之后，才能用来做硝化棉。精制的方法就是把棉纤维放在碱液中在150~160摄氏度下进行蒸煮，使上述各种杂质被破坏、溶解。精制的棉纤维具有很多的质量指标，其中对水分有严格的要求。一次烘干后，要求水分含量在10%左右，以便于运输贮存，且防止因水分多而腐烂。二次烘干后，控制水分含量在4%以下，以符合硝化工艺的要求。

建模求解与检验 下面就用假设检验的方法来最大程度地保证：一次烘干后，要求水分含量在10%左右；二次烘干后，水分含量在4%以下。

在第一次烘干后，首先要在新得到的硝化棉中提取若干份（比如 n 份），然后分别测出其含水量，这样得到一组观察值 $x_1,x_2,\cdots,x_n$。假定硝化棉含水量服从正态分布 $N(\mu,\sigma^2)$，于是需要检验假设：$H_0:\mu=\mu_0=10\%$，$H_1:\mu\neq10\%$。

由于该正态总体的方差未知，所以，用样本方差代替总体方差，选择检验统计量为

$$T=\frac{\bar{x}-\mu_0}{S/\sqrt{n}}$$

近似地服从参数为 $n-1$ 的 t 分布。根据显著性水平（α 一般取 0.05，0.01 或 0.1 等）要求，得到相应的拒绝域：

$$\{|T|\geqslant t_{\alpha/2}(n-1)\}$$

根据前面测得的观察值，计算检验统计值 $T=\dfrac{\bar{x}-10\%}{S/\sqrt{n}}$，并判断该值是否落入拒绝域内，如果落入拒绝域内，则拒绝原假设，否则，则接受原假设，认为第一次烘干后，水分含量在 10%左右，符合要求。进行第二次烘干。

在第二次烘干后，同样要在新得到的硝化棉中提取若干份（比如 m 份），然后分别测出其含水量，这样得到一组观察值 $y_1,y_2,\cdots,y_m$。仍然假定硝化棉含水量服从正态分布 $N(\mu,\sigma^2)$，于是需要检验假设：$H_0:\mu\geqslant\mu_0=4\%$，$H_1:\mu<4\%$。

与第一次检验方法类似，选择检验统计量为 $T=\dfrac{\bar{y}-\mu_0}{S/\sqrt{m}}$近似地服从参数为 $m-1$ 的 t 分布。根据显著性水平（α）要求，得到相应的拒绝域：

$$\{T\leqslant -t_{\alpha}(m-1)\}$$

根据前面测得的观察值，计算检验统计值 $T=\dfrac{\bar{y}-4\%}{S/\sqrt{m}}$，并判断该值是否落入拒绝域，如果落入拒绝域，则拒绝原假设，认为第二次烘干后，水分含量在 4%以下，符合要求；否则，则接受原假设，水分含量没有达到要求。

8.4.2 评委打分中为什么要去掉最高分和最低分

问题描述与分析 爱看电视节目的读者或许还记得，在电视歌手比赛中，每一位参赛歌手的得分，都是将各评委的评分去掉一个最高分和一个最低分，再取平均计算出来的。为什么要这样做呢？这是为了避免个别过高或过低的不合理评分影响歌手的成绩。实际上，在对数据进行统计分析时，往往需要考虑是否有异常值的干扰。异常值是指样本中的个别值，其数值明显偏离其所属样本的其余观测值。异常值可能是总体固有的随机变异值的极端表现，这种异常值和样本中其余观测值属于同一总体。异常值也可能是试验条件和试验方法的偶然偏离产生的后果，或产生于观测、计算、记录中的失误。这种异常值和样本中其余观测值不属于同一总体。

由于异常值的出现对经典的统计方法影响较大，比如，一个偏离严重的异常值将使常用的统计量 X 的值产生较大偏差，因此，关于异常值的检验也逐渐成为统计学中的重

要问题。

模型建立与求解　一旦样本观测值中存在异常值,那么它一定是样本观测值中的最大值 $X_{(n)}$ 或最小值 $X_{(1)}$,如果同侧不止一个异常值,则依次为 $X_{(n-1)}$ 或 $X_{(2)}$,以此类推。构造异常值的检验统计量,通常是按照能描述样本极值 $X_{(n)}$ 或 $X_{(1)}$ 与样本主体之间的差异的原则来进行的。例如,关于正态分布总体,统计学家格拉布斯(Grubbs)提出如下的检验统计量

$$G_{(n)}=\frac{X-X_{(1)}}{S},G^{(m)}=\frac{X_{(m)}-X}{S}$$

用 $G_{(n)}$ 检验极小值 $X_{(1)}$,用 $G^{(m)}$ 检验极大值 $X_{(n)}$ 是否为异常值。提出了检验统计量,然后在不存在异常值的原假设下,推导出相应的抽样分布并计算出检验的临界值,即可进行异常值检验了。如果拒绝原假设,则判断相应的 $X_{(n)}$ 或 $X_{(t)}$ 为异常值。

此外,对于一些常见的分布如指数分布、极值分布等,都有一些统计学者提出了异常值的检验方法。我国还颁布了几个关于异常值检验的国家标准。对于用统计方法检验出的异常值,应尽可能寻找产生异常值的技术上的、物理上的原因,作为处理异常值的依据。

处理异常值的方式通常有:将异常值保留在样本中,参加其后的数据分析,但对相应的结果给予必要的关注;将异常值从样本中别除后,再做数据分析;将异常值剔除后,追加适宜的观测值计入样本;寻找产生异常值的实际原因修正异常值。一般应根据实际问题的性质,权衡得失风险,确定处理方式。

实例验证与分析

射击 16 发子弹,射程(由小至大排列)分别为1 125　1 248　1 250　1 259　1 273　1 279　1 285　1 285　1 293　1 300　1 305　1 312　1 315　1 324　1 325　1 350(单位:米),检验极小值 $X_{(1)}=1\ 125$ 是否为异常值,$\alpha=0.01$。

根据前述数据,计算出 $\bar{x}=1\ 283$,$s=50.760\ 9$,于是有

$$G_{(16)}=\frac{1\ 283-1\ 125}{50.760\ 9}=3.112\ 6$$

当 $\alpha=0.01$,$G_{(16)}$ 的临界值(有相应的数表可查)为 2.747。

因为,临界值 $2.747<3.112\ 6=G_{(16)}$,所以判断极小值 1 125 为异常值。

【习　题】

1.已知某一自动糖果包装机在正常情况下包装的糖果重量服从正态分布 $N(100,2.25)$(单位:克)。为检验某天该机器工作是否正常,随机抽取 9 包糖果,测得其重量为:

99.3　98.7　101.2　99.7　100.5　98.3　99.5　100.5　102.0

在显著性 $\alpha=0.05$ 水平下,该天包装机工作正常?

2.一台机床加工轴的椭圆度服从正态分布 $N(0.095,0.02^2)$(单位:毫米)。机床经过

调整后,取 20 根进行测量,计算得$\bar{x}=0.081$毫米,问调整后机床加工轴的平均椭圆度有无显著降低($\alpha=0.05$)?

3.对甲乙两种洗衣液洗涤效果进行分析,假设两种洗衣液洗涤同物品达到相同洁净程度用水量均服从正态分布,现从甲乙两种洗衣液洗涤的物品中分别抽取 8 件和 9 件,其用水量如下(单位:升):

甲洗衣液:15.0　15.2　15.5　14.8　15.1　15.2　14.5　14.8

乙洗衣液:15.2　14.8　15.2　15.0　15.0　14.8　15.0　15.1　14.8

比较两种洗衣液用水量有无明显差异($\alpha=0.05$)?

4.某维尼龙厂根据历史资料,生产的维尼纶纤度服从正态分布,其标准差为 0.048。某日随机抽取 5 根纤维,测得其纤度为:1.32　1.55　1.40　1.44　1.36。在显著性$\alpha=0.05$水平下,问该日所生产的维尼龙纤度的标准差是否显著变大?

5.改进某种金属的热处理方法,要检验抗拉强度(单位:帕)有无显著提高,在改进前后各取 12 个样品,测量并计算如下:

改进前:$\bar{x}=28.67$, $\sum_{i=1}^{12}(x_i-\bar{x})^2=66.64$;改进后:$\bar{y}=31.75$, $\sum_{i=1}^{12}(y_i-\bar{y})^2=112.25$。

假定热处理前后金属抗拉强度均服从正态分布,取$\alpha=0.05$,问:

处理前后总体方差是否相等?

处理后抗拉强度有无显著提高?

6.某工厂生产灯泡,每批数量很大,出厂标准是废品率不超过 2%,现从一批灯泡中随机抽取 400 只灯泡,测其寿命,发现有 12 只不合格。问是否应该让这批灯泡出厂($\alpha=0.05$)?

第9章　方差分析

【案例】

地理位置与患抑郁症之间是否有关系

美国人作了一项调查,研究地理位置与患抑郁症之间的关系。他们选择了60个65岁以上的健康人组成一个样本,其中20个人居住在佛罗里达,20个人居住在纽约,20个人居住在北卡罗来纳。对选中的每个人给出了测量抑郁症的一个标准化检验,搜集到数据资料如下表,较高的得分表示较高的抑郁症水平。之后,考察"地理位置"这一因素与患"抑郁症"之间的关系。

地点	得分				
佛罗里达	3	7	7	3	5
	5	8	8	8	2
	6	2	6	6	7
	4	5	7	9	3
纽约	8	7	7	5	8
	12	8	6	8	6
	10	13	4	8	8
	9	7	8	7	11
北卡罗来纳	10	7	3	5	11
	3	4	8	11	7
	8	7	3	9	8
	3	6	12	8	8

表中"地点"是一个因素,现在需要考察这一因素对"抑郁症测量得分"是否存在显著影响。解决这一问题的方法就是本章将要介绍的方差分析。

方差分析是20世纪20年代发展起来的统计方法。方差分析不仅可以提高检验效率,还可以将所有的样本信息结合在一起,增加了分析的可靠性。

本章将讨论研究分类变量与数值型变量之间关系的方法——方差分析。分类变量与数值型变量之间关系的研究在社会学中是常见的。例如地区(定类)与平均寿命(定距)之间、民族(定类)与离婚率(定距)之间。

方差分析(analysis of variance, ANOVA)是一种假设检验方法,即基本思想可概述为:把全部数据的总方差分解成几部分,每一部分表示某一影响因素或各影响因素之间的交互作用所产生的效应,将各部分方差与随机误差的方差进行比较,依据 F 分布作出统计推断,从而确定各因素或交互作用的效应是否显著。因为分析是通过计算方差的估计值进行的,所以称为方差分析。因素的不同表现称为水平或处理。方差分析分为一元方差分析、二元方差分析以及多元方差分析。

方差分析的主要目标是检验均值间的差别是否在统计意义上显著。如果只比较两个均值,事实上方差分析的结果和 t 检验完全相同。之所以很多情况下采用方差分析,是因为它具有如下两个优点:①方差分析可以在一次分析中同时考察多个因素的显著性,比 t 检验所需的观测值少;②方差分析可以考察多个因素的交互作用。

方差分析的缺点是条件有些苛刻,需要满足如下条件:①各样本是相互独立的;②各样本数据来自正态总体(正态性:normality);③各处理组总体方差相等(方差齐性:homogeneity of variance)。因此在作方差分析之前,要作正态性检验和方差齐性检验,如不满足上述要求,可考虑作变量变换。常用的变量变换方法有平方根变换、平方根反正弦变换、对数变换及倒数变换等。

方差分析在医药、制造业、农业等领域有重要应用,多用于试验优化和效果分析中。

9.1 一元方差分析

【案例】

改变生产条件检测生产效率问题

某化工厂为了提高生产效率,欲检验温度对化工产品合格率的影响,该工厂在车间内对5种不同温度下的产品合格率做了统计记录。为了保证测得结论的可靠性,在每一温度下,都记录了3次试验结果。计入数据如下:

温度/℃	60	65	70	75	80
合格率/%	90	91	96	84	84
	92	93	96	83	86
	88	92	93	88	82

试分析温度这一因素对产品的合格率有无显著影响。

根据上述的社会工作背景可知,上述问题就是在关注的影响因素中,温度可能会影响产品的生产合格率,称之为实验中变化的因素。在考察影响效果时,测得的不同温度,称之为因素的水平。然后,根据不同因素水平下的观测结果,来判断该因素对目标对象是否影响显著。

在工农业生产和科学研究中经常遇到这样的问题:影响产品产量、质量的因素很多,需要了解在这么多的因素之中哪些因素对产品的产量、质量有显著的影响,为此要先做些试验,然后对测试的结果进行分析。方差分析就是分析测试结果的一种方法。

为方便起见,常称在试验中变化的因素为因子,用 A,B,C,…… 表示。一元方差分析,又称单因素方差分析(one-way analysis of variance),就是自变量只有一个定类变量,因变量是数值型变量。例如,要检验不同职业生育子女的个数,这里只涉及“职业”一个因素,因此属于单因素方差分析。

9.1.1　基本概念

(1)试验指标

在一项试验中,用来衡量试验效果的特征量称为试验指标,有时简称指标,也称试验结果,通常用 y 表示。它类似于数学中的因变量或目标函数。试验指标用数量表示称为定量指标,如速度、温度、压力、重量、尺寸、寿命、硬度、强度、产量和成本等。不能直接用数量表示的指标称为定性指标。如颜色、人的性别等。定性指标也可以转化为定量指标,方法是用不同的数表示不同的指标值。

(2)试验因素

试验中,凡对试验指标可能产生影响的原因都称为因素(factor),也称因子或元,类似于数学中的自变量。需要在试验中考察研究的因素,称为试验因素,有时也称为因素,通常用大写字母 A,B,C,……表示。在试验中,有些因素能严格控制,称为可控因素;有些因素难以控制,称为不可控因素。试验因素是试验中的已知条件,能严格控制,所以是可控因素。通常把未被选作试验因素的可控因素和不可控因素都称为条件因素,统称为试验条件。

(3)因素水平

因素在试验中所处的各种状态或所取的不同值,称为该因素的水平(level),也简称为水平或位级,通常用下标 1,2,3,……表示。若一个因素取 K 种状态或 K 个值,就称该因素为 K 水平因素。因素的水平,有的可以取得具体值,如 6 kg、10 cm;有的只能取大致范围或某个模糊概念,如软、硬、大、小、好、较好等;但也有无法用数值表征的,如履带的不同形式,轮胎花纹的不同种类,机器的不同操作方式,大豆的不同品种等。

(4)处理组

所有试验因素的水平组合所形成的试验点称为处理组(treatment group),也称组合处理。三因素试验中,A1B2C3 是一个组合处理,它表示由 A 因素 1 水平、B 因素 2 水平和 C 因素 3 水平组合而形成的一个试验点。

为了更好地说明一元方差分析能解决什么问题,可以考虑如下现实问题。为寻求适应本地区气候的高产油菜品种,现选取 5 种不同的品种进行试验,每一品种在 4 块实验

田上试种,得到每一块试验田上的亩产量如下:

田块＼品种	A_1	A_2	A_3	A_4	A_5
1	256	244	250	288	206
2	222	300	277	280	212
3	280	290	230	315	220
4	298	275	322	259	212

要研究的问题是:不同品种的平均亩产量是否有显著差异。在该问题中只考虑品种这一因子(用 A 表示)对亩产量的影响,5 种不同的品种就是该因子 5 个不同的水平(分别记为 A_1,A_2,A_3,A_4,A_5)。

由于同一品种在不同田块上的亩产量不同,可以认为一个品种的亩产量就是一个总体,在方差分析中总假定各总体独立地服从同方差的正态分布,即第 i 个品种的亩产量是一个随机变量,它服从分布 $N(\mu_i,\sigma^2)$,$i=1,2,3,4,5$。那么,试验的目的就是要检验假设 $H_0:\mu_1=\mu_2=\mu_3=\mu_4=\mu_5$ 是否成立。若拒绝 $H_0:\mu_1=\mu_2=\mu_3=\mu_4=\mu_5$,那么就认为这 5 个品种的平均亩产量之间有显著差异;反之,就认为各品种间产量的不同是由随机因素引起的。方差分析就是检验这类假设的一种方法。

实际上,方差分析是检验同方差的若干个正态母体均值是否相等的一种统计分析方法。

由上述引例发现,在进行单因素方差分析时,往往需要整理出以下数据结构,如表9.1所示。

表 9.1　单因素方差分析数据结构

因素				
水平 1	水平 2	水平 3	…	水平 k
x_{11}	x_{12}	x_{13}	…	x_{1k}
x_{21}	x_{22}	x_{23}	…	x_{2k}
⋮	⋮	⋮	…	⋮
x_{n1}	x_{n2}	x_{n3}	…	x_{nk}

为叙述方便,因素为考察的定类变量,水平 1,水平 2,……,表示因素的 k 个水平,$x_{11},x_{12},\cdots,x_{nk}$表示每一个观察值。

【例 9.1】　表 9.2 是某厂抽样 41 名职工的职业和家庭子女数的统计表。

表 9.2　某厂 41 名职工的职业和家庭子女数的统计表

职业		
技术工人	勤杂工	技术员
3	1	6
5	3	4
0	4	2
5	4	2
4	6	3
4	2	0
2	3	5
3	4	3
1	3	1
3	5	2
2	2	1
3	4	
3		
2		
4		
2		
6		
1		

9.1.2　分析步骤

(1) 提出假设和计算各水平的平均值

方差检验的过程,如一切假设检验一样,首先假设检验总体的 k 个水平(类别)均值是否相等。如果不能成立,则接受其假设的反面,即认为总体至少有一类均值是不等的。因此,方差分析的原假设 H_0 和备择假设 H_1 分别为:

原假设 $H_0:\mu_1=\mu_2=\mu_3=\cdots=\mu_k$，

备择假设 $H_1:\mu_i,(i=1,2,\cdots,k)$不全相等。

根据方差分析的3个基本假定首先确定：不同总体都应服从正态分布。也就是说，对于因素的每一个水平，其观测值是来自正态分布总体的简单随机样本。

表 9.3　组间方差和计算结构

因素				
水平 1	水平 2	水平 3	…	水平 k
x_{11}	x_{12}	x_{13}	…	x_{1k}
x_{21}	x_{22}	x_{23}	…	x_{2k}
⋮	⋮	⋮	…	⋮
x_{n1}	x_{n2}	x_{n3}	…	x_{nk}
$\bar{x}_1=\frac{\sum_{j=1}^{n_1}x_{j1}}{n_1}$	$\bar{x}_2=\frac{\sum_{j=1}^{n_2}x_{j2}}{n_2}$	$\bar{x}_3=\frac{\sum_{j=1}^{n_3}x_{j3}}{n_3}$	…	$\bar{x}_k=\frac{\sum_{j=1}^{n_k}x_{jk}}{n_k}$

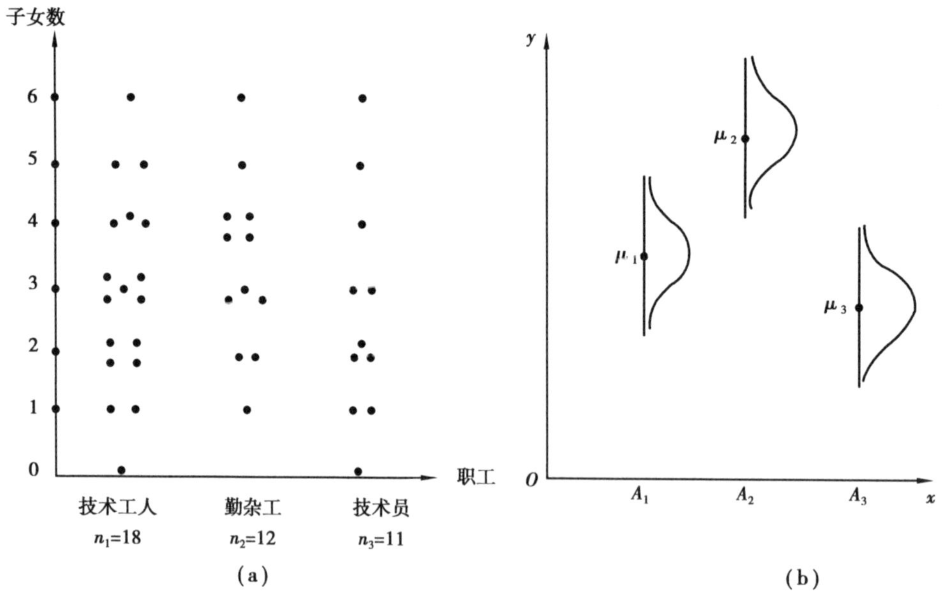

图 9.1　某厂不同职业的职工与子女数量统计图

根据例9.1的统计资料可知，不同职业的职工的平均子女数如下：技术工人：$\overline{x_1}=2.96$；勤杂工：$\overline{x_2}=3.42$；技术员：$\overline{x_3}=2.62$，且各种职业分布基本服从正态分布。

(2)计算全部观测值的总平均值

全部观测值的总平均值是全部观测值的总和除以观测值的总个数。令全部观测值的总平均值为$\bar{\bar{x}}$,则有:

$$\bar{\bar{x}} = \frac{\sum_{i=1}^{k}\sum_{j=1}^{n_i} x_{ij}}{n} = 3$$

(3)构造检验的统计量

为构造检验的统计量,方差分析中,需要计算 3 个误差平方和,分别是:总平方和、组间平方和(因素平方和)以及组内平方和(误差平方和或残差平方和)。

总平方和(sum of squares for total,SST),它是全部观测值 x_i 与总平均值$\bar{\bar{x}}$的误差平方和,计算公式为:

$$SST = \sum_{i=1}^{k}\sum_{j=1}^{n_i} (x_{ij} - \bar{\bar{x}})^2 \tag{9.1}$$

例 9.1 中的总平方和:$SST = \sum_{i=1}^{k}\sum_{j=1}^{n_i} (x_{ij} - \bar{\bar{x}})^2 = 98$。

组间平方和(sum of squares for factor A,SSA),是各组平均值$\bar{x}_i$ 与总平均值$\bar{\bar{x}}$的误差平方和。其计算公式为:

$$SSA = \sum_{i=1}^{k} n_i (\bar{x}_i - \bar{\bar{x}})^2 \tag{9.2}$$

例 9.1 中的组间平方和:$SSA = \sum_{i=1}^{k} n_i (\bar{x}_i - \bar{\bar{x}})^2 = 3.593\ 4$。

组内平方和(sum of squares for error,SSE)它反映每个水平或组内各样本数据与该组平均值之间的误差平方和。其计算公式为:

$$SSE = \sum_{i=1}^{k}\sum_{j=1}^{n_i} (x_{ij} - \bar{x}_i)^2 \tag{9.3}$$

例 9.1 中的“技术工人”组内平方和为:$\sum (x_{1j} - \bar{x}_1)^2 = 40.944$

例 9.1 中的“勤杂工”组内平方和为:$\sum (x_{2j} - \bar{x}_2)^2 = 20.917$

例 9.1 中的“技术员”组内平方和为:$\sum (x_{3j} - \bar{x}_3)^2 = 32.545$

$$SSE = \sum_{i=1}^{k}\sum_{j=1}^{n_i} (x_{ij} - \bar{x}_i)^2 = 40.944 + 20.917 + 32.545 = 94.406$$

在给定显著性水平 $\alpha=0.05$ 的情况下,查附表 4,确定 F 的临界值 λ。

$$F = \frac{SSA/m-1}{SSE/n-m} \sim F(m-1,n-m) \tag{9.4}$$

$F=\frac{SSA/m-1}{SSE/n-m}\sim F(m-1,n-m)$表示统计量 F 服从自由度为$(m-1,n-m)$的 F 分布。例 9.1 中的统计量 $F=0.72$。

查表得知，$F_{0.05}(3-1,41-3)=3.24$，$F<F_{0.05}$，所以接受原假设，即在显著性水平 $\alpha=0.05$下，认为总体中各类的均值是相等的。

（4）方差分析有如下分析表（表 9.4）

表 9.4　方差分析表

误差来源	平方和	自由度	F 值
组间（因素影响）	SSA	$k-1$	
组内（误差）	SSE	$n-k$	
总和	SST	$n-1$	

将上述例题中的数据列入方差分析表得：

误差来源	平方和	自由度	F 值
组间（因素影响）	3.593 4	2	
组内（误差）	94.406	38	
总和	98	40	0.72

9.2　二元方差分析

【案例】

不同生产设备之间的产量是否有显著差异

某企业在成立之初派出 3 位操作工人（甲、乙、丙）试用了 4 种生产某产品的机械设备（$A1$、$A2$、$A3$、$A4$），以考察这种机械设备的产量。为了使测试结果比较可靠，每个操作工在每台机器上进行 3 次操作。测得数据如下：

机器设备	操作工人								
	甲			乙			丙		
$A1$	13	15	17	19	19	16	16	18	21
$A2$	17	17	17	15	15	15	19	22	22
$A3$	15	17	16	18	17	16	18	18	18
$A4$	18	20	22	15	16	17	17	17	17

看到上述结果，企业主想要知道：①这 4 套机械设备之间的产量是否有显著差别？②操作工人之间的操作技术是否有显著差别？③不同的操作工人和不同的机械设备之间的共同影响是否明显？（假设显著性水平 $\alpha=0.05$）

这个现实问题显然比本章一开始的现实问题(温度是否对产品合格率有影响)复杂得多。这时候需要考虑两种因素“工人”和“设备”他们分别在不同水平下的变化程度,以及这两种因素之间是否有相互影响。这就是本节要介绍的二元方差分析。

9.2.1　双因素方差分析

单因素方差分析只是考虑单个分类型自变量对数值型因变量的影响。在对实际问题的研究中,有时需要考虑几个因素对试验结果的影响。

当方差分析中涉及两个分类型自变量时,称为双因素方差分析(也称二元方差分析,two-way analysis of variance)。二元方差分析,由于自变量已经增加到两个,因此在讨论自变量对因变量的影响时,可以有两种数学模型。第一种是只讨论自变量 A 和 B 独立地对因变量的影响:这里 A 和 B 是要研究的自变量,ε 是未知的和未被控制的外界干扰,又称误差。这种模型被称为无交互作用的方差分析,或线性可加性模型、独立模型,因为变量 A 和变量 B 对因变量的影响是独立作用的。

另一种情况是不仅要研究自变量 A 和自变量 B 独立的影响,同时还要考虑两个变量的交互作用,即变量 A 和变量 B 共同作用于因变量,称作自变量间的交互作用。这在社会现象的研究中也是常见的。这时对于 y 的影响,除自变量 A 和 B 的独自作用外,还要考虑 A 和 B 的交互作用。这种模型称作具有交互作用的模型。

这两种模型由于要研究的内容不尽相同,因此要求观测值的数目也不相同。例如对于具有交互作用的模型,由于不仅要研究变量的独立作用,而且还要研究变量的交互作用,因此它要求测量值的数目就要比独立模型多。

类似于单因素方差的检验步骤,双因素方差分析的检验步骤如下:

(1)提出假设

为检验两个因素的影响,需对两个因素提出假设。对因素 A(行因素)的假设为:

$$H_{A0}:\mu_1=\mu_2=\cdots=\mu_i=\cdots=\mu_k$$

H_{A0}表示因素 A(或称行因素)对因变量的原假设,即:因素 A 对因变量没有显著影响。μ_i 表示因素 A 的第 i 个水平的均值。

备择假设:$H_{A1}:\mu_i(i=1,2,3,\cdots,k)$不全相等。

因素 B(列因素)的假设为:

$$H_{B0}:\mu_1=\mu_2=\cdots=\mu_i=\cdots=\mu_k$$

H_{B0}表示因素 B(或称列因素)对因变量的原假设,即:因素 B 对因变量没有显著影响。

备择假设:$H_{B1}:\mu_j(j=1,2,3,\cdots,r)$不全相等。

μ_j 表示因素 B 的第 j 个水平的均值。

(2)构造统计量

为检验 H_0 是否成立,需要分别确定因素 A(行因素)和因素 B(列因素)的检验量。需要计算下列几个误差平方和:总平方和,是全体样本观察值与总体样本平均值$\bar{\bar{x}}$的误差平方和，即为 $SST = \sum_{i=1}^{k}\sum_{j=1}^{r}(x_{ij}-\bar{\bar{x}})^2$；因素 A（行因素）产生的误差平方和 $SSR = \sum_{i=1}^{k}\sum_{j=1}^{r}(\bar{x}_{i\cdot}-\bar{\bar{x}})^2$；因素 B（列因素）产生的误差平方和 $SSC = \sum_{i=1}^{k}\sum_{j=1}^{r}(\bar{x}_{\cdot j}-\bar{\bar{x}})^2$；以及随机误差平方和 $SSE = \sum_{i=1}^{k}\sum_{j=1}^{r}(x_{ij}-\bar{x}_{i\cdot}-\bar{x}_{\cdot j}+\bar{\bar{x}})^2$。

$SST=SSR+SSC+SSE$，SST 的自由度为 $kr-1$；SSR 的自由度为 $k-1$；SSC 的自由度为 $r-1$；SSE 的自由度为$(k-1)(r-1)$。

（3）做出统计意义的判断

双因素方差分析模型具体分为：无交互作用的方差分析和有交互作用的方差分析。两种模型的具体检验步骤参见 9.2.2 和 9.2.3。

9.2.2 理想的独立模型——无交互作用的双因素方差分析

双因素方差分析具有如表 9.5 所示的数据结构形式。

表 9.5 双因素方差分析的数据结构

		列因素				平均值
		列 1	列 2	…	列 r	$\bar{x}_{i\cdot}$
行因素	行 1	x_{11}	x_{12}	…	x_{1r}	$\bar{x}_{1\cdot}$
	行 2	x_{21}	x_{22}	…	x_{2r}	$\bar{x}_{2\cdot}$
	⋮	⋮	⋮	⋮	⋮	⋮
	行 k	x_{k1}	x_{k2}	…	x_{kr}	$\bar{x}_{k\cdot}$
平均值 $\bar{x}_{\cdot j}$		$\bar{x}_{\cdot 1}$	$\bar{x}_{\cdot 2}$	…	$\bar{x}_{\cdot r}$	$\bar{\bar{x}}$

并设在水平配合(A_i,B_j)下的数据 x_{ij} 来自总体 $X_{ij}\sim N(\mu_{ij},\sigma^2)$，$(i=1,2,\cdots,r;j=1,2,\cdots,s)$。

类似于一元方差分析，检验如下假设：

$$H_{0A}:\mu_{1\cdot}=\mu_{2\cdot}=\cdots=\mu_{r\cdot},\quad H_{1A}:\mu_{1\cdot},\mu_{2\cdot},\cdots,\mu_{r\cdot}\text{ 不全相等}$$

$$H_{0B}:\mu_{\cdot 1}=\mu_{\cdot 2}=\cdots=\mu_{\cdot r},\quad H_{1B}:\mu_{\cdot 1},\mu_{\cdot 2},\cdots,\mu_{\cdot r}\text{ 不全相等}$$

分别用如下检验统计量：

$$F_A=\frac{S_A/(r-1)}{S_e/(r-1)(s-1)}\sim F(r-1,(r-1)(s-1)) \tag{9.5}$$

$$F_B=\frac{S_B/(s-1)}{S_e/(r-1)(s-1)}\sim F(s-1,(r-1)(s-1)) \tag{9.6}$$

其中 $S_A=\sum_{i=1}^{r}\sum_{j=1}^{s}(\bar{x}_{i\cdot}-\bar{x})^2=\sum_{i=1}^{r}s(\bar{x}_{i\cdot}-\bar{x})^2$，称为 A 的组间差平方和。

$S_B = \sum_{i=1}^{r}\sum_{j=1}^{s}(\bar{x}_{\cdot j} - \bar{x})^2 = \sum_{j=1}^{s} r(\bar{x}_{\cdot j} - \bar{x})^2$,称为 B 的组间差平方和。

$S_e = \sum_{i=1}^{r}\sum_{j=1}^{s}(x_{ij} - \bar{x}_{i\cdot} - \bar{x}_{\cdot j} + \bar{x})^2$,称为组内差平方和。

这里 $\bar{x}_{i\cdot} = \frac{1}{s}\sum_{j=1}^{s} x_{ij}, \bar{x}_{\cdot j} = \frac{1}{r}\sum_{i=1}^{r} x_{ij}, \bar{x} = \frac{1}{rs}\sum_{i=1}^{r}\sum_{j=1}^{s} x_{ij}$。

对于给定的显著性水平 $\alpha(\alpha=0.01$ 或 $0.05)$,如果 $F_A>F_\alpha(r-1,(r-1)(s-1))$,则拒绝 H_{0A},即认为因素 A 对试验指标有显著影响;如果 $F_B>F_\alpha(s-1,(r-1)(s-1))$,则拒绝 H_{0B},即认为因素 B 对试验指标有显著影响。

实际计算时,可事先对原始数据作如下处理:

$$x'_{ij} = \frac{x_{ij} - a}{b}$$

这时再进行计算,不会影响 F_A, F_B 值的大小。

结果列于下面的方差分析表。

表 9.6　方差分析表

方差来源	平方和	自由度	均方	F 值
因素 A	S_A	$r-1$	$S_A/(r-1)$	$F_A = \frac{S_A}{S_e/(s-1)}$
因素 B	S_B	$s-1$	$S_B/(s-1)$	$F_B = \frac{S_A}{S_e/(r-1)}$
误差 E	S_e	$(r-1)(s-1)$	$S_e/(r-1)(s-1)$	
总和	$S_A+S_B+S_e$	$rs-1$		

【例 9.2】　为了解 3 种不同配比的饲料对仔猪生长影响的差异,从 3 种不同品种的仔猪中各选 3 头进行试验,分别测得其一段时间体重增加量,数据见表 9.7(A 代表饲料,B 代表品种)。

表 9.7　饲料对仔猪生长的影响数据

因素 A \ 因素 B	B_1	B_2	B_3
A_1	51	56	45
A_2	53	57	49
A_3	52	58	47

试分析不同饲料与不同品种对仔猪的生长有无显著影响?

解　所有数据减去 50 后计算结果如下:

$r=3,s=3$

$\bar{x}_{1\cdot}=0.66,\bar{x}_{2\cdot}=3,\bar{x}_{3\cdot}=2.33\quad \bar{x}_{\cdot 1}=2,\bar{x}_{\cdot 2}=7,\bar{x}_{\cdot 3}=-3,\bar{x}=2$

$S_A=8.66,S_B=150,S_e=3.33$

$F_A=5.20<F_{0.05}(2,4)=6.94$,说明不同饲料对仔猪的生长无显著影响。

$F_B=90.0>F_{0.01}(2,4)=18.0$,说明品种的差异对仔猪生长的影响高度显著。

表 9.8　饲料对仔猪生长影响的方差因素分析表

方差来源	平方和	自由度	均方	F 值
因素 A	8.66	2	4.33	5.20
因素 B	150	2	75	90.0
误差 E	3.33	4	0.83	
总和	161.99	8		

9.2.3　有交互作用的双因素方差分析

在每一种水平配合(A_i,B_j)下重复做 $m(m\geqslant 2)$ 次试验,称为有交互作用的双因素试验,试验结果观测数据 x_{ijk}列于下表:

表 9.9　有交互作用的双因素试验观测数据结构

试验结果		因素 B			
		B_1	B_2	$\cdots$	B_s
因素 A	A_1	x_{111}　x_{112}　$\cdots$　x_{11m}	x_{121}　x_{122}　$\cdots$　x_{12m}	$\cdots$	x_{1s1}　x_{1s2}　$\cdots$　x_{1sm}
	A_2	x_{211}　x_{212}　$\cdots$　x_{21m}	x_{221}　x_{222}　$\cdots$　x_{22m}	$\cdots$	x_{2s1}　x_{2s2}　$\cdots$　x_{2sm}
	$\vdots$	$\vdots$　$\vdots$　$\vdots$　$\vdots$	$\vdots$　$\vdots$　$\vdots$　$\vdots$	$\vdots$	$\vdots$　$\vdots$　$\vdots$　$\vdots$
	A_r	x_{r11}　x_{r12}　$\cdots$　x_{r1m}	x_{r21}　x_{r22}　$\cdots$　x_{r2m}	$\cdots$	x_{rs1}　x_{rs2}　$\cdots$　x_{rsm}

并设在水平配合(A_i,B_j)下的数据 $x_{ij1},x_{ij2},\cdots,x_{ijm}$来自总体 $X_{ij}\sim N(\mu_{ij},\sigma^2)(i=1,2,\cdots,r;j=1,2,\cdots,s)$。

检验如下假设:

$$H_{0A}:\mu_{1\cdot}=\mu_{2\cdot}=\cdots=\mu_{r\cdot},\quad H_{1A}:\mu_{1\cdot},\mu_{2\cdot},\cdots,\mu_{r\cdot}\text{ 不全相等}$$

$$H_{0B}:\mu_{\cdot 1}=\mu_{\cdot 2}=\cdots=\mu_{\cdot r},\quad H_{1B}:\mu_{\cdot 1},\mu_{\cdot 2},\cdots,\mu_{\cdot r}\text{ 不全相等}$$

$$H_{0AB}:\mu_{ij}\text{ 全相等},\quad H_{1AB}:\mu_{ij}\text{ 不全相等}$$

分别用如下检验统计量:

$$F_A=\frac{S_A/(r-1)}{S_e/rs(m-1)}\sim F(r-1,rs(m-1))\tag{9.7}$$

$$F_B = \frac{S_B/(s-1)}{S_e/rs(m-1)} \sim F(s-1, rs(m-1)) \tag{9.8}$$

$$F_{AB} = \frac{S_{AB}/(r-1)(s-1)}{S_e/rs(m-1)} \sim F((r-1)(s-1), rs(m-1)) \tag{9.9}$$

其中 $S_A = \sum_{i=1}^{r}\sum_{j=1}^{s}\sum_{k=1}^{m}(\bar{x}_{i\cdot} - \bar{x})^2 = \sum_{i=1}^{r} sm(\bar{x}_{i\cdot} - \bar{x})^2$,称为 A 的组间差平方和。

$S_B = \sum_{i=1}^{r}\sum_{j=1}^{s}\sum_{k=1}^{m}(\bar{x}_{\cdot j} - \bar{x})^2 = \sum_{j=1}^{s} rm(\bar{x}_{\cdot j} - \bar{x})^2$,称为 B 的组间差平方和。

$S_{AB} = \sum_{i=1}^{r}\sum_{j=1}^{s}\sum_{k=1}^{m}(\bar{x}_{ij} - \bar{x}_{i\cdot} - \bar{x}_{\cdot j} + \bar{x})^2 = m\sum_{i=1}^{r}\sum_{j=1}^{s}(\bar{x}_{ij} - \bar{x}_{i\cdot} - \bar{x}_{\cdot j} + \bar{x})^2$,称为 $A \times B$ 的组间差平方和。

$S_e = \sum_{i=1}^{r}\sum_{j=1}^{s}\sum_{k=1}^{m}(x_{ijk} - \bar{x}_{ij})^2$,称为组内差平方和。

这里 $\bar{x}_{i\cdot} = \frac{1}{sm}\sum_{j=1}^{s}\sum_{k=1}^{m}x_{ijk}$, $\bar{x}_{\cdot j} = \frac{1}{rm}\sum_{i=1}^{r}\sum_{k=1}^{m}x_{ijk}$, $\bar{x}_{ij} = \frac{1}{m}\sum_{k=1}^{m}x_{ijk}$, $\bar{x} = \frac{1}{rsm}\sum_{i=1}^{r}\sum_{j=1}^{s}\sum_{k=1}^{m}x_{ijk}$。

对于给定的显著性水平 α($\alpha = 0.01$ 或 0.05),如果 $F_A > F_\alpha(r-1, rs(m-1))$,则拒绝 H_{0A},即认为因素 A 对试验指标有显著影响;如果 $F_B > F_\alpha(s-1, rs(m-1))$,则拒绝 H_{0B},即认为因素 B 对试验指标有显著影响;如果 $F_{AB} > F_\alpha((r-1)(s-1), rs(m-1))$,则拒绝 H_{0AB},即认为因素 A 与因素 B 之间的交互效应对试验指标有显著影响。

实际计算时,可事先对原始数据作如下处理:

$$x'_{ijk} = \frac{x_{ijk} - a}{b}$$

这时再进行计算,不会影响 F_A, F_B, F_{AB} 值的大小。

结果列于下面的方差分析表 9.10。

表 9.10　有交互作用的双因素方差分析表

方差来源	平方和	自由度	均方	F 值
因素 A	S_A	$r-1$	$S_A/(r-1)$	$F_A = \frac{S_A/(r-1)}{S_e/rs(m-1)}$
因素 B	S_B	$s-1$	$S_B/(s-1)$	$F_B = \frac{S_B/(s-1)}{S_e/rs(m-1)}$
交互 $A\times B$	S_{AB}	$(r-1)(s-1)$	$S_{AB}/(r-1)(s-1)$	$F_{AB} = \frac{S_{AB}/(r-1)(s-1)}{S_e/rs(m-1)}$
误差 E	S_e	$rs(m-1)$	$S_e/rs(m-1)$	
总　和	$S_A+S_B+S_{AB}+S_e$	$rsm-1$		

【例 9.3】　考察合成纤维弹性影响因素为拉伸倍数 A 与收缩率 B。A 与 B 各取 4 个

水平,每个水平配合下做两次试验,结果数据见表 9.11。

表 9.11 合成纤维弹性影响因素数据表

试验结果		因素 B			
		$B_1(0)$	$B_2(4)$	$B_3(8)$	$B_4(12)$
因素 A	$A_1(460)$	71,73	72,73	73,75	75,77
	$A_2(520)$	73,75	74,76	77,78	74,74
	$A_3(580)$	73,76	77,79	74,75	73,74
	$A_4(640)$	73,75	72,73	70,71	69,69

试分析因素 A、因素 B 对合成纤维弹性的影响是否显著? 以及因素 A 与因素 B 之间的交互效应对合成纤维弹性的影响是否显著?

解 $r=4,s=4,m=2$

$S_A=8.86,S_B=69.66,S_{AB}=80.20,S_e=21.50$

$F_A=2.95<F_{0.05}(3,16)=3.24$,说明拉伸倍数 A 对合成纤维弹性无显著影响。

$F_B=23.22>F_{0.01}(3,16)=5.29$,说明收缩率 B 对合成纤维弹性的影响高度显著。

$F_{AB}=8.91>F_{0.01}(9,16)=3.78$,说明因素 A 与因素 B 之间的交互效应对合成纤维弹性的影响高度显著。

表 9.12 合成纤维弹性影响因素方差分析表

方差来源	平方和	自由度	均方	F 值
因素 A	8.86	3	2.95	2.95
因素 B	69.66	3	23.22	23.22
交互 $A\times B$	80.20	9	8.91	8.91
误差 E	21.50	16	1.34	
总和	180.22	31		

【习 题】

1.某湖水在不同季节氯化物含量测定值如下表所示。问不同季节氯化物含量有无差别? 若有差别,进行 32 个水平的两两比较。

某湖水不同季节氯化物含量　　单位:mg/L

春	夏	秋	冬
22.6	19.1	18.9	19.0
22.8	22.8	13.6	16.9
21.0	24.5	17.2	17.6
16.9	18.0	15.1	14.8
20.0	15.2	16.6	13.1
21.9	18.4	14.2	16.9
21.5	20.1	16.7	16.2
21.2	21.2	19.6	14.8

2.以下是 3 个地区家庭人口数的抽样调查。

甲地 2,6,4,13,5,8,4,6;

乙地 6,4,4,1,8,2,12,1,5,2;

丙地 2,1,3,3,1,7,1,4,2。

问:3 个地区的平均家庭人口是否有显著差异($\alpha=0.05$)?

3.以下是 3 个城市科研机构拥有高级技术人才的抽样调查。

科研单位	甲/每千人拥有人数	乙/每千人拥有人数	丙/每千人拥有人数
1	6.5	4.5	3.5
2	7.3	4.4	3.6
3	7.3	5.9	3.7
4	3.0	3.6	2.6
5	7.3	5.5	4.3
6	5.6	4.5	3.7
7	7.3	5.2	5.0

问:①3 个城市中科研机构高级技术人才的拥有人数是否有显著差异($\alpha=0.05$)?

②如果有显著差异,求 eta^2 值?

4.将 24 家生产产品大致相同的企业,按资金分为 3 类,每个公司的每 100 元销售收入的生产成本(单位:元)如下表所示。这些数据能否说明 3 类公司的市场生产成本有差异(假定生产成本服从正态分布,且方差相同)?($\alpha=0.05$)

注册资本 20 万元~30 万元企业	注册资本 30 万元~50 万元企业	注册资本 50 万元以上企业
69	75	77
72	76	80
70	72	75
76	70	86
72	80	74
72	68	86
66	80	80
72	74	73

第 10 章 多元线性回归

【案例】

“啤酒与尿布”的故事

20 世纪 90 年代,美国沃尔玛的超市管理人员在分析销售数据时发现了一个令人难以理解的现象:在某些特定的情况下,“啤酒”与“尿布”两件看上去毫无关系的商品会经常出现在同一个购物篮中,这种独特的销售现象引起了管理人员的注意。于是超市管理人员将尿布与啤酒这两种风马牛不相及的商品摆在一起。

这一奇怪的举措居然使尿布和啤酒的销量大幅增加了。背后的逻辑关系是:美国的妇女通常在家照顾孩子,所以她们经常会嘱咐丈夫在下班回家的路上为孩子买尿布,而丈夫在买尿布的同时又会顺手购买自己爱喝的啤酒。这个不经意间得出的销售数据关系为商家带来了巨大的利润。

那么,如何从浩如烟海却又杂乱无章的数据中,发现类似于“啤酒与尿布”销售之间的联系呢? 回归分析可能是一个不错的分析工具。在许多实际问题中,影响因变量的因素往往有多个,这种一个因变量与多个自变量的回归就是多元回归分析。

1875 年,高尔顿利用豌豆实验来确定尺寸的遗传规律。他发现:虽然一般的规律是父代高,往往子代也高;父代矮,往往子代也矮。但给定父母身高,子代的平均身高有“趋向于”(回归到)整体平均身高的倾向。高尔顿把这一现象叫作“返祖”(趋向于祖先的某种平均类型),后来又称为“向平均回归”。

总体中在某一时期具有某一极端特征(低于或高于总体均值)的个体在未来的某一时期将减弱它的极端性(或者是单个个体或者是整个子代),这一趋势现在被称作“回归效应”。

10.1 回归研究的对象

10.1.1 回归是研究定距变量与定距变量之间的非确定关系的

在现实生活中经常要对不同变量之间的关系进行分析。比如,价格与销售量之间的关系，广告费与销售量之间的关系，等等。提到变量之间的关系，很容易想到变量间的函数关系。但函数关系是一一对应的确定性关系，那就是由一个变量可以完全确定另一个变量。但回归(Regression)所研究变量之间的关系是基于现实社会问题的变量关系，他们之间的关系往往不是确定的函数关系。例如受教育年限越长，其初婚年龄也越晚；收入水平相当的家庭，储蓄往往不尽相同；相反，储蓄相同的家庭，收入水平也经常不相同。这些规律都是宏观而言，或平均而言。因为，储蓄水平并不完全由收入水平决定，收入水平只是影响储蓄水平的一个重要因素。同样，不存在受教育多少年，就必须在多少岁结婚的问题。这种变量既存在着关系，但又不能完全确定的关系称作相关关系。而回归则是研究这类因果关系的。

实际上，非确定性的关系在自然、社会中是广泛存在的。任何一个现象的产生，究其原因都是多方面的。只研究其中的某一个原因或几个原因，而对其他因素未予控制时，变量间的因果关系就表现为未确定的相关关系，而不是函数关系。例如消费(y)与收入(x_1)之间的关系。

从宏观来看，往往是收入越多，消费也就越高。但消费水平高低除了受到收入这一因素制约外，它还和消费者所处的年龄阶段(x_2)、消费者的心理(x_3)、消费者生活习惯(x_4)、地理因素(x_5)、消费环境(x_6)、消费时尚(x_7)、商品性能(x_8)等有关。因此它是多元的关系，可以用下面的相关函数关系加以描述：

$$y \sim f(x_1, x_2, x_3, x_4, x_5, x_6, x_7, x_8)$$

假如，只考虑上述因素中的某一种因素，例如 x_1 和 y 之间的关系时，其他因素 $x_2, x_3, x_4, x_5, x_6, x_7, x_8$ 就成了未被控制的随机误差。从而 y 和 x_1 之间的关系就会呈现出相关关系，而不是确定的函数关系。

10.1.2　多元线性回归的假设

类似于在经典的二变量线性回归中，要想很好地估计模型的参数，利用模型对现实进行比较可靠的解释，需要对模型的应用提出各种前提假设。在多元线性回归模型中提出如下前提假设：

①残差 ε_i 均值为 0，即 $E(\varepsilon_i | x_{1i}, x_{2i}, \cdots, x_{ki}) = 0$。

②无序列相关，即 $\mathrm{cov}(\varepsilon_i, \varepsilon_j) = 0, i \neq j$。

③同方差性，即 $\mathrm{var}(\varepsilon_i) = \sigma^2$。

④残差 ε_i 与每一个自变量之间都具有零协方差，即 $\mathrm{cov}(\varepsilon_i, x_{1i}) = 0, \mathrm{cov}(\varepsilon_i, x_{2i}) = 0, \cdots, \mathrm{cov}(\varepsilon_i, x_{ki}) = 0$。

⑤$X_1, X_2, \cdots, X_k$ 不存在多重共线性。多重共线性是指自变量 $X_1, X_2, \cdots, X_k$ 之间不存在精确的线性关系，即任何一个解释变量 X_i 都不能写成其他解释变量的线性组合。

⑥样本观测值的个数要大于自变量的个数。

⑦各自变量的观测值具有明显的变异程度。

⑧模型被正确地设定。

10.1.3　多元回归模型与回归方程

多元回归模型在设立时,往往假设因变量为 y,k 个自变量分别为 $x_1,x_2,x_3,\cdots,x_k$。描述因变量 y 和 k 个自变量 $x_1,x_2,x_3,\cdots,x_k$ 以及误差项 ε 之间关系的方程称为多元回归模型(multiple regression mode)。多元回归模型的形式一般如下:

$$y=\beta_0+\beta_1x_1+\beta_2x_2+\cdots+\beta_kx_k+\varepsilon \tag{10.1}$$

式(10.1)中,$\beta_i(i=1,2,\cdots,k)$是模型的参数;ε 为误差项。

式(10.1)表明:y 是变量 $x_1,x_2,x_3,\cdots,x_k$ 的线性函数($\beta_0+\beta_1x_1+\beta_2x_2+\cdots+\beta_kx_k$ 部分)与误差项 ε 的和。

误差项 ε 反映了除 $x_1,x_2,x_3,\cdots,x_k$ 与 y 的线性关系之外的随机因素对 y 的影响,是不能由 $x_1,x_2,x_3,\cdots,x_k$ 与 y 之间的线性关系所解释的部分。

与一元线性回归类似,在多元线性回归模型中,对误差项 ε 同样有 3 个基本假定:

①误差项 ε 是一个期望值为 0 的随机变量,即 $E(\varepsilon)=0$。这意味着对于给定 $x_1,x_2,x_3,\cdots,x_k$ 的值,y 的期望值为 $E(y)=\beta_0+\beta_1x_1+\beta_2x_2+\cdots+\beta_kx_k$。

②对于自变量 $x_1,x_2,x_3,\cdots,x_k$ 的所有值,ε 具有相同的方差 σ^2。

③误差项 ε 是一个服从正态分布的随机变量;ε_i 相互独立,即意味着自变量 $x_1,x_2,x_3,\cdots,x_k$ 的一组特定值所对应的与 $x_1,x_2,x_3,\cdots,x_k$ 任意一组其他值所对应的 ε 不相关。ε 是一个服从正态分布的随机变量,意味着对于给定的 $x_1,x_2,x_3,\cdots,x_k$ 的值,因变量 y 是一个服从正态分布的随机变量。

根据回归模型的上述假定及回归模型的形式,有:

$$E(y)=\beta_0+\beta_1x_1+\beta_2x_2+\cdots+\beta_kx_k \tag{10.2}$$

式(10.2)称为多元回归方程(multiple regression equation),它描述了因变量 y 的期望值与自变量 $x_1,x_2,x_3,\cdots,x_k$ 之间的关系。

不同于一元回归方程是二维空间中直观的回归直线,多元回归是一个多维空间中的图形(比如三维空间中的平面等)。为了对式(10.2)的回归方程有更全面的了解,可考虑含有两个自变量的多元回归方程,其一般形式为:

$$E(y)=\beta_0+\beta_1x_1+\beta_2x_2$$

10.1.4　确定性关系与非确定性关系

确定性关系是指当一些变量的值确定以后另一些变量的值也随之完全确定的关系,这些变量间的关系完全是已知的,可以用函数 $y=f(x_1,x_2,\cdots,x_i)$ 来表示。如圆的面积 S 与半径 r 之间的关系 $S=\pi r^2$;电路中电阻值 R、电压 U 与电流 I 之间的关系 $U=IR$ 等。

类似于一元回归方程中,因变量与自变量之间的非确定性关系,多元回归方程中因变量与自变量之间的关系也是非确定性的对应关系。非确定性关系是指变量之间有一定的依赖关系,但当一些变量的值确定以后,另一些变量值虽然随之变化,却不能完全确定,这时变量间的关系就不可以精确地用函数来表示。这类非确定的关系大量存在。如人的体重 W 与身高 H 有密切的关系但是这种关系不能用函数关系来表达;又如,某种乔

木的树干高度 H 与树干的直径 D 有密切的关系但是这种关系也不能用函数关系来表达。再如孩子的身高 Y 与父亲的身高 X_1 及母亲的身高 X_2 之间有一定的关系，但是这种关系同样不能用函数关系来表达；人的脚掌的长度 X 与身高 Y 也有类似的相关关系。这些例子中变量间的关系是不确定关系（即相关关系）。

在上面的几个例子中，人的身高 H、树干的直径 D、父亲的身高 X_1 及母亲的身高 X_2 都可看成能够根据研究需要在一定的范围内随意地取指定的值的非随机变量，相当于函数关系中的自变量，称为预报变量（也称可控变量）；而人的体重 W、树干的高度 H、孩子的身高 H 则都是随机变量，它们的值虽然可以观察但是不能预先确定，称为相应变量（也称可控变量），它们相当于函数关系中的因变量。

回归分析是数理统计中研究一个相应变量与若干个预报变量之间相关关系的一种有效方法，利用估计结果做预测和控制，回归分析在金融保险事业及各个领域都有着广泛的应用。在大量重复试验中，由不确定性的变量所呈现出的统计规律性，称为统计相关。两个变量之间的相关关系称为单相关，3 个以上变量的相关关系称为复相关，把在复相关条件下仅研究两个变量间的相关关系称为偏相关。

【案例】

销售额与流通费率、广告投放的关系

某百货公司为了了解百货商店销售额 x 与流通费率 y（流通费率，是反映商业活动的一个质量指标，指每一元商品流转额所分摊的流通费用）之间的关系。其收集到两者之间的数据关系（销售额从小到大排列）如下：

表 10.1　店铺销售额与流通费率、广告费用数据

店铺名称	销售额/万元	流通费率/%	广告费用/(元每月)
1	1.5	7.0	100
2	4.5	4.8	200
3	7.5	3.6	300
4	10.5	3.1	400
5	13.5	2.7	500
6	16.5	2.5	600
7	19.5	2.4	700
8	22.5	2.3	800
9	25.5	2.2	900

那么，这两者之间是否存某种对应关系呢？他们之间的对应关系是否明显？这就需要对这些数据对进行相互关系的验证。下面是对数据对进行相关性描述的方法介绍。

10.1.5　多元回归系数的估计——最小二乘法

回归方程中的参数 $\beta_0,\beta_1,\beta_2,\cdots,\beta_k$ 是未知的,需要用观测到的样本数据去估计它们的值。当用观测到的样本数据去估计上述参数得出估计的值后,用 $\hat{\beta}_0,\hat{\beta}_1,\hat{\beta}_2,\cdots,\hat{\beta}_k$ 表示它们的估计值。此时,就得到了多元回归方程的估计形式,即估计的多元回归方程,其一般形式如下:

$$\hat{y}=\hat{\beta}_0+\hat{\beta}_1x_1+\hat{\beta}_2x_2+\cdots+\hat{\beta}_kx_k \tag{10.3}$$

式(10.3)中,$\hat{\beta}_0,\hat{\beta}_1,\hat{\beta}_2,\cdots,\hat{\beta}_k$ 是 $\beta_0,\beta_1,\beta_2,\cdots,\beta_k$ 的估计值;$\hat{y}$ 是因变量 y 的估计值。$\hat{\beta}_0,\hat{\beta}_1,\hat{\beta}_2,\cdots,\hat{\beta}_k$ 被称为偏回归系数,$\hat{\beta}_1$ 表示当 $x_2,x_3,\cdots,x_k$ 不变时,x_1 每变动一单位引起的因变量 y 的平均改变量;$\hat{\beta}_2$ 表示当 $x_1,x_3,\cdots,x_k$ 不变时,x_2 每变动一单位引起的因变量 y 的平均改变量;类似地,$\beta_i(i=1,2,\cdots,k)$ 表示其他自变量不变时,$x_i(i=1,2,\cdots,k)$ 每变动一单位引起的因变量 y 的平均改变量。

那么,上述 $\hat{\beta}_0,\hat{\beta}_1,\hat{\beta}_2,\cdots,\hat{\beta}_k$ 是如何根据观测到的样本值进行估计的呢?一般选用的方法就是最小二乘估计法。也就是,使得残差的平方和最小的方法,即

$$Q=\sum(y_i-\hat{y}_i)^2=\sum(y_i-\beta_0-\beta_1x_1-\beta_2x_2-\cdots-\beta_kx_k)^2 \tag{10.4}$$

根据式(10.4)可以求解 $\hat{\beta}_0,\hat{\beta}_1,\hat{\beta}_2,\cdots,\hat{\beta}_k$。其求解方程组如下:

$$\begin{cases}\left.\dfrac{\partial Q}{\partial\beta_0}\right|_{\beta_0=\hat{\beta}_0}=0\\[2ex]\left.\dfrac{\partial Q}{\partial\beta_i}\right|_{\beta_i=\hat{\beta}_i}=0,i=1,2,\cdots,k\end{cases} \tag{10.5}$$

10.1.6　最小二乘法(OLS)估计量的性质

在多元回归方程中,用最小二乘法对待估计的参数进行估计,得出的估计参数具有如下性质:

①以三变量回归方程(一个因变量,两个自变量的回归方程)为例,三变量回归方程形式为:$\bar{Y}=\hat{\beta}_0+\hat{\beta}_1\bar{X}_1+\hat{\beta}_2\bar{X}_2$,得出的参数 $\hat{\beta}_0,\hat{\beta}_1,\hat{\beta}_2$ 使得立体空间的回归平面通过均值 $\bar{Y}$ 和自变量的均值 $\bar{X}_1,\bar{X}_2$(二变量回归方程,即一个因变量一个自变量的回归方程会使得回归线通过因变量的均值 $\bar{Y}$ 和自变量的均值 $\bar{X}$)。

这个性质可以推广到更一般的情形。比如 k 元线性回归方程:

$$y=\beta_0+\beta_1x_1+\beta_2x_2+\cdots+\beta_kx_k+\varepsilon$$

其回归方程为:

$$\hat{y}=\hat{\beta}_0+\hat{\beta}_1x_1+\hat{\beta}_2x_2+\cdots+\hat{\beta}_kx_k$$

显然,这一高维回归方程会通过高维空间里的因变量均值 $\bar{Y}$ 和自变量均值 $\bar{X}_1$,

$\overline{X}_2,\cdots,\overline{X}_k$。

②估计的$\hat{Y}_i$的均值等于真实 Y_i 的均值。

③$\sum\ \hat{\varepsilon}_i = \overline{\hat{\varepsilon}_i} = 0$。证明过程参见[古扎拉蒂《计量经济学基础》]。

④残差 ε_i 与 x_{2i}和 x_{3i}都不相关。

⑤残差 ε_i 与$\hat{Y}_i$不相关。

⑥如果自变量之间相关系数越来越大,比如 x_1 与 x_2 相关系数越接近 1,那么 x_1 与 x_2 的系数估计值 $\hat{\beta}_1$和 $\hat{\beta}_2$方程也就越大。表明估计值真实值 β_1 和 β_2 也就越来越困难。在 x_1 与 x_2 相关系数是 1 时,即 x_1 与 x_2 完全共线性的极限情形中,真实值 β_1 和 β_2 将不能很好地估计得出。此时,可以通过删除变量个数等进行处理。

⑦样本观测值变化越大,估计的系数值也就越精确。

⑧在经典线性模型假定下,通过最小二乘法估计得出的偏回归系数估计量不仅是线性的和无偏的,而且在所有线性无偏估计量中具有最小方差。

10.2 多元回归方程的拟合优度

10.2.1 多元判定系数 R^2 与复相关系数 R

在双变量线性回归模型(即一个因变量和一个自变量的线性回归模型)中,曾给出回归方程拟合优度的一个指标 r^2,即它给出在因变量 Y 的总变异中由(单个)解释变量 X 解释的比例或百分比。现在,把 r^2 这个符号推广应用到含有多于两个变量的回归模型中去。因此,在三变量模型中,也许想知道 Y 的变异由变量 x_2 和 x_3 联合解释的比例。提供这一信息的数量被称为多元判定系数(coefficient of multiple determination),记为 R^2。

类似于一元回归中的因变量离差平方和的分解方法,多元回归中因变量的离差平方和也可以分解如下:

$$SST = SSR + SSE \tag{10.6}$$

式(10.6)中 $SST = \sum (y_i - \bar{y})^2$ 表示总平方和,$SSR = \sum (\hat{y}_i - \bar{y})$ 表示回归平方和,$SSR = \sum (y_i - \hat{y})$ 表示残差平方和。

上述 3 个平方和的计算相对比较烦琐,其计算过程可以借助相关计算机软件进行。

根据上述 3 个平方和,定义 R^2 如下:

$$R^2 = \frac{SSR}{SST} = 1 - \frac{SSE}{SST} \tag{10.7}$$

多元判定系数(又称多重判定系数)是多元回归中的回归平方和占总平方和的比例,它是度量多元回归方程拟合程度的一个统计量,反映了因变量 y 的变差中被估计的回归方程所解释的比例。

类似于,一个因变量一个自变量的双变量线性回归模型,把 R 称作多元相关系数,它用于度量因变量 Y 和所有自变量之间的关联程度。不同于双变量线性回归模型中的相关系数可正可负,多元相关系数 R 则只取正值。实际上 R 的意义并不大,不会经常用到。用得更多的是多元判定系数 R^2。

10.2.2　R^2 与矫正 R^2

对于多重判定系数 R^2,有一点需要注意: R^2 是出现在模型中的自变量个数的非减函数,即随着自变量个数的增加,R^2 几乎必然增大而不会减小。这将影响因变量的变差中被估计的回归方程所解释的比例。当增加自变量时,会使预测误差变得较小,从而减少残差平方和 SSE。由于回归平方和 $SSR=SST-SSE$,当 SSE 变小时,$SSR=SST-SSE$ 就会变大,从而使 R^2 变大。如果模型中增加一个自变量,即使这个自变量在统计上并不显著,R^2 也会变大。

因此,在比较两个模型的拟合优度时,贸然地选择高的 R^2 就必须当心。在比较两个模型的 R^2 时,必须要考虑模型中出现的自变量的个数。为避免增加自变量而高估 R^2,统计学家提出用样本量 n 和自变量的个数 k 去调整 R^2,计算出调整的多重判定系数(adjusted multiple coefficient of determination),记为 R_a^2,其计算公式为:

$$R_a^2 = 1 - (1 - R^2)\left(\frac{n-1}{n-k-1}\right) \tag{10.8}$$

R_a^2 的解释与 R^2 类似,不同的是: R_a^2 同时考虑了样本量 n 和模型中自变量的个数 k 的影响,这就使得 R_a^2 的值永远小于 R^2,而且 R_a^2 的值不会由于模型中自变量个数的增加而越来越接近 1。因此,在多元回归分析中,通常用调整的多重判定系数。

10.3　显著性检验

10.3.1　回归方程的总体显著性检验

前面介绍了用最小二乘法估计多元回归参数的方法,它是基于线性回归模型的基本假定进行的。因此在进行多元回归分析时,必须对总体变量间是否存在线性相关关系进行检验。

线性关系检验,指的是检验因变量 y 和 k 个自变量 $x_i, i=(1,2,\cdots,k)$ 之间的线性关系是否显著存在。或者说,他们两者之间的相关关系能不能用一个线性模型来很好地表示。

具体检验步骤如下:

第一步:提出假设。

$H_0: \beta_1=\beta_2=\cdots=\beta_k=0$;

$H_1: \beta_1\ \beta_2,\cdots,\beta_k$ 中至少有一个不等于 0。

第二步:计算检验的统计量 F。

用于检验的统计量是以回归平方和 $SSR=\sum(\hat{y}_i-\bar{y})$ 和残差平方和 $SSE=\sum(y_i-\hat{y}_i)$ 为基础构造出来的。回归平方和 $SSR=\sum(\hat{y}_i-\bar{y})$ 除以自身相应的自由度(自由度是自变量的个数 k)的结果称为均方回归,记作 MSR;将残差平方和 $SSE=\sum(y_i-\hat{y}_i)$ 的结果称为均方残差,记作 MSE。

$$F=\frac{SSR/k}{SSE/(n-k-1)}\sim F(k,n-k-1) \tag{10.9}$$

当原假设 H_0: $\beta_1=\beta_2=\cdots=\beta_k=0$ 成立时,即自变量与因变量之间不存在线性关系,互不影响;若原假设 H_0: $\beta_1=\beta_2=\cdots=\beta_k=0$ 不成立,则均方回归(MSR)与均方残差的比值应该很大,上述统计量 F 值会落入拒绝域(拒绝原假设 H_0: $\beta=0$)。

第三步:做出判断。

给定显著性水平 α,根据分子自由度 k,分母自由度 $n-k-1$,查 F 分布表得到 F_α。若 $F>F_\alpha$,则拒绝原假设;若 $F<F_\alpha$,则不拒绝原假设。根据计算机输出的结果,可直接利用 P 值作出决策:若 $P<\alpha$,则拒绝原假设;若 $P>\alpha$,则不拒绝原假设。

10.3.2 关于偏回归系数的假设检验

正如 10.1.2 中所指出的假定,假设 $\varepsilon_i\sim N(0,\sigma^2)$,便可用 t 检验统计量对任一个偏回归系数的假设进行检验。假设检验步骤如下:

第一步:给出原假设和备择假设。

$$H_0: \beta_1=0; H_1: \beta_1\neq 0$$

原假设(虚拟假设)$\beta_1=0$ 是指保持其他自变量不变,自变量 x_1 对因变量 Y 无(线性)影响。

第二步:计算检验的统计量 t。

为了检验这个虚拟假设,构造如下统计量,开展 t 检验。

$$t=\frac{\hat{\beta}_1-\beta_1}{se(\hat{\beta}_1)}\sim t(n-k) \tag{10.10}$$

第三步:做出判断。

给定显著性水平 α,如果计算的 t 值超过选定显著性水平的临界 t_α 值,便拒绝原假设(虚拟假设);否则,就不拒绝它。

10.4 多重共线性

10.4.1 多重共线性的定义

在 10.1.2 中,假设各个自变量之间不存在多重共线性。那么,本节就多重共线性问题开展相关讨论。

多重共线性,最初的含义是指一个回归模型中的一些或全部解释变量之间存在一种"完全"或准确的线性关系。"一个准确的线性关系"意味着式(10.11)成立。

$$\lambda_1 X_1 + \lambda_2 X_2 + \cdots + \lambda_k X_k = 0 \tag{10.11}$$

其中 $\lambda_1,\lambda_2,\cdots,\lambda_k$ 为常数,且不同时为零。

然而,现在"多重共线性"有更广泛的含义,既包括式(10.11) 所示的完全多重共线性情形,还包括 X 变量之间彼此相关,但又不完全相关的如下情形:

$$\lambda_1 X_1 + \lambda_2 X_2 + \cdots + \lambda_k X_k + \mu_i = 0 \tag{10.12}$$

其中 μ_i 是随机误差项。

这就表明 X_i 与其他变量有准确的线性关系,或者它能从其他 X 变量的线性组合中推导出。

10.4.2　多重共线性导致的可能结果

以两个自变量的多元回归模型为例,在使用最小二乘法(OLS)去估计待估计参数时,估计量的方差与协方差公式如下:

$$\mathrm{var}(\hat{\beta}_1) = \frac{\sigma^2}{\sum x_{1i}^2(1 - \rho_{1,2}^2)} \tag{10.13}$$

$$\mathrm{var}(\hat{\beta}_2) = \frac{\sigma^2}{\sum x_{2i}^2(1 - \rho_{1,2}^2)} \tag{10.14}$$

$$\mathrm{cov}(\hat{\beta}_1, \hat{\beta}_2) = \frac{-\rho_{1,2}\sigma^2}{(1 - \rho_{1,2}^2)\sqrt{\sum x_{1i}^2 \sum x_{2i}^2}} \tag{10.15}$$

其中 $\rho_{1,2}$是 X_1 与 X_2 之间的相关系数。

从式(10.13)和式(10.14)可见,随着 $\rho_{1,2}$趋于 1,即随着多重共线性的加剧,两估计量 $\hat{\beta}_1$和 $\hat{\beta}_2$的方差也不断增加。当 $\rho_{1,2}$达到极限 $\rho_{1,2}=1$ 时,方差变为无穷大。同样,由式(10.15)可见,随着 $\rho_{1,2}$朝着 1 增大,两估计量之间的协方差在绝对值上也不断增大。

方差和协方差增大的速度可由如下定义的方差膨胀因子 *VIF*(variance-inflating factor)看出:

$$VIF = \frac{1}{1 - \rho_{1,2}^2} \tag{10.16}$$

VIF 表明,估计量的方差由于多重共线性的出现而膨胀,随着 $\rho_{1,2}$趋于 1,*VIF* 趋于无穷大,即随着共线性程度的增加,估计量的方差也增加,并且在多重共线性达到极限 $\rho_{1,2}=1$ 时,它可以变到无穷大。还容易看到,如果 X_1 与 X_2 之间无共线性,*VIF* 将是 1。

由此可知,自变量之间的多重共线性可能导致如下结果:

①虽然最小二乘法(OLS)估计量仍是最优线性无偏估计量(Best Linear Unbiased Evaluation,BLUE),但其方差和协方差偏大,故难以做出精确的估计。

②基于上述原因,区间估计中置信区间要宽得多,以致接受原假设(虚拟假设)更为

容易。

③由于上述第一个原因,一个或多个系数的 t 比率倾向于统计上不显著。

④虽然一个或多个系数的 t 比率在统计意义上不显著,但总的拟合优度 R^2 仍可能非常高。

⑤最小二乘法(OLS)估计量及其标准误对数据的微小变化也会非常敏感。

10.4.3 多重共线性的判别与处理

检测多重共线性的方法有许多种,其中最简单的方法就是计算各自变量之间的相关系数。如果相关系数数值的绝对值仅为 1,则表明各自变量之间很可能存在多重共线性问题。除此之外,如果出现以下情况,则表明自变量之间存在多重共线性的可能性很大。

具体来说,如果有以下情形出现,则暗示存在多重共线性的可能性很大:

第一种情形:构建的多元回归模型中各自变量之间显著相关。

第二种情形:当多元回归模型的总体线性关系检验(F 检验)显著时;同时,几乎所有回归系数 $\hat{\beta}_i$ 的 t 检验却不显著。这种情形暗示存在多重共线性。

第三种情形:回归系数的正负号与预期的相反。特别是,回归系数的正负号与已有经济学理论预期的正负号相反,则此时要注意多重共线性问题。

第四种情形:方差膨胀因子越大,多重共线性越严重。一般认为 VIF 大于 10 时,认为存在严重的多重共线性。

多重共线性问题带来的主要麻烦是对单个回归系数的解释和检验。因此,在建立多元线性回归模型时,不要试图引入更多的自变量,除非确实有必要。

如果在回归估计的过程中,发现模型中存在多重共线性问题,就应采取某种方法来解决多重共线性问题。解决多重共线性的一般方法有:

第一种方法:将一个或多个相关的自变量从模型中剔除,使保留的自变量尽可能不相关。

第二种方法:在多元回归模型中如果出现多重共线性问题,同时又想要在模型中保留所有的自变量,此时需要:①避免对单个 $\hat{\beta}_i$ 参数进行 t 检验;②在对因变量 y 进行推断预测时,应该将 y 值尽可能地限定在自变量样本值的范围内。

10.5 用回归方程进行预测

【案例】

纽约市政府利用相关分析监控违法建筑

拥有超过 820 万人口的纽约市每年发生 2.5 万余次火灾,这些火灾大多发生在违规改建的建筑中,纽约市政府每天接到 6 万多次投诉电话,但只有 200 个监察员根据投诉电话随机检查被投诉建筑。市长数据分析办公室帮助消防局改变了这种被动的局面。

消防局专门拨出 200 个监察员用于监察非法建筑的存在，监察员们的常规做法有两种：伪装成租客前去家庭旅馆勘察是否存在非法改建情况，或者根据纽约市 311 投诉电话的居民投诉随机检查非法建筑。

纽约市每天收到 6.5 万次投诉，有关非法改建的投诉通常来自曼哈顿区，而实际上非法建筑常常存在于布鲁克林、皇后和布朗克斯各区的外围。

市长数据分析办公室的主管 Michael Flowers 在纽约市街头走访，和消防员、警察、大楼管理员等人进行交谈，尝试找出与建筑物是否违法改建相关的因素。作为一个之前没有过程序设计和统计基础的分析师，Michael Flowers 最终带领手下的 7 个数据分析师成功地建立了一个消防检测系统，该系统将全市的 33 万栋建筑划分为 60 个火灾风险等级，纽约市的 341 个消防单位根据这个系统决定每周的常规检查路线和重点检查建筑。这个系统将监察员现场签发房屋腾空令的比例从 17%上升至 70%。除了消防检测系统外，Michael Flowers 还协助纽约市政府做了许多其他的工作，他帮助纽约市政府在桑迪飓风来袭后完成灾后重建系统，通过标注每栋建筑是否含有发电机确定它是否应该优先投入使用；他使用相关分析洞察 60 个变量的关系。与一栋大厦是否可能发生火灾相关的常见因素有大厦的类型（家庭、工厂、商场）、大厦的高度、施工材料、建筑的新旧程度等，即便是不了解消防知识的普通市民也能将这些因素和火灾联系起来。

Michael Flowers 通过多区域居民平均收入、建筑物年龄、是否被投诉过、是否存在电气性能问题等因素建立多元回归分析，成功地预测了火灾发生的可能性，为规避火灾起到了很大的作用。

【例 10.1】

财政收入预测问题

某地财政收入与国民收入、工业总产值、农业总产值、总人口、就业人口、固定资产投资等因素有关。表 10.2 列出了 1952—1981 年的原始数据，试构造该地财政收入的预测模型。

表 10.2　某地财政收入与国民收入、工业总产值、农业总产值等关系数据表

年　份	国民收入/亿元	工业总产值/亿元	农业总产值/亿元	总人口/万人	就业人口/万人	固定资产投资/亿元	财政收入/亿元
1952	598	349	461	57 482	20 729	44	184
1953	586	455	475	58 796	21 364	89	216
1954	707	520	491	60 266	21 832	97	248
1955	737	558	529	61 465	22 328	98	254
1956	825	715	556	62 828	23 018	150	268
1957	837	798	575	64 653	23 711	139	286
1958	1 028	1 235	598	65 994	26 600	256	357

续表

年　份	国民收入/亿元	工业总产值/亿元	农业总产值/亿元	总人口/万人	就业人口/万人	固定资产投资/亿元	财政收入/亿元
1959	1 114	1 681	509	67 207	26 173	338	444
1960	1 079	1 870	444	66 207	25 880	380	506
1961	757	1 156	434	65 859	25 590	138	271
1962	677	964	461	67 295	25 110	66	230
1963	779	1 046	514	69 172	26 640	85	266
1964	943	1 250	584	70 499	27 736	129	323
1965	1 152	1 581	632	72 538	28 670	175	393
1966	1 322	1 911	687	74 542	29 805	212	466
1967	1 249	1 647	697	76 368	30 814	156	352
1968	1 187	1 565	680	78 534	31 915	127	303
1969	1 372	2 101	688	80 671	33 225	207	447
1970	1 638	2 747	767	82 992	34 432	312	564
1971	1 780	3 156	790	85 229	35 620	355	638
1972	1 833	3 365	789	87 177	35 854	354	658
1973	1 978	3 684	855	89 211	36 652	374	691
1974	1 993	3 696	891	90 859	37 369	393	655
1975	2 121	4 254	932	92 421	38 168	462	692
1976	2 052	4 309	955	93 717	38 834	443	657
1977	2 189	4 925	971	94 974	39 377	454	723
1978	2 475	5 590	1 058	96 259	39 856	550	922
1979	2 702	6 065	1 150	97 542	40 581	564	890
1980	2 791	6 592	1 194	98 705	41 896	568	826
1981	2 927	6 862	1 273	100 072	43 280	496	810

问题分析与建模　根据问题要求,做如下假设:

①设国民收入、工业总产值、农业总产值、总人口、就业人口、固定资产投资分别为x_1,x_2,x_3,x_4,x_5,x_6,财政收入为y。

②根据历年相关数据情况,建立如下多元回归模型:

$$y = ax_1 + bx_2 + cx_3 + dx_4 + ex_5 + fx_6$$

模型求解(含程序)　根据上述模型,采用非线性回归方法求解。

①对回归模型建立 M 文件 model.m 如下:

```
function yy=model(beta0,X)
  a=beta0(1);
  b=beta0(2);
  c=beta0(3);
  d=beta0(4);
  e=beta0(5);
  f=beta0(6);
  x1=X(:,1);
  x2=X(:,2);
  x3=X(:,3);
  x4=X(:,4);
  x5=X(:,5);
  x6=X(:,6);
  yy=a*x1+b*x2+c*x3+d*x4+e*x5+f*x6;
```

②建立主程序 CZYC.m 如下:

```
X=[598.00   349.00   461.00 57482.00 20729.00   44.00
……………………………………………………………..
2927.00 6862.00 1273.00 100072.0 43280.00   496.00];
y=[184.00 216.00 248.00 254.00 268.00 286.00 357.00 444.00 506.00 ...
   271.00 230.00 266.00 323.00 393.00 466.00 352.00 303.00 447.00 ...
   564.00 638.00 658.00 691.00 655.00 692.00 657.00 723.00 922.00 ...
   890.00 826.00 810.0]';
beta0=[0.50 -0.03 -0.60 0.01 -0.02 0.35];
[betafit,r,J] = nlinfit(X,y,'model',beta0);
betafit,r
```

③求解结果。

运行程序,即得:

```
模型系数  betafit =
          0.5243
          -0.0294
          -0.6304
          0.0112
```

-0.0230

0.3658

残差　r =

-12.8182

20.8239

-7.2692

5.6696

-23.2649

2.3557

9.2165

-45.2873

-11.2345

-18.9779

-7.4897

18.0535

33.4399

15.6525

34.0071

-19.9761

-37.9653

6.7642

16.4451

29.0418

10.6663

6.8662

-22.8957

-35.1114

-10.0833

6.6799

91.6443

9.7815

-41.8757

-28.5754

从而可得,财政收入预测模型为:

$$y = 0.524\ 3x_1 - 0.029\ 4x_2 - 0.630\ 4x_3 + 0.011\ 2x_4 - 0.023\ 0x_5 + 0.365\ 8x_6$$

结论　根据该模型，当得到 1983 年国民收入、工业总产值、农业总产值、总人口、就业人口、固定资产投资的具体数据后，即可以得到当年的财政收入预测值，这对该地的财政预算、经济发展决策与分析将起着很好的指导作用。

【例 10.2】

商品需求预测

根据历史资料，某商品的需求量与消费者的平均收入、商品价格的统计数据如表 10.3 所示，请根据该数据建立回归模型，预测当消费者平均收入为 1 000 单位、商品促销价格为 6 单位时的商品需求量。

表 10.3　商品需求量、销售价格与消费者收入之间的关系

需求量	100	75	80	70	50	65	90	100	110	60
收入	1 000	600	1 200	500	300	400	1 300	1 100	1 300	300
价格	5	7	6	6	8	7	5	4	3	9

分析与建模　假设商品需求量、消费者收入与销售价格分别为 y,x_1,x_2。根据表 10.3 的数据，作散点图，可以发现，该数据之间的关系有可能存在二次函数关系。于是考虑用纯二次、交叉二次或完全二次对其进行建模比较，选择最优结果。

①选择纯二次模型进行建模求解，即：

$$y=\beta_0+\beta_1x_1+\beta_2x_2+\beta_{11}x_1^2+\beta_{22}x_2^2$$

②选择交叉二次模型进行建模求解，即：

$$y=\beta_0+\beta_1x_1+\beta_2x_2+\beta_{12}x_1x_2$$

③选择完全二次模型进行建模求解，即：

$$y=\beta_0+\beta_1x_1+\beta_2x_2+\beta_{11}x_1^2+\beta_{22}x_2^2+\beta_{12}x_1x_2$$

模型求解及比较

①数据输入：

```
x1=[1000 600 1200 500 300 400 1300 1100 1300 300];
x2=[5 7 6 6 8 7 5 4 3 9];
y=[100 75 80 70 50 65 90 100 110 60]';
x=[x1' x2'];
```

②分别针对上述 3 种模型进行回归分析、检验及预测：

```
rstool(x,y,'purequadratic').
```

纯二次模型的结果：

得到一个交互画面(图 10.1)，给出两幅图形，左边是商品价格固定时，需求量关于消费者收入的曲线及其置信区间，右边是消费者收入固定时，需求量关于商品价格的曲线及其置信区间。

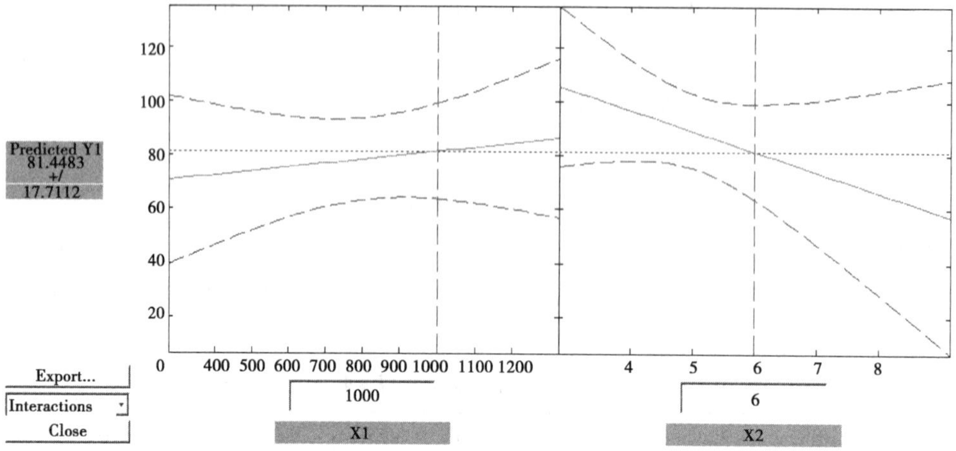

图 10.1　纯二次模型

将左边图形下方方框中的"800"改成"1 000",右边图形下方的方框中仍输入"6",则画面左边的"Predicted Y"下方的数据由原来的"86.379 1"变为"88.479 1",即预测出平均收入为 1 000、价格为 6 时的商品需求量为 88.479 1。

交叉二次模型的结果:

```
x1=[1000 600 1200 500 300 400 1300 1100 1300 300];
x2=[5 7 6 6 8 7 5 4 3 9];
y=[100 75 80 70 50 65 90 100 110 60]';
x=[x1' x2'];
    rstool(x,y,'interaction')
```

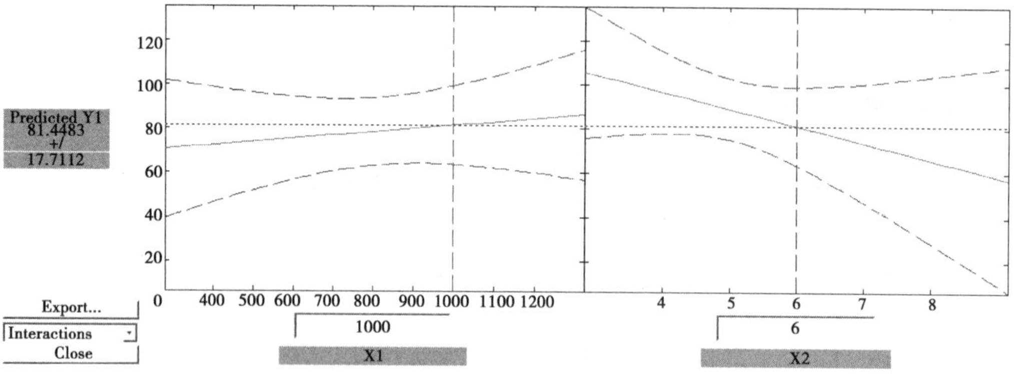

图 10.2　交叉二次模型

将左边图形下方方框中的"800"改成"1 000",右边图形下方的方框中仍输入"6",则画面左边的"Predicted Y"下方的数据由原来的"78.475 21"变为"81.448 3",即预测出平均收入为 1 000、价格为 6 时的商品需求量为 81.448 3。

完全二次模型的结果:

```
x1=[1000 600 1200 500 300 400 1300 1100 1300 300];
```

```
x2=[5 7 6 6 8 7 5 4 3 9];
y=[100 75 80 70 50 65 90 100 110 60]';
x=[x1' x2'];
    rstool(x,y,'quadratic')
```

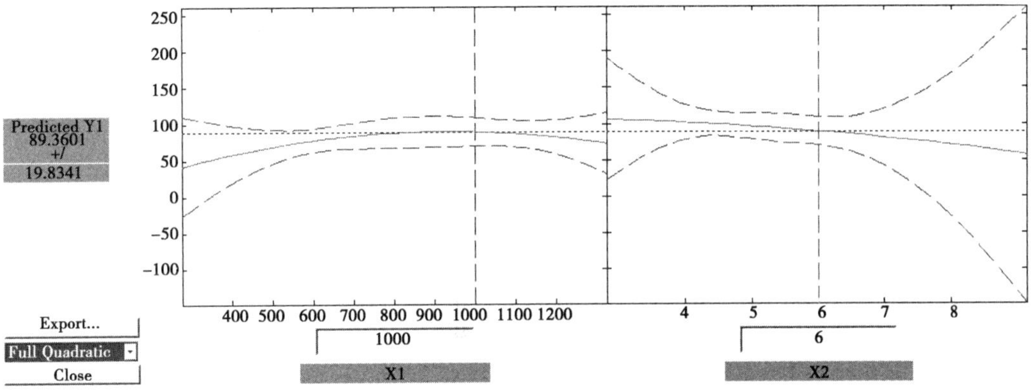

图 10.3　完全二次模型

将左边图形下方方框中的"800"改成"1 000",右边图形下方的方框中仍输入"6",则画面左边的"Predicted Y"下方的数据由原来的"87.909 3"变为"89.101 9",即预测出平均收入为 1 000、价格为 6 时的商品需求量为 89.101 9。

在画面左下方的下拉式菜单中选择"all",则 beta,rmse 和 residuals 都传送到 MATLAB 工作区,于是在 MATLAB 工作区中输入命令:

```
        beta,rmse
```

得结果:beta =

```
    110.5313
    0.1464
    -26.5709
    -0.0001
    1.8475
rmse =
    4.5362
```

故回归模型为:

$$y = 110.531\,3 + 0.146\,4x_1 - 26.570\,9x_2 - 0.001x_1^2 + 1.847\,5x_2^2$$

剩余标准差为 4.536 2,说明此纯二次回归模型的显著性较好。

模型检验　运用多元线性回归进行检验,即假设该模型为:

$$y = \beta_0 + \beta_1 x_1 + \beta_2 x_2 + \beta_{11} x_1^2 + \beta_{22} x_2^2$$

仿真验证其参数程序:

```
X=[ones(10,1) x1' x2' (x1.^2)' (x2.^2)'];
[b,bint,r,rint,stats]=regress(y,X);
```

b,stats

结果为:

```
b =  110.5313
     0.1464
     -26.5709
     -0.0001
     1.8475
stats =  0.9702  40.6656  0.0005
```

结论及分析 可以看出,两种方法的结果是一样的。stats 中第一个数据与 1 非常接近,第三个数据与 0 非常接近,表明所得的模型限制性很好。

【习 题】

1.为研究中国各地区入境旅游状况,建立了各省市旅游外汇收入(Y,百万美元)、旅行社职工人数(X_1,人)、国际旅游人数(X_2,万人次)的模型,用某年 31 个省市的截面数据估计结果如下:

$$\hat{Y}_i = -151.0263 + 0.1179X_{1i} + 1.5452X_{2i}$$

$$t = (-3.066806) \quad (6.652983) \quad (3.378064)$$

$$R^2 = 0.934331 \quad \overline{R^2} = 0.92964 \quad F = 191.1894 \quad n = 31$$

①从经济意义上考察估计模型的合理性。

②在显著性水平 $\alpha=0.05$ 上,分别检验参数 β_1,β_2 的显著性。

③在显著性水平 $\alpha=0.05$ 上,检验模型的整体显著性。

2.经研究发现,家庭书刊消费受家庭收入及户主受教育年数的影响,下表为对某地区部分家庭抽样调查得到样本数据:

家庭书刊年消费支出 Y/元	家庭月平均收入 X/元	户主受教育 T/年	家庭书刊年消费支出 Y/元	家庭月平均收入 X/元	户主受教育 T/年
450	1 027.2	8	793.3	1 998.6	14
507.7	1 045.2	9	660.8		10
613.9	1 225.8	12	792.7	2 105.4	12
563.4	1 312.2	9	580.8	2 147.4	8
501.5	1 316.4	7	612.7	2 154	10
781.5	1 442.4	15	890.8	2 231.4	14

续表

家庭书刊年消费支出 Y/元	家庭月平均收入 X/元	户主受教育 T/年	家庭书刊年消费支出 Y/元	家庭月平均收入 X/元	户主受教育 T/年
541.8	1 641	9	1 121	2 611.8	18
611.1	1 768.8	10	1 094.2	3 143.4	16
1 222.1	1 982.2	18	1 253	3 624.6	20

①建立家庭书刊消费的计量经济模型。

②利用样本数据估计模型的参数。

③检验户主受教育年数对家庭书刊消费是否有显著影响。

④分析所估计模型的经济意义和作用。

3.某地区城镇居民人均全年耐用消费品支出、人均年可支配收入及耐用消费品价格指数的统计资料如下表所示：

年份	人均耐用消费品支出 Y/元	人均年可支配收入 X_1/元	耐用消费品价格指数 X_2
1991	137.16	1 181.4	115.96
1992	124.56	1 375.7	133.35
1993	107.91	1 501.2	128.21
1994	102.96	1 700.6	124.85
1995	125.24	2 026.6	122.49
1996	162.45	2 577.4	129.86
1997	217.43	3 496.2	139.52
1998	253.42	4 283.0	140.44
1999	251.07	4 838.9	139.12
2000	285.85	5 160.3	133.35
2001	327.26	5 425.1	126.39

利用表中数据，建立该地区城镇居民人均全年耐用消费品支出关于人均年可支配收入和耐用消费品价格指数的回归模型，进行回归分析，并检验人均年可支配收入及耐用消费品价格指数对城镇居民人均全年耐用消费品支出是否有显著影响。

4.一家房地产评估公司想对某城市的房地产销售价格（y）与地产估价（x_1）、房估价（x_2）和使用面积（x_3）建立一个模型，以便对销售价格作出合理预测。为此，公司收集了

20 栋住宅的房地产评估数据。

房地产编号	销售价格/元	地产估价/元	房产估价/元	使用面积/平方米
1	6 890	596	4 497	18 730
2	4 850	900	2 780	9 280
3	5 550	950	3 144	11 260
4	6 200	1 000	3 959	12 650
5	11 650	1 800	7 283	22 140
6	4 500	850	2 732	9 120
7	3 800	800	2 986	8 990
8	8 300	2 300	4 775	18 030
9	5 900	810	3 912	12 040
10	4 750	900	2 935	17 250
11	4 050	730	4 012	10 800
12	4 000	800	3 168	15 290
13	9 700	2 000	5 851	24 550
14	4 550	800	2 345	11 510
15	4 090	800	2 089	11 730
16	8 000	1 050	5 625	19 600
17	5 600	400	2 086	13 440
18	3 700	450	2 261	9 880
19	5 000	340	3 595	10 760
20	2 240	150	578	9 620

①写出估计的多元回归方程。

②销售价格的总变差中被估计的回归方程所解释的比例是多少?

③检验回归方程的线性关系是否显著($\alpha=0.05$)。

④检验各回归系数是否显著($\alpha=0.05$)。

第 11 章　时间序列分析

【案例】

Levi's 成功的秘密——准确预测市场

美国的 Levi's 公司是闻名世界的牛仔裤生产厂商,这主要得益于他们精细的市场调查和精准的市场预测。Levi's 公司设有专门负责市场调查和分析的预测机构,调查时应用统计学、行为学、心理学、市场学等知识和手段,分析研究不同国家的经济情况、环境、市场竞争和时尚趋势等,并据此制订公司的服装生产和销售计划。

例如,1974 年公司对德国市场的调查表明,大多数顾客认为服装合身是首选条件。为此,Levi's 公司随即派人在该国各大学和工厂进行服装合身测验,并结合德国的经济情况、市场竞争等因素对市场需求进行了预测,因而扩大了销售。这使得 Levi's 公司的产品在市场上长期占有较大的份额。

那么,如何根据已有的一系列数据对市场进行预测呢?本章将提供一种预测市场的方法——时间序列分析方法。

在工作和生活中,经常需要对某些事务做出预测。比如下个季度的销售额、明年的产量等。研究时间序列的主要目的就是进行预测。这种预测是基于已有的时间序列数据,并根据这些已有的数据来近似模拟这些时间序列数据之间的变化模式,并假定这一变化模式会继续推进下去,进而推导出下一个时期或未来若干个时期的相关预测值。经济变量往往是在不同的时间点记录的相关经济数据。比如,每日的金融资产价格;每周的货币供给量,或者企业产出;每月的消费者价格指数;每季度 GDP 数据、上市公司的盈利数据;每年的政府税收与政府预算;以及每 10 年的人口普查资料;等等。所有这些数据都是按照一定的时间间隔进行统计的经济数据。这样的数据称为时间序列数据。一个时间序列是对一个变量在不同时间取值的观测结果。

对时间序列数据的分析已成为社会科学领域广泛应用的研究方法之一。在得到一个连续的时间序列数据之后,应该如何分析、处理相关的时间序列数据是需要首先考虑的问题。

11.1 时间序列及平稳性与检验

11.1.1 时间序列的定义

时间序列,是指将某种现象某一个统计指标在不同时间上的各个数值,按时间先后顺序排列而形成的序列。时间序列法是一种定量预测方法,在统计学中作为一种常用的预测手段被广泛应用。

在进行时间数列分解时,一般把时间数列的构成因素按性质和作用分为 4 类:即长期趋势、季节波动、循环变动和不规则变动。

长期趋势(T):时间数列在长时期内呈现出来的某种持续上升或持续下降的变动称为长期趋势。它是对未来进行预测和推断的主要依据。长期趋势往往是由某些固定的、系统性的因素造成的。它代表着研究对象的总发展方向,既可以是线性的,也可以是曲线的。

季节波动(S):时间数列在一年内重复出现的周期性波动称为季节波动。季节波动中"季节"一词不仅仅是指一年中的四季,其实它指广义的任何一种周期性的变化。

循环变动(C):时间数列呈现出来的围绕长期趋势的一种波浪形或震荡式变动称为循环变动,也称作周期变动。周期变动没有固定规律,其循环的幅度和周期的波动性很强,而且其周期短的一般也要 3~5 年,长的可达几十年。

不规则变动(I):由各种偶然的、突发的或不可预见的因素引起的,称为不规则变动或随机变动。

在进行时间序列数据分析之前,先看一个时间序列数据的案例。

表 11.1 和图 11.1 是 1949—2000 年我国人口数量与对应年份的数据和走势图,从人口统计数据和图形可以看出,我国人口总水平除在 1960 年和 1961 年出现回落外,其余年份基本上保持线性增长趋势。1949—2000 年,平均每年增加人口 1 423.06 万人,年平均增长率为 16.8%。如果把考察期间分为两个时期单独考察,即改革开放以前(1949—1978 年)和改革开放以后(1979—2000 年),那么,会发现 1949—1978 年的年人口平均增长率为 20%;1979—2000 年的年人口平均增长率为 12.58%。因此,如果按照整个考察期间的增长率年平均增长率为 16.8%来预测 2000 年后一年的人口增长率或人口总量的话,往往会很不准确。这是因为整个考察期间的人口平均增长率与近几年的人口平均增长率相差很大,即人口增长趋势不是一成不变的。因此,从预测的角度来看,这种时间序列没有太大的使用价值,无法将预测值与整个时间序列有效地结合起来。从人口序列的变化特征看,这是一个非平稳序列,即时间序列数据变化差异太大且变化并不一致的数据,直观上,称之为非平稳时间序列数据。为了更好地处理这一类数据,需要对时间序列平

稳与否做一个判断。

表 11.1　1949—2000 年我国人口数量

年份	人口数/万人	年份	人口数/万人	年份	人口数/万人	年份	人口数/万人
1949	54 167	1962	67 296	1975	92 420	1988	111 026
1950	55 196	1963	69 172	1976	93 717	1989	112 704
1951	56 300	1964	70 499	1977	94 974	1990	114 333
1952	57 482	1965	72 538	1978	96 259	1991	115 823
1953	58 796	1966	74 542	1979	97 542	1992	117 171
1954	60 266	1967	76 368	1980	98 705	1993	118 517
1955	61 465	1968	78 534	1981	100 072	1994	119 850
1956	62 828	1969	80 671	1982	101 654	1995	121 121
1957	64 653	1970	82 992	1983	103 008	1996	122 389
1958	65 994	1971	85 229	1984	104 357	1997	123 626
1959	67 207	1972	87 177	1985	105 851	1998	124 810
1960	66 207	1973	89 211	1986	107 507	1999	125 909
1961	65 859	1974	90 859	1987	109 300	2000	126 583

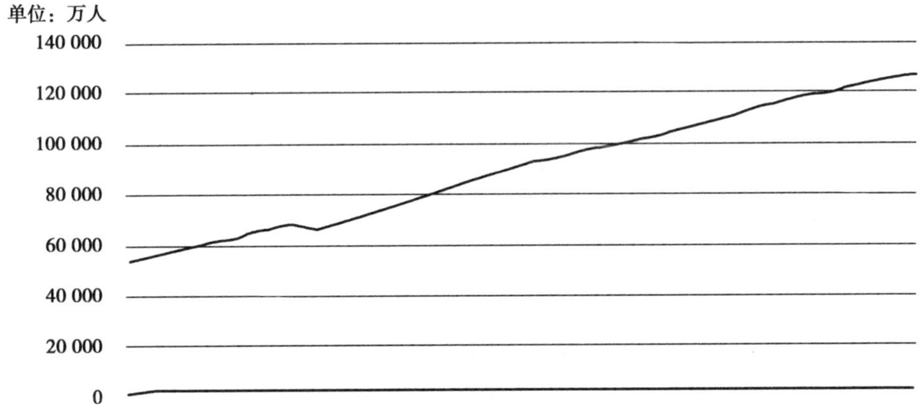

图 11.1　1949—2000 年人口数据走势图

11.1.2　平稳时间序列与非平稳随机序列

平稳时间序列有两种定义，根据限制条件的严格程度，分为严平稳时间序列和宽平稳时间序列。

(1)严平稳

所谓严平稳(strictly stationary)就是一种条件比较苛刻的平稳性定义,它认为只有当序列所有的统计性质不会随时间的推移而发生变化时,该序列才能被认为平稳。随机变量族的统计性质完全由它们的联合概率分布族决定,所以严平稳时间序列的定义如下:

定义 11.1 设$\{X_t\}$为一时间序列,对任意正整数 m,任取 $t_1,t_2,\cdots,t_m\in T$,对任意整数τ,有:

$$F_{t_1,t_2,\cdots,t_m}(x_1,x_2,\cdots,x_m)=F_{t_1+\tau,t_2+\tau,\cdots,t_m+\tau}(x_1,x_2,\cdots,x_m) \tag{11.1}$$

则称时间序列$\{X_t\}$为严平稳时间序列。

前面说过,在实践中要获得随机序列的联合分布是一件非常困难的事,而且即使知道随机序列的联合分布,计算和应用也非常不便。所以严平稳时间序列通常只具有理论意义,在实践中用得更多的是条件比较宽松的宽平稳时间序列。

(2)宽平稳

宽平稳(weak stationary)是使用序列的特征统计量来定义的一种平稳性。它认为序列的统计性质主要由它的低阶矩决定,所以只要保证效率低阶矩平稳(二阶),就能保证序列的主要性质近似稳定。

定义 11.2 如果$\{X_t\}$满足如下 3 个条件:

任取 $t\in T$,有 $EX_T^2<\infty$ 。

任取 $t\in T$,有$EX_t=\mu$,μ 为常数。

任取 $t,s,k\in T$,且 $k+s-t\in T$,有 $\gamma(t,s)=\gamma(k,k+s-t)$。

则称$\{X_t\}$为宽平稳时间序列。宽平稳也称为弱平稳或二阶平稳(second-order stationary)。显然,严平稳比宽平稳的条件严格。严平稳是对序列联合分布的要求,以保证序列所有的统计特征都相同;而宽平稳只要求序列二阶平稳,对于高于二阶的矩没有任何要求。所以通常情况下,严平稳序列也满足宽平稳条件,而宽平稳序列不能反推严平稳成立。

但这不是绝对的,两种情况都有特例。比如服从柯西分布的严平稳序列就不是宽平稳序列,因为它不存在一、二阶矩,所以无法验证它二阶平稳。严格地讲,只有存在二阶矩的严平稳序列才能保证它一定也是宽平稳序列。

宽平稳一般推不出严平稳,但当序列服从多元正态分布时,则二阶平稳可以推出严平稳。

定义 11.3 时间序列$\{X_t\}$称为正态时间序列,如果任取正整数 n,任取 $t_1,t_2,\cdots,t_n\in T$,相对应的有限维随机变量 $X_1,X_2,\cdots,X_n$ 服从 n 维正态分布,密度函数为:

$$f_{t_1,t_2,\cdots,t_n}(\widetilde{X}_n)=(2\pi)^{-\frac{n}{2}}|\boldsymbol{\Gamma}_n|^{-\frac{1}{2}}\exp\left[-\frac{1}{2}(\widetilde{X}_n-\widetilde{\mu}_n)'\boldsymbol{\Gamma}_n^{-1}(\widetilde{X}_n-\widetilde{\mu}_n)\right] \tag{11.2}$$

其中,$\widetilde{X}_n=(X_1,X_2,\cdots,X_n)'$;$\widetilde{\mu}_n=(EX_1,EX_2,\cdots,EX_n)'$;$\boldsymbol{\Gamma}_n$ 为协方差阵:

$$\boldsymbol{\Gamma}_n = \begin{pmatrix} \gamma(t_1,t_1) & \gamma(t_1,t_1) & \cdots & \gamma(t_1,t_n) \\ \gamma(t_2,t_1) & \gamma(t_2,t_1) & \cdots & \gamma(t_2,t_n) \\ \vdots & \vdots & \cdots & \vdots \\ \gamma(t_n,t_1) & \gamma(t_n,t_1) & \cdots & \gamma(t_n,t_n) \end{pmatrix} \tag{11.3}$$

从正态随机序列的密度函数可以看出,它的 n 维分布仅由均值向量和协方差阵决定,即对正态随机序列而言,只要二阶矩平稳了,就等于分布平稳了,所以宽平稳的正态序列一定是严平稳时间序列。对于非正态过程,就没有这个性质了。

在实际应用中,研究最多的是宽平稳随机序列。以后见到平稳随机序列,如果不加特别注明,指的都是宽平稳随机序列。如果序列不满足平稳条件,就称为非平稳序列。

(3)非平稳随机过程

尽管以时间序列数据为依据的经验研究都假定有关的时间序列是平稳的,但是也经常会遇到一些非平稳的时间序列。经典的例子就是随机游走模型(random walk model, RWM),诸如股票价格和汇率之类的资产价格服从随机游走。随机游走模型可以分为两大类:①带漂移的随机游走(即不存在常数项或截距项),②不带漂移的随机游走(即出现常数项)。

假设 μ_i 是均值为 0 和方差为 σ^2 的白噪音误差项。

$$Y_t = Y_{t-1} + \mu_1 \tag{11.4}$$

把满足式(11.4)的 Y_t 序列称为随机游走序列。在如式(11.4)所示的随机游走模型中,Y 在 t 时期的值等于其在$(t-1)$期的值加上一个随机冲击。

如果 Y 在 t 时期的值与其在$(t-1)$时期的取值满足式(11.5)的关系,称这一时间序列为带漂移的时间序列。

$$Y_t = b_0 + Y_{t-1} + \mu_1 \tag{11.5}$$

其中 b_0 被称为漂移参数(drift parameter)。

将式(11.5)化简整理得:

$$Y_t - Y_{t-1} = \Delta Y_t = b_0 + \mu_1 \tag{11.6}$$

式(11.6)表明,“漂移”的含义是指 Y_t 根据 b_0 为正或负而向上或向下漂移。

11.1.3　平稳性数字特征

平稳性是某些时间序列具有的一种统计特征。要描述清楚这个特征,必须借助如下统计工具。

(1)概率分布

分布函数或密度函数能够完整地描述一个随机变量的统计特征。同样,一个随机变量族的统计特性也完全由它们的联合分布函数或联合密度函数决定。

对于时间序列$\{X_t, t \in T\}$,这样来定义它的概率分布:

任取正整数 m,任取 $t_1, t_2, \cdots, t_m \in T$,则 m 维随机向量$(X_{t_1}, X_{t_2}, \cdots, X_{t_m})'$的联合概率分

布记为 $F_{t_1,t_2,\cdots,t_m}(x_1,x_2,\cdots,x_m)$,由这些有限维分布函数构成的全体 $\{F_{t_1,t_2,\cdots,t_m}(x_1,x_2,\cdots,x_m),\forall m\in$ 正整数, $\forall t_1,t_2,\cdots,t_m\in T\}$ 就称为序列 $\{X_t\}$ 的概率分布族。

(2)特征统计量

一个更简单、更实用的描述时间序列统计特征的方法是研究该序列的数字特征,特别是均值、方差、自协方差和自相关系数。

尽管这些特征统计量不能描述随机序列全部的统计性质,但由于它们概率意义明显,易于计算,而且往往能代表随机序列的主要概率特征,所以对时间序列进行分析,主要就是通过分析这些统计量的统计特性,推断出随机序列的性质。

①均值。对时间序列 $\{X_t,t\in T\}$ 而言,任意时刻的序列值 X_t 都是一个随机变量,都有它自己的概率分布,不妨记为 $F_t(x)$。对于连续性随机变量,只要满足条件:

$$\int_{-\infty}^{\infty} x\mathrm{d}F_t(x) < \infty \tag{11.7}$$

就一定存在着某个常数 μ_t,使得随机变量 X_t 总是围绕在常数值 μ_t 附近做随机波动。称 μ_t 为序列 $\{X_t\}$ 在 t 时刻的均值函数。

$$\mu_t = EX_t = \int_{-\infty}^{\infty} x\mathrm{d}F_t(x) \tag{11.8}$$

当 t 取遍所有的观察时刻时,就得到一个均值函数序列 $\{\mu_t,t\in T\}$。它反映的是时间序列 $\{X_t,t\in T\}$ 每时每刻的平均水平。

②方差。当 $\int_{-\infty}^{\infty} x\mathrm{d}F_t(x) < \infty$ 时,可以定义时间序列的方差函数用以描述序列值围绕其均值做随机波动时的平均波动程度。

$$\sigma_t^2 = DX_t = E(X_t-\mu_t)^2 = \int_{-\infty}^{\infty}(x-\mu_t)\mathrm{d}F_t(x) \tag{11.9}$$

同样,当 t 取遍所有的观察时刻时,得到一个方差函数序列 $\{\sigma_t^2,t\in T\}$。

③自协方差函数和自相关系数。类似于协方差函数和相关系数的定义,在时间序列分析中定义自协方差函数(autocovariance function)和自相关系数(autocorrelation coefficient)的概念。

对于时间序列 $\{X_t,t\in T\}$,任取 $t,s\in T$,定义 $\gamma(t,s)$ 为序列 $\{X_t\}$ 的自协方差函数:

$$\gamma(s,t) = E(X_t-\mu_t)(X_s-\mu_s)$$

定义 $\rho(t,s)$ 为时间序列 $\{X_t\}$ 的自相关系数,简记为 ACF。

$$\rho(t,s) = \frac{\gamma(t,s)}{\sqrt{DX_t \cdot DX_s}} \tag{11.10}$$

之所以称它们为自协方差函数和自相关系数,是因为通常的协方差函数和相关系数度量的是两个不同事件彼此之间的相互影响程度,而自协方差函数和自相关系数度量的是同一事件在两个不同时期之间的相关程度,形象地讲就是度量自己过去的行为对自己现在的影响。

11.2　平稳时间序列的统计性质

11.2.1　平稳时间序列统计性质

(1) 常数均值

根据平稳时间序列的定义,可以推断出它一定具有如下两个重要的统计性质。

常数均值:

$$EX_t = \mu, \forall t \in T \tag{11.11}$$

自协方差函数和自相关系数只依赖于时间的平移长度而与时间的起止点无关,即:

$$\gamma(t,s) = \gamma(k,k+s-t), \forall t,s,k \in T \tag{11.12}$$

根据这个性质,可以将自协方差函数由二维函数 $\gamma(t,s)$ 简化为一维函数 $\gamma(s-t)$:

$$\gamma(s-t) = \gamma(t,s), \forall t,s \in T \tag{11.13}$$

由此引出延迟 k 自协方差函数的概念。

(2) 自相关系数的性质

定义 11.4　对于平稳时间序列 $\{X_t, t \in T\}$,任取 $t(t+k \in T)$,定义 $\gamma(k)$ 为时间序列 $\{X_t\}$ 的延迟 k 自协方差函数:

$$\gamma(k) = \gamma(t,t+k) \tag{11.14}$$

根据平稳序列的这个性质,容易推断出平稳随机序列一定具有常数方差:

$$DX_t = \gamma(t,t) = \gamma(0), \forall t \in T \tag{11.15}$$

由延迟 k 自协方差函数的概念可以等价得到延迟 k 自相关系数的概念:

$$\rho_k = \frac{\gamma(t,t+k)}{\sqrt{DX_t \cdot DX_{t+k}}} = \frac{\gamma(k)}{\gamma(0)} \tag{11.16}$$

容易验证和相关系数一样,自相关系数具有如下 3 个性质:规范性、对称性和非负定性。

其中,规范性是指:$\rho_0 = 1$ 且 $|\rho_k| \leqslant 1, \forall k$;对称性是指:$\rho_k = \rho_{-k}$;非负定性是指:对任意正整数 m,相关阵 $\boldsymbol{\Gamma}_m$ 为对称非负定阵。

$$\boldsymbol{\Gamma}_m = \begin{pmatrix} \rho_0 & \rho_1 & \rho_{m-1} \\ \rho_1 & \rho_0 & \rho_{m-2} \\ \rho_{m-1} & \rho_{m-2} & \rho_0 \end{pmatrix}$$

值得注意的是,ρ_k 除了具有上述 3 个性质外,还具有一个特别的性质:对应模型的非唯一性。

一个平稳时间序列一定唯一决定了它的自相关函数,但它的自相关函数未必唯一对应着一个平稳的时间序列。这个性质增加了根据样本的自相关系数的特点来确定模型的难度。

11.2.2 平稳时间序列的意义

时间序列分析方法作为数理统计学的一个分支,遵循数理统计学的基本原理,都是利用样本信息来推测总体信息。

传统的统计分析通常都拥有如下数据结构,见表 11.2。

表 11.2 传统统计分析常见数据结构

样本＼随机变量	X_1	…	X_m
1	X_{11}	…	X_{m1}
2	X_{12}	…	X_{m2}
⋮	⋮	…	⋮
n	X_{1n}	…	X_{nm}

根据数理统计学常识,显然要分析的随机变量越少越好(m 越小越好),而每个变量获得的样本信息越多越好(n 越大越好)。因为随机变量越少,分析的过程越简单,而样本容量越大,分析的结果就会越可靠。

但是时间序列分析的数据结构有它的特殊性。对随机序列$\{\cdots,X_1,X_2,\cdots,X_t,\cdots\}$而言,它在任意时刻 t 的序列值 X_t 都是一个随机变量,而且由于时间的不可重复性,该变量在任意一个时刻只能获得唯一的样本观察值。因为时间序列分析的数据结构如下,见表 11.3。

表 11.3 时间序列分析的数据结构

样本＼随机变量	…	X_1	…	X_t	…
1	…	x_1	…	x_t	…

由于样本信息太少,如果没有其他的辅助信息,通常这种数据结构是没有办法进行分析的。而序列平稳性概念的提出可以有效地解决这个问题。

在平稳序列场合,序列的均值等于常数意味着原本含有可列多个随机变量的均值数列:$\{\mu_t,t\in T\}$变成了一个常数序列$\{\mu,t\in T\}$。

原本每个随机变量的均值 $\mu_t(t\in T)$ 只能依靠唯一的一个样本观察值 x_t 去估计:$\hat{\mu}_t=x_t$。

现在由于 $\mu_t=\mu(\forall t\in T)$,于是每一个样本观察值 $x_t(\forall t\in T)$,都变成了常数均值 μ 的样本观察值:

$$\hat{\mu} = \bar{x} = \frac{\sum_{i=1}^{n} x_i}{n} \tag{11.17}$$

这极大地减少了随机变量的个数,并增加了待估参数的样本容量。换句话说,这大大降低了时序分析的难度,同时也提高了对均值函数的估计精度。

同理,根据平稳序列二阶矩平稳的性质,可以得到基于全体观察样本计算出来的延迟 k 自协方差函数的估计值:

$$\hat{\gamma}(k) = \frac{\sum_{t=1}^{n-k} (x_t - \bar{x})(x_{t+k} - \bar{x})}{n - k}, \forall 0 < k < n \tag{11.18}$$

并进一步推导出总体方差的估计值:

$$\hat{\gamma}_0 = \frac{\sum_{t=1}^{n} (x_t - \bar{x})^2}{n - 1} \tag{11.19}$$

和延迟 k 自相关系数的估计值:

$$\hat{\rho}_k = \frac{\hat{\gamma}(k)}{\hat{\gamma}(0)}, \forall 0 < k < n \tag{11.20}$$

当延迟阶数 k 远远小于样本容量 n 时,

$$\hat{\rho}_k \cong \frac{\sum_{t=1}^{n-k} (x_t - \bar{x})(x_{t+k} - \bar{x})}{\sum_{t=1}^{n} (x_t - \bar{x})^2}, \forall 0 < k < n \tag{11.21}$$

11.2.3　平稳性的检验

对序列的平稳性有两种检验方法:一种是根据时序图和自相关图显示的特征做出判断的图检验方法,一种是构造检验统计量进行假设检验的方法。

时序图和自相关图检验方法是一种操作简便、运用广泛的平稳性判别方法,它的缺点是判别结论带有很强的主观色彩。所以最好能用统计检验方法加以辅助进行判断时间序列的平稳性。目前最常用的平稳性统计检验方法是单位根检验(Unit Root Test)。本节将主要介绍平稳性的图检验。

(1)时序图检验

所谓时序图就是一个平面二维坐标图,通常横轴表示时间,纵轴表示序列取值。时序图可以直观地掌握时间序列的一些基本分布特征。

根据平稳时间序列均值、方差为常数的性质,平稳序列的时序图应该显示出该序列始终在一个常数值附近随机波动,而且波动的范围有界的特点。如果观察序列的时序图,显示出该序列有明显的趋势性或周期性,那它通常不是平稳序列。根据这个性质,对于很多非平稳序列,可以通过查看它的时序图将其识别出来。

【例 11.1】 表 11.4 给出了我国 2001—2013 年啤酒产量、人均 GDP、煤炭占能源消费总量比值和居民消费价格指数的时间序列。

表 11.4 啤酒产量、人均 GDP、煤炭占能源消费总量比值和居民消费价格指数

年份	啤酒产量/万千升	人均 GDP/元	煤炭占能源消费总量的比值/%	居民消费价格指数/上年=100
2001	2 288.9	8 621.7	68.3	100.7
2002	2 402.7	9 398.1	68.0	99.2
2003	2 540.5	10 542.0	69.8	101.2
2004	2 948.6	12 335.6	69.5	103.9
2005	3 126.1	14 185.4	70.8	101.8
2006	3 543.6	16 499.7	71.1	101.5
2007	3 954.1	20 169.5	71.1	104.8
2008	41 56.9	23 707.7	70.3	105.9
2009	41 62.2	25 607.5	70.4	99.3
2010	4 490.2	30 015.0	68.0	103.3
2011	4 834.5	35 197.8	68.4	105.4
2012	4 778.6	38 459.5	66.6	102.6
2013	5 061.5	41 907.6	66.0	102.6

图 11.2 和图 11.3 具有明显的递增趋势,所以,2001—2013 年啤酒产量和人均 GDP 都不是平稳序列。

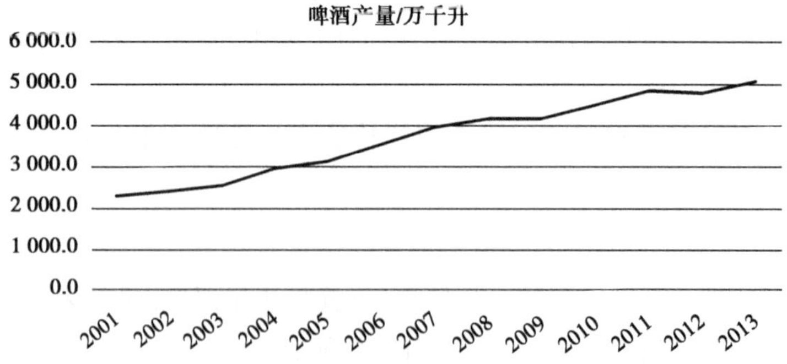

图 11.2 2001—2013 年啤酒产量时序图

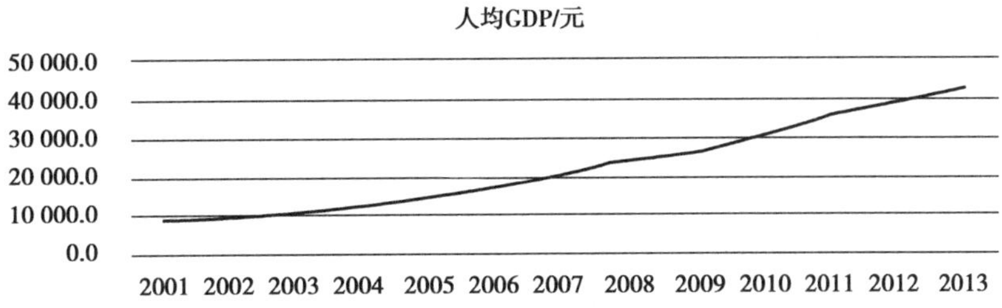

图 11.3　2001—2013 年人均 GDP 时序图

图 11.4 序列数据变化则比较平稳,没有明显的递增趋势或下降趋势。所以,2001—2013 年居民消费价格指数基本可以视为平稳序列。为了稳妥起见,还需要利用自相关图进一步辅助识别该时间序列是否平稳。

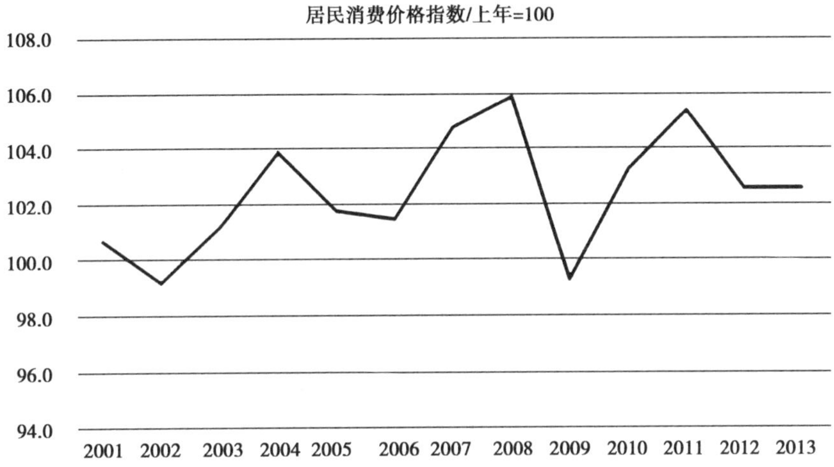

图 11.4　2001—2013 年居民消费价格指数时序图

(2)自相关图检验

自相关图是一个平面二维坐标悬垂线图,一个坐标轴表示延迟时期数,另一个坐标轴表示自相关系数,通常以悬垂线表示自相关系数的大小。

该性质用自相关系数来描述就是随着延迟期数 k 的增加,平稳序列的自相关系数 $\hat{\rho}_k$ 会很快地衰减向零。反之,非平稳序列的自相关系数 $\hat{\rho}_k$ 衰减向零的速度通常比较慢,这就是利用自相关图进行平稳性判断的标准。

【例 11.2】　绘制的某时间序列自相关图如图 11.5 所示。

上述自相关图显示该序列的自相关系数一直都比较小,且始终控制在两倍的标准差范围以内,可以认为该序列自始至终都在均值附近波动,这是随机性非常强的平稳时间序列通常具有的自相关图特征。

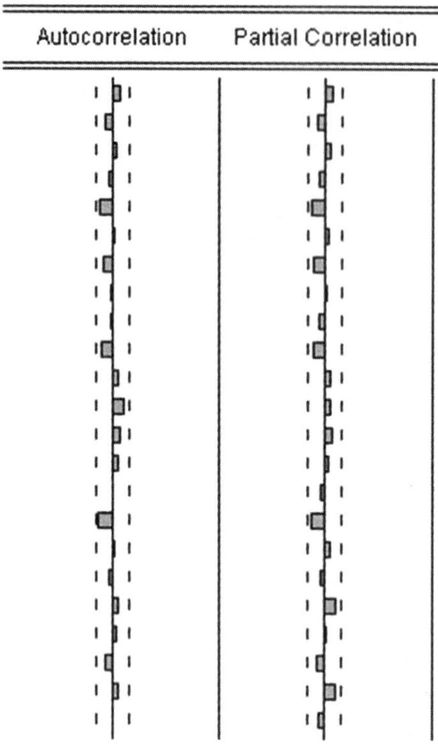

	AC	PAC	Q-Stat	Prob
1	0.068	0.068	0.7539	
2	-0.068	-0.073	1.5200	
3	0.034	0.044	1.7098	0.191
4	-0.038	-0.050	1.9558	0.376
5	-0.129	-0.119	4.7564	0.191
6	0.019	0.031	4.8192	0.306
7	-0.092	-0.114	6.2469	0.283
8	-0.009	0.018	6.2612	0.395
9	-0.023	-0.053	6.3527	0.499
10	-0.103	-0.109	8.1879	0.415
11	0.048	0.061	8.5853	0.476
12	0.101	0.051	10.359	0.410
13	0.068	0.080	11.173	0.429
14	0.058	0.033	11.771	0.464
15	-0.005	-0.030	11.775	0.546
16	-0.146	-0.128	15.599	0.338
17	0.024	0.041	15.701	0.402
18	-0.043	-0.045	16.040	0.450
19	0.057	0.101	16.630	0.480
20	0.040	0.012	16.925	0.528
21	-0.068	-0.076	17.791	0.536
22	0.052	0.103	18.299	0.568
23	-0.002	-0.064	18.300	0.630

图 11.5　某时间序列自相关图

11.3　纯随机性检验

【案例】

飞镖试验

某人用飞镖随机地投掷一份财经金融类报纸，并将投掷命中的标的作为自己的投资组合。结果他利用这种胡乱掷标的方式得出的投资组合竟然和大盘走势不相上下，一点也不逊色于一些资深专家的投资组合，令人感觉甚是奇异。

另外，《福布斯》杂志的编辑用向《纽约时报》股票市场专栏投镖的方法选出一组普通股股票，共 28 种。对这个模拟组合中的股票每种投资 1 000 美元，共计 2.8 万美元。17 年后的 1984 年夏季，该组合的价值约为 1 317 万美元，累计 370%以上的总收益，换算成年复利收益率高达 9.5%，大大优于主要股票市场指数，更优于绝大多数专业基金经理。

如果重复上述选取投资标的的方法，其结果往往具有很强的随机性，不会受到上次组合结果的影响，即得出的一序列数据将是无记忆序列，也称为随机漫步序列，或随机游走序列。

对非平稳的时间序列数据进行统计分析时要进行必要的数据处理。通常要进行进一步的检验、变换或处理之后，才能确定适当的拟合模型。

如果序列值彼此之间没有任何相关性,那就意味着该序列是一个没有记忆的序列,过去的行为对将来的发展没有丝毫影响,这种序列称为纯随机序列。为了确定平稳序列还值不值得继续分析下去,需要对平稳序列进行纯随机性检验。

11.3.1　纯随机序列的定义

定义 11.5　如果时间序列$\{X_t\}$满足如下性质:

任取 $t \in T$,有 $EX_t = 0, Var(x_t) = \sigma^2 < \infty$

任取 $t, s \in T$,有:

$$\gamma(t,s) = \begin{cases} \sigma^2, t = s \\ 0, t \neq s \end{cases} \tag{11.22}$$

称序列$\{X_t\}$为纯随机序列,也称为白噪声(white noise)序列,简记为 $X_t \sim WN(\mu, \sigma^2)$。

之所以称之为白噪声序列,是因为人们最初发现白光具有这种特性。容易证明白噪声序列一定是平稳序列,而且是最简单的平稳序列。

【例 11.3】　随机产生 1 000 个服从标准正态分布的白噪声序列观察值,并绘制时序图。

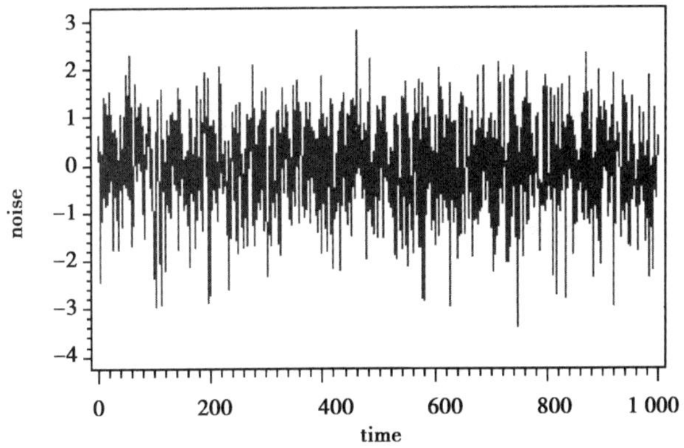

图 11.6　标准正态白噪声序列时序图

11.3.2　白噪声序列的性质

白噪声序列虽然很简单,但它在进行时间序列分析时所起的作用却非常大。它的两个重要性质在后面的分析过程中要经常用到。

(1)纯随机性

由于白噪声序列具有如下性质:

$$\gamma(k) = 0, \forall k \neq 0 \tag{11.23}$$

这说明白噪声序列的各项之间没有任何相关关系,这种"没有记忆"的序列就是纯随机序列。

纯随机序列各项之间互不影响,没有关联。这样的序列在进行完全无序的随机波动，该随机事件没有包含任何值得提取的有用信息。

如果序列值之间呈现某种显著的相关关系：

$$\gamma(k) \neq 0, \exists k \neq 0 \tag{11.24}$$

说明该序列不是纯随机序列，该序列之间存在着某种关联，间隔 k 期的序列值之间存在着一定程度的相互影响关系，这种相互影响关系就是应该关注的统计学信息，统计上称为相关信息。一旦观察值序列中蕴含的相关信息被充分提取出来了，那么剩下的残差序列就应该呈现出纯随机的性质。

(2)等方差性

所谓等方差性，就是指序列中每个变量的方差都相等，即：

$$DX_t = \gamma(0) = \sigma^2 \tag{11.25}$$

如果序列不满足等方差性，就称该序列具有异方差性质。

在时间序列分析中，等方差性是一个非常重要的限制条件。因为根据马尔可夫定理，只有等方差性假定成立时，用最小二乘法得到的未知参数估计值才是准确的、有效的。如果假定不成立，最小二乘估计值就不是方差最小线性无偏估计，拟合模型的预测精度会受到很大影响。

所以在进行模型拟合时，检验内容之一就是要检验拟合模型的残差是否满足等方差性的假定。如果不满足，那就说明残差序列还不是白噪声序列，残差序列中有相关信息没有被完全提取或解释，即拟合模型中仍存在没有充分解释的相关信息，这时拟合模型的精度是值得怀疑的。

11.3.3 纯随机性检验

纯随机性检验也称为白噪声检验，是专门用来检验序列是否为纯随机序列的一种方法。如果一个序列是纯随机序列，那它的序列值之间应该没有任何相关关系，即满足：

$$\gamma(k) = 0, \forall k \neq 0 \tag{11.26}$$

这是一种理论上才会出现的理想状态。实际上，由于观测值序列的有限性，导致纯随机序列的样本自相关系数不会绝对为零。

如果样本自相关图显示这个纯随机序列没有一个样本自相关系数严格等于零，但这些自相关系数确实都非常小，都在零值附近以一个很小的幅度做着随机波动，这时应该考虑样本自相关系数的分布性质，从统计意义上来判断序列的纯随机性质。

Barlett 证明，如果一个时间序列是纯随机的，得到一个观察期数为 n 的观察序列 $\{x_t, t=1,2,\cdots,n\}$，那么该序列的延迟非零期的样本自相关系数将近似服从均值为零，方差为序列观察期数倒数的正态分布，即：

$$\hat{\rho}_k \sim N\left(0, \frac{1}{N}\right), \forall k \neq 0 \tag{11.27}$$

式中，n 为序列观察期数。

第一步：假设条件。

原假设：延迟期数小于或等于 m 期的序列值之间相互独立。

备择假设:延迟期数小于或等于 m 期的序列值之间有相关性。

该假设条件用数学语言描述即为:

$H_0:\rho_1=\rho_2=\cdots=\rho_m=0,\forall m\geqslant 1$;

H_1:至少存在某个 $\rho_k\neq 0,\forall m\geqslant 1,k\leqslant m$。

第二步:检验统计量。

①Q 统计量。为了检验这个联合假设,Box-Pierce 推导出了 Q 统计量:

$$Q=n\sum_{k=1}^{m}\hat{\rho}_k^2 \tag{11.28}$$

式中,n 为序列观察期数,m 为指定延迟期数。

根据正态分布和卡方分布之间的关系,很容易推导出 Q 统计量近似服从自由度为 m 的卡方分布:

$$Q=n\sum_{k=1}^{m}\hat{\rho}_k^2 \dot{\sim}\chi^2(m) \tag{11.29}$$

当 Q 统计量大于 $\chi^2_{1-\alpha}(m)$ 分位点,或该统计量的 P 值小于 α 时,则可以以 $1-\alpha$ 的置信水平拒绝原假设,认为序列为白噪声序列;否则,接受原假设,认为该序列为纯随机序列。

②LB 统计量。在实际应用中人们发现 Q 统计量在大样本场合(n 很大的场合)检验效果很好,但在小样本场合就不太精确。为了弥补这一缺陷,Box 和 Ljung 又推导出 LB(Ljung-Box)统计量:

$$LB=n(n+2)\sum_{k=1}^{m}\left(\frac{\hat{\rho}_k^2}{n-k}\right) \tag{11.30}$$

式中,n 为序列观测期数,m 为指定延迟期数。

Box 和 Ljung 证明 LB 统计量同样近似服从自由度为 m 的卡方分布。

实际上 LB 统计量就是 Box 和 Pierce 的 Q 统计量的修正,所以人们习惯把它们统称为 Q 统计量,分别记作 Q_{BP} 统计量和 Q_{LB} 统计量,在各种检验场合普遍采用的 Q 统计量通常指的都是 LB 统计量。

【例 11.4】　计算表 11.5 白噪声序列延迟 6 期、延迟 12 期的 Q_{LB} 统计量的值,并判断该序列的随机性($\alpha=0.05$)。

表 11.5　白噪声随机性判断示例

延迟期数 k	1	2	3	4	5	6
$\hat{\rho}_k$	-0.001	-0.037	-0.006	0.012	-0.025	-0.014
延迟期数 k	7	8	9	10	11	12
$\hat{\rho}_k$	0.009	-0.010	-0.027	-0.025	-0.014	0.035

根据上述数据,很容易计算出表 11.6 的结果。

表 11.6　Q_{LB}统计量检验

延　迟	Q_{LB}统计量检验	
	Q_{LB}统计量值	P值
延迟 6 期	2.36	0.883 8
延迟 12 期	5.35	0.945 4

由于P值显著大于显著性水平，所以该序列不能拒绝纯随机的原假设。即可以认为该序列的波动没有任何统计规律可循。

另一方面,假如一个平稳序列显示出显著的短期相关性,那么该序列就一定不是白噪声序列,就可以对序列值之间存在的相关性进行分析。假如此时考虑的延迟期数太长,反而可能淹没该序列的短期相关性。因为平稳序列只要延迟期足够长,自相关系数都会收敛于零。

11.4　时间序列预测的步骤

时间序列分析的一个主要目的就是根据已有的历史数据对未来进行预测,进而更好地了解当下和解决实际问题。一个时间序列数据往往含有不同的成分,如趋势、季节性、周期性和随机性等,给定一个具体的时间序列可能只含有上述不同成分中的一种,也可能同时含有几种成分。含有不同成分的时间序列所用的预测方法是不同的。因此,在对时间序列进行预测分析时,通常需要按照以下几个步骤进行分析:

第一步:确定时间序列的类型,即确定时间序列所包含的趋势成分,是否平稳。

第二步:根据不同的时间序列数据类型,选取适合此类时间序列的预测模型(或预测方法)。

第三步:对可能的预测方法进行评估,以确定最佳预测方案。

第四步:利用最佳预测方案进行预测。

根据不同的时间序列数据,选取的预测方法与分析流程如下图 11.7 所示。

11.4.1　平稳序列的预测

平稳时间序列,就是没有明显的趋势变化,只是随机地在平均值附近摆动。时间序列数据的预测模型一般分为 4 种类型,即自回归过程、移动平均过程、自回归移动平均过程和单整自回归移动平均过程。其中前 3 种(自回归过程、移动平均过程、自回归移动平均过程)只含有随机波动成分,不含有明显的趋势成分。因此,平稳序列的预测方法主要有:简单平均法、移动平均法和指数平滑法。

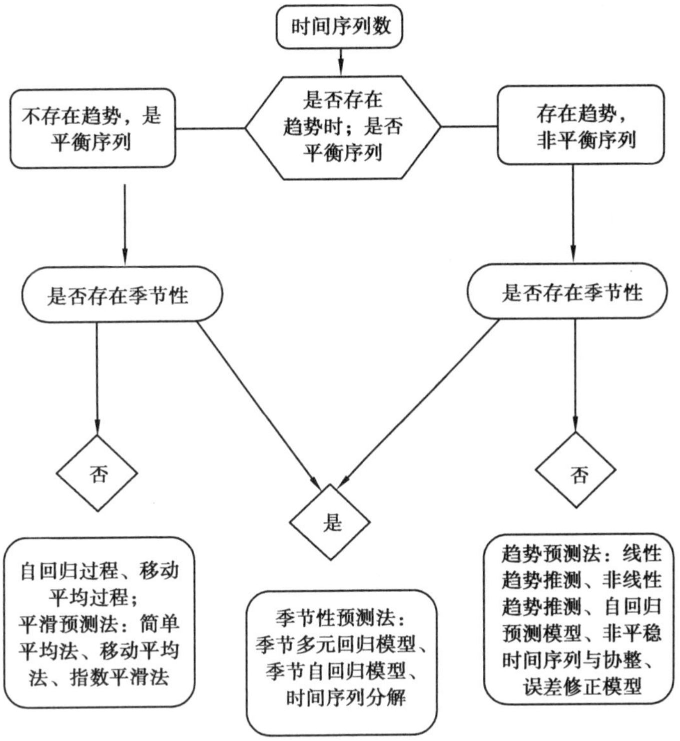

图 11.7　时间序列分析流程图

(1)简单平均法

简单平均法,是指用以观察到的 t 期数据($Y_1,Y_2,\cdots,Y_t$)为依据,预测 $t+1$ 期数据时,直接计算前面已知数据的算术平均值,其计算公式如下:

$$F_{t+1}=\frac{1}{t}\sum_{i=1}^{t}Y_i \tag{11.31}$$

其中,F_{t+1} 表示 $t+1$ 期的预测值;$Y_1,Y_2,\cdots,Y_t$ 表示前 t 期数据的真实观察值。

(2)移动平均法

移动平均法(moving average),是通过对时间序列逐期递移求得平均数作为预测值的一种预测方法,其方法有简单移动平均法(simple moving average)和加权移动平均法(weighted moving average)两种。

简单移动平均是将最近的 k 期数据加以平均,作为下一期的预测值。比如上证指数 5 日均线,就是用 5 期数据平均值画出的一条曲线。类似地,10 日均线、20 日均线、年线等画法原理相同,只是移动间隔不同而已。以移动间距 $k=5$ 为例,计算方式如下:设第 1 期数据到第 5 期数据分别为 $Y_1,Y_2,\cdots,Y_5$,则第 6 期的预测值为 F_6:

$$F_6=\frac{1}{5}\sum_{i=1}^{5}Y_i \tag{11.32}$$

待第 6 期观测值 Y_6 获得后,则第 7 期的预测值为 F_7 计算如下:

$$F_7 = \frac{1}{5}\sum_{i=2}^{6} Y_i \tag{11.33}$$

其他预测值以此类推,移动平均法只使用最近 k 期的数据,在每次计算移动平均值时,移动的间隔都为 k。该方法也适合对较为平稳的时间序列进行预测。应用时,关键是确定合理的移动间隔 k。

对于同一个时间序列,采用不同的移动间隔,预测的准确性是不同的。可通过试验选择一个使均方误差最小的移动间隔。

加权移动平均法与上述简单移动平均法类似,只是在计算预测值时,给前 k 期数据赋上不同的权重。有些时间序列数据往往受近期的数据影响比较大,比如,在预测 $t+1$ 期数据时,第 t 期数据对 $t+1$ 期的数据影响比第 $t-1$ 期数据对 $t+1$ 期的数据影响大,因此,在计算移动平均数时,给第 t 期数据赋比较大的权重,以此类推。赋权方法不同,则预测值也不尽相同。

时间序列数据的自回归过程(Auto Regression,或者称作自回归模型)就是一种加权平均法的应用。如果一个线性随机过程可表示为:

$$x_t = \phi_1 x_{t-1} + \phi_2 x_{t-2} + \phi_3 x_{t-3} + \cdots + \phi_p x_{t-p} + \mu_t \tag{11.34}$$

其中,$\phi_i(i=1,2,\cdots,p)$是回归参数,是前 p 期 $x_i(i=1,2,\cdots,p)$的权重;μ_t 是第 t 期随机误差项,是白噪声过程。

此时,称式(11.34)的线性时间序列过程 x_t 为 p 阶自回归过程,用 $AR(p)$来表示。x_t 是由 p 个滞后项 $\phi_1 x_{t-1}+\phi_2 x_{t-2}+\phi_3 x_{t-3}+\cdots+\phi_p x_{t-p}$和白噪声 μ_t 组成的。

其次,时间序列的移动平均过程也是移动平均的某种表达形式。如果时间序列过程可以表示成:

$$x_t = \mu_t + \theta_1 \mu_{t-1} + \theta_2 \mu_{t-2} + \theta_3 \mu_{t-3} + \cdots + \theta_q \mu_{t-q} \tag{11.35}$$

其中,$\theta_i(i=1,2,\cdots,q)$是回归参数;μ_t 是第 t 期随机误差项,是白噪声过程,则称式(11.35)为 q 阶移动平均过程,记作 $MA(q)$。

若一个随机过程的构造是上述自回归过程和移动平均过程共同组成的,则在对这样的时间序列数据进行预测时,需要建立如下形式的随机过程表达式:

$$\begin{aligned} x_t = {} & \phi_1 x_{t-1} + \phi_2 x_{t-2} + \phi_3 x_{t-3} + \cdots + \phi_p x_{t-p} + \\ & \mu_t + \theta_1 \mu_{t-1} + \theta_2 \mu_{t-2} + \theta_3 \mu_{t-3} + \cdots + \theta_q \mu_{t-q} \end{aligned} \tag{11.36}$$

$\phi_i(i=1,2,\cdots,p)$是回归参数,是前 p 期 $x_i(i=1,2,\cdots,p)$的权重;$\theta_i(i=1,2,\cdots,q)$是回归参数;μ_t 是第 t 期随机误差项;p 和 q 分别表示自回归过程和移动平均过程的最大滞后阶数。

满足式(11.36)的过程称为自回归移动平均过程,记作 $ARMA(p,q)$。这一过程的平稳性只依赖于自回归部分。

在上述 3 种时间序列模型中,对于 $ARMA(p,q)$过程和 $AR(p)$过程,如果时间序列数据的特征根都在单位圆内部或单位圆上,则该时间序列就是非平稳的时间序列。此时,需要采用非平稳时间序列的处理方法。

(3)指数平滑法

指数平滑法(exponential smoothing)是通过对过去的观察值加权平均进行预测的一种方法。指数平滑法是加权平均的一种特殊形式,观察值的时间越远,其权数呈现指数下降,因而称为指数平滑。该方法使 $t+1$ 期的预测值等于 t 期的实际观察值与 t 期的预测值的加权平均值。

指数平滑法有一次指数平滑法、二次指数平滑法、三次指数平滑法等,现在以一次指数平滑法为例介绍指数平滑法。

一次指数平滑法也称单一指数平滑法(single exponential smoothing),它只有一个平滑系数,使得观察值离预测时期越久远,权数变得越小。一次指数平滑法将一段时期内的预测值与观察值的线性组合作为 $t+1$ 期的预测值,其预测模型为:

$$F_{t+1} = \alpha Y_t + (1 - \alpha) F_t \tag{11.37}$$

式中,F_{t+1}表示 $t+1$ 期的预测值;Y_t 为 t 期的实际观察值;F_t 为 t 期的预测值;α 为平滑系数($0<\alpha<1$)。

由于在开始计算时还没有 1 期的预测值 F_1,通常可以设 F_1 等于 1 期的实际观察值 Y_1。

2 期的预测值为:

$$F_2 = \alpha Y_1 + (1 - \alpha) F_1 = \alpha Y_1 + (1 - \alpha) Y_1 = Y_1$$

3 期的预测值为:

$$F_3 = \alpha Y_2 + (1 - \alpha) F_2 = \alpha Y_2 + (1 - \alpha) Y_1$$

4 期的预测值为:

$$F_4 = \alpha Y_3 + (1 - \alpha) F_3 = \alpha Y_3 + \alpha(1 - \alpha) Y_2 + (1 - \alpha)^2 Y_1$$

依此类推。

11.4.2　非平稳时间序列数据预测

上面介绍的平滑法都可以用于描述时间序列的趋势,包括线性趋势和非线性趋势。当用这些方法进行预测时,要注意它们一般只适合平稳时间序列,当序列存在明显的趋势或季节成分时,这些方法就不再适用。时间序列的趋势可以分为线性趋势和非线性趋势两大类,如果这种趋势能够延续到未来,就可以利用趋势进行外推预测。有趋势序列的预测方法主要有线性趋势预测、非线性趋势预测和自回归模型,就是前述所介绍的 $AR(p)$ 模型预测等。

在介绍非平稳序列之前,先给出差分的概念。用变量 x_t 的当期值减去其滞后期的数值,从而得到新序列的计算方法称为差分。若减去的滞后期数是一期,得到的新序列称为原序列的一阶差分;若减数是滞后 k 期的数值,得到的新序列称为原序列的 k 阶差分。对于一个时间序列数据,如果该序列的特征方程恰好有 d 个根在单位圆上,那么,这种时间序列数据就是非平稳的时间序列数据。这种时间序列的特点是经过 d 次差分,可以转化为一个平稳的序列①。

在上述过程中,数据是否平稳对模型的选取及数据的处理至关重要。那么,如何评估一个时间序列数据是否平稳呢?除绘制时间序列数据的走势图之外,更为准确的方法有:时间序列数据的单位根检验、自相关系数和 *ADF* 检验。

例如,美国的 *GNP* 和国内私人总投资 *INV* 是单位为 10 亿美元的名义值,价格指数 *P* 为 *GNP* 的平减指数(1 972=100),利息率 *R* 为半年期商业票据利息。回归方程所采用的变量都是实际 *GNP* 和实际投资;它们是通过将名义变量除以价格指数得到的,分别用小写字母 *gnp*,*inv* 表示。实际利息率的近似值 *r* 则是通过贴现率 *R* 减去价格指数变化率 *p* 得到的。样本区间:1963—1984 年,建立如下线性回归方程:

$$\ln(inv_t) = \beta_1 r_{t-1} + \beta_2 \ln(gnp_t) + u_t$$

回归结果如下:

Variable	Coefficient	Std. Error	t-Statistic	Prob.
R_P(-1)	-0.016260	0.012345	-1.317126	0.2027
LOG(GNP_P)	0.734444	0.004761	154.2521	0.0000

R-squared	0.804042	Mean dependent var	5.061585
Adjusted R-squared	0.794244	S.D. dependent var	0.242460
S.E. of regression	0.109981	Akaike info criterion	-1.490514
Sum squared resid	0.241916	Schwarz criterion	-1.391328
Log likelihood	18.39565	Durbin-Watson stat	0.940743

图 11.8 回归结果图

p 阶滞后的 *Q* 统计量的原假设是:序列不存在 *p* 阶自相关;备选假设为:序列存在 *p* 阶自相关。

Correlogram of Residuals

Date: 10/02/06 Time: 16:07
Sample: 1963 1984
Included observations: 22

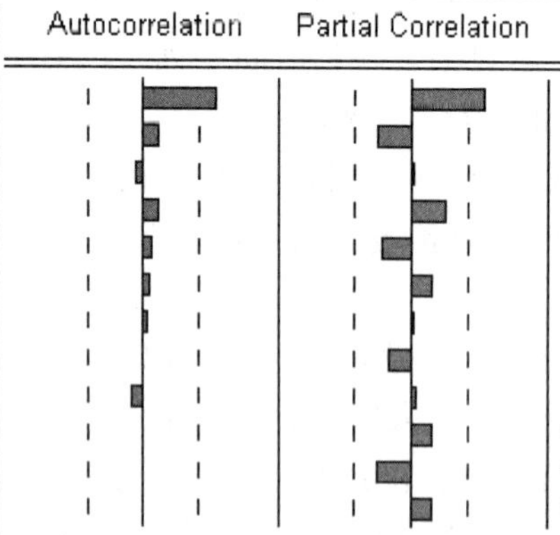

	AC	PAC	Q-Stat	Prob
1	0.550	0.550	7.6032	0.006
2	0.122	-0.258	7.9986	0.018
3	-0.045	0.019	8.0542	0.045
4	0.117	0.262	8.4528	0.076
5	0.071	-0.235	8.6085	0.126
6	0.051	0.164	8.6950	0.191
7	0.034	0.019	8.7360	0.272
8	0.005	-0.166	8.7369	0.365
9	-0.087	0.028	9.0418	0.433
10	0.008	0.164	9.0444	0.528
11	0.000	-0.257	9.0444	0.618
12	0.000	0.158	9.0444	0.699

图 11.9 残差自相关图

① 证明过程可参考张晓峒《计量经济学基础》(第 3 版),南开大学出版社。

虚线之间的区域是自相关中正负两倍于估计标准差所夹成的。如果自相关值在这个区域内,则在显著水平为 5%的情形下与零没有显著区别。本例 1 阶的自相关系数和偏自相关系数都超出了虚线,说明存在 1 阶序列相关。1 阶滞后的 Q 统计量的 P 值很小,拒绝原假设,残差序列存在一阶序列相关。

结合我国 GDP 变化走势,单位根检验过程,以及通过差分方法化非平稳序列为平稳序列的过程如下。

【例 11.5】 表 11.7 是我国 1978—2004 年的 GDP,试建立模型预测 2005 年和 2006 年的 GDP 数据。

表 11.7　我国 1978—2004 年的 GDP

年份	数据	年份	数据	年份	数据
1978	3 645.2	1987	12 058.6	1996	71 176.6
1979	4 062.6	1988	15 042.8	1997	7 8973.0
1980	4 545.6	1989	16 992.3	1998	84 402.3
1981	4 891.6	1990	18 667.8	1999	89 677.1
1982	5 323.4	1991	21 781.5	2000	99 214.6
1983	5 962.7	1992	26 923.5	2001	109 655.2
1984	7 208.1	1993	35 333.9	2002	120 332.7
1985	9 016.0	1994	48 197.9	2003	135 822.8
1986	10 275.2	1995	60 793.7	2004	159 878.3

1978—2004 年我国 GDP 具有明显的上升趋势。在 ADF 检验时选择含有常数项和时间趋势项,由 SIC 准则确定滞后阶数($p=4$)。GDP 序列的 ADF 检验如下:

Augmented Dickey-Fuller Unit Root Test on GDP

Null Hypothesis: GDP has a unit root
Exogenous: Constant, Linear Trend
Lag Length: 4 (Automatic based on SIC, MAXLAG=6)

		t-Statistic	Prob.*
Augmented Dickey-Fuller test statistic		1.993937	1.0000
Test critical values:	1% level	-4.394309	
	5% level	-3.612199	
	10% level	-3.243079	

*MacKinnon (1996) one-sided p-values.

图 11.10　GDP 序列 ADF 检验

检验结果显示,GDP 序列以较大的 P 值,即 100%的概率接受原假设,即存在单位根的结论。

将 GDP 序列做 1 阶差分,然后对 ΔGDP 进行 ADF 检验

Augmented Dickey-Fuller Unit Root Test on D(GDP)

Null Hypothesis: D(GDP) has a unit root
Exogenous: Constant, Linear Trend
Lag Length: 6 (Automatic based on SIC, MAXLAG=6)

		t-Statistic	Prob.*
Augmented Dickey-Fuller test statistic		-2.955767	0.1666
Test critical values:	1% level	-4.467895	
	5% level	-3.644963	
	10% level	-3.261452	

*MacKinnon (1996) one-sided p-values.

图 11.11　一阶差分 ΔGDP 的 ADF 检验

检验结果显示,ΔGDP 序列仍接受存在单位根的结论。其他检验方法的结果也接受原假设,ΔGDP 序列存在单位根,是非平稳的。

再对 ΔGDP 序列做差分,则 $\Delta 2GDP$ 的 ADF 检验(选择不含常数项和趋势项)如下:

Augmented Dickey-Fuller Unit Root Test on D(GDP,2)

Null Hypothesis: D(GDP,2) has a unit root
Exogenous: None
Lag Length: 0 (Automatic based on SIC, MAXLAG=6)

		t-Statistic	Prob.*
Augmented Dickey-Fuller test statistic		-2.943334	0.0049
Test critical values:	1% level	-2.656915	
	5% level	-1.954414	
	10% level	-1.609329	

*MacKinnon (1996) one-sided p-values.

图 11.12　二阶差分 ΔGDP 的 ADF 检验

检验结果显示,二阶差分序列 $\Delta 2GDP$ 在 1%的显著性水平下拒绝原假设,接受不存在单位根的结论,因此可以确定 GDP 序列是二阶单整序列。

GDP 序列是二阶单整序列,即 $GDP \sim I(2)$。但是检验得到 GDP 的对数序列 $\ln(GDP)$ 是一阶单整序列,所以本例建立 $\Delta\ln(GDP)$ 序列的 *ARIMA* 模型。首先观察 $\Delta\ln(GDP)$ 序列的相关图。

Autocorrelation	Partial Correlation		AC	PAC	Q-Stat	Prob
		1	0.687	0.687	14.694	0.000
		2	0.252	-0.418	16.744	0.000
		3	-0.003	0.090	16.744	0.001
		4	-0.258	-0.439	19.069	0.001
		5	-0.372	0.185	24.111	0.000
		6	-0.200	0.126	25.632	0.000

图 11.13　Δln(*GDP*)序列的相关图

Δln(*GDP*)序列的自相关系数和偏自相关系数都在一阶截尾，则取模型的阶数 $p=1$ 和 $q=1$，建立 *ARIMA*(1,1,1) 模型(时间期间：1978—2004 年，2005 年和 2006 年实际数据不参加建模，留作检验)。

Variable	Coefficient	Std. Error	t-Statistic	Prob.
AR(1)	0.898512	0.100026	8.982753	0.0000
MA(1)	0.758832	0.138130	5.493620	0.0000

R-squared	0.543281	Mean dependent var	0.146904
Adjusted R-squared	0.523424	S.D. dependent var	0.066659
S.E. of regression	0.046018	Akaike info criterion	-3.242949
Sum squared resid	0.048706	Schwarz criterion	-3.145439
Log likelihood	42.53686	Durbin-Watson stat	2.211894
Inverted AR Roots	.90		
Inverted MA Roots	-.76		

图 11.14　*ARIMA*(1,1,1) 模型回归结果

Autocorrelation	Partial Correlation		AC	PAC	Q-Stat	Prob
		1	-0.175	-0.175	0.8660	
		2	-0.207	-0.245	2.1231	
		3	0.132	0.048	2.6574	0.103
		4	-0.133	-0.161	3.2268	0.199
		5	-0.249	-0.299	5.3206	0.150
		6	0.151	-0.043	6.1351	0.189

图 11.15　Δln(*GDP*) 序列的 *ARIMA*(1,1,1)模型残差的相关图

从图 11.15 的相关图中可以看出模型的残差不存在序列相关，并且模型的各项统计量也很好。

图 11.16 是这个模型的拟合和预测(静态)的结果，其中 2005 年和 2006 年的预测结果与真实值比较接近，预测效果可以接受。

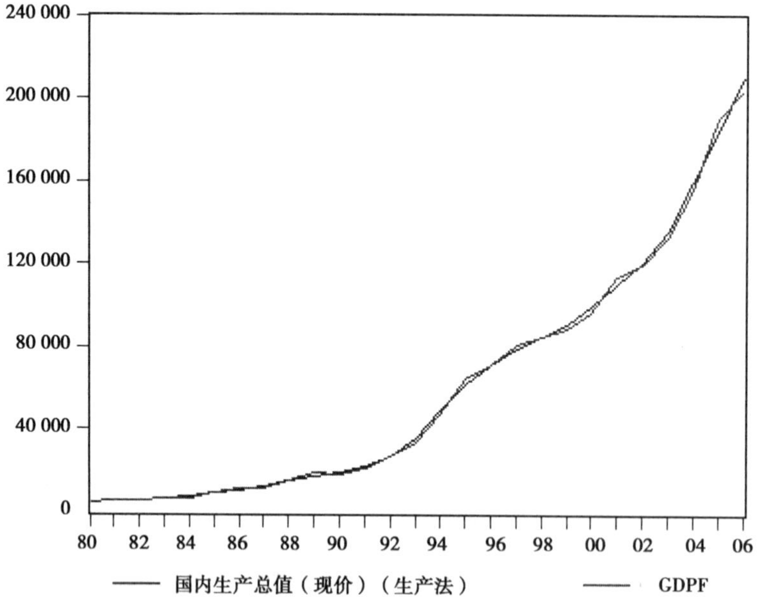

图 11.16　模型的拟合和预测图

【习　题】

1.为什么当时间序列的相关图为缓慢衰减时,说明该时间序列是非平稳的?

2.1975—1980 年夏威夷岛莫那罗亚火山(Mauna Loa)每月释放的 CO_2 数据如下(单位:ppm)。

表 1　莫那罗亚火山(Mauna Loa)每月释放的 CO_2 数据

330.45	330.97	331.64	332.87	333.61	333.55
331.90	330.05	328.58	328.31	329.41	330.63
331.63	332.46	333.36	334.45	334.82	334.32
333.05	330.87	329.24	328.87	330.18	331.50
332.81	333.23	334.55	335.82	336.44	335.99
334.65	332.41	331.32	330.73	332.05	333.53
334.66	335.07	336.33	337.39	337.65	337.57
336.25	334.39	332.44	332.25	333.59	334.76
335.89	336.44	337.63	338.54	339.06	338.95
337.41	335.71	333.68	333.69	335.05	336.53
337.81	338.16	339.88	340.57	341.19	340.87
339.25	337.19	335.49	336.63	337.74	338.36

①绘制该序列时序图，并判断该序列是否平稳。

②计算该序列的样本自相关系数 $\hat{\rho}_k(k=1,2,\cdots,24)$。

③绘制该样本自相关图，并解释该图形。

3.若序列长度为 100，前 12 个样本自相关系数如下：

$\rho_1=0.02$　$\rho_2=0.05$　$\rho_3=0.10$　$\rho_4=-0.02$　$\rho_5=0.05$　$\rho_6=0.01$

$\rho_7=0.12$　$\rho_8=-0.06$　$\rho_9=0.08$　$\rho_{10}=-0.05$　$\rho_{11}=0.02$　$\rho_{12}=-0.05$

该序列能否视为纯随机序列（$\alpha=0.05$）？

4.天津市国内生产总值（X_t，单位：亿元）数据见下表，试建立天津市国内生产总值的时间序列模型。

表 2　天津市国内生产总值（1991—2010 年）

年份	生产总值	年份	生产总值	年份	生产总值	年份	生产总值
1991	342.65	1996	1 121.93	2001	1 919.09	2006	4 462.74
1992	411.04	1997	1 264.63	2002	2 150.76	2007	5 252.76
1993	538.94	1998	1 374.60	2003	2 578.03	2008	6 719.01
1994	732.89	1999	1 500.95	2004	3 110.97	2009	7 521.85
1995	931.97	2000	1 701.88	2005	3 905.64	2010	9 224.46

①判断该序列$\{X_t\}$的平稳性及纯随机性。

②对该序列进行函数运算：

$$y_t = x_t - x_{t-1}$$

并判断序列$\{y_t\}$的平稳性及纯随机性。

附　录

附表 1　标准正态分布函数数值表

$$\Phi(u)=\frac{1}{\sqrt{\pi}}\int_{-\infty}^{\infty}\mathrm{e}^{-\frac{x^2}{2}}\mathrm{d}x(u\geqslant 0)$$

u	0.00	0.01	0.02	0.03	0.04	0.05	0.06	0.07	0.08	0.09
0.0	0.500 0	0.504 0	0.508 0	0.512 0	0.516 0	0.519 9	0.523 9	0.527 9	0.531 9	0.535 9
0.1	0.539 8	0.543 8	0.547 8	0.551 7	0.555 7	0.559 6	0.563 6	0.567 5	0.571 4	0.575 3
0.2	0.579 3	0.583 2	0.587 1	0.591 0	0.594 8	0.598 7	0.602 6	0.606 4	0.610 3	0.614 1
0.3	0.617 9	0.621 7	0.625 5	0.629 3	0.633 1	0.636 8	0.640 4	0.644 3	0.648 0	0.651 7
0.4	0.655 4	0.659 1	0.662 8	0.666 4	0.670 0	0.673 6	0.677 2	0.680 8	0.684 4	0.687 9
0.5	0.691 5	0.695 0	0.698 5	0.701 9	0.705 4	0.708 8	0.712 3	0.715 7	0.719 0	0.722 4
0.6	0.725 7	0.729 1	0.732 4	0.735 7	0.738 9	0.742 2	0.745 4	0.748 6	0.751 7	0.754 9
0.7	0.758 0	0.761 1	0.764 2	0.767 3	0.770 3	0.773 4	0.776 4	0.779 4	0.782 3	0.785 2
0.8	0.788 1	0.791 0	0.793 9	0.796 7	0.799 5	0.802 3	0.805 1	0.807 8	0.810 6	0.813 3
0.9	0.815 9	0.818 6	0.821 2	0.823 8	0.826 4	0.828 9	0.835 5	0.834 0	0.836 5	0.838 9
1.0	0.841 3	0.843 8	0.846 1	0.848 5	0.850 8	0.853 1	0.855 4	0.857 7	0.859 9	0.862 1
1.1	0.864 3	0.866 5	0.868 6	0.870 8	0.872 9	0.874 9	0.877 0	0.879 0	0.881 0	0.883 0
1.2	0.884 9	0.886 9	0.888 8	0.890 7	0.892 5	0.894 4	0.896 2	0.898 0	0.899 7	0.901 5
1.3	0.903 2	0.904 9	0.906 6	0.908 2	0.909 9	0.911 5	0.913 1	0.914 7	0.916 2	0.917 7
1.4	0.919 2	0.920 7	0.922 2	0.923 6	0.925 1	0.926 5	0.927 9	0.929 2	0.930 6	0.931 9

续表

u	0.00	0.01	0.02	0.03	0.04	0.05	0.06	0.07	0.08	0.09
1.5	0.933 2	0.934 5	0.935 7	0.937 0	0.938 2	0.939 4	0.940 6	0.941 8	0.943 0	0.944 1
1.6	0.945 2	0.946 3	0.947 4	0.948 4	0.949 5	0.950 5	0.951 5	0.952 5	0.953 5	0.953 5
1.7	0.955 4	0.956 4	0.957 3	0.958 2	0.959 1	0.959 9	0.960 8	0.961 6	0.962 5	0.963 3
1.8	0.964 1	0.964 8	0.965 6	0.966 4	0.967 2	0.967 8	0.968 6	0.969 3	0.970 0	0.970 6
1.9	0.971 3	0.971 9	0.972 6	0.973 2	0.973 8	0.974 4	0.975 0	0.975 6	0.976 2	0.976 7
2.0	0.977 2	0.977 8	0.978 3	0.978 8	0.979 3	0.979 8	0.980 3	0.980 8	0.981 2	0.981 7
2.1	0.982 1	0.982 6	0.983 0	0.983 4	0.983 8	0.984 2	0.984 6	0.985 0	0.985 4	0.985 7
2.2	0.986 1	0.986 4	0.986 8	0.987 1	0.987 4	0.987 8	0.988 1	0.988 4	0.988 7	0.989 0
2.3	0.989 3	0.989 6	0.989 8	0.990 1	0.990 4	0.990 6	0.990 9	0.991 1	0.991 3	0.991 6
2.4	0.991 8	0.992 0	0.992 2	0.992 5	0.992 7	0.992 9	0.993 1	0.993 2	0.993 4	0.993 6
2.5	0.993 8	0.994 0	0.994 1	0.994 3	0.994 5	0.994 6	0.994 8	0.994 9	0.995 1	0.995 2
2.6	0.995 3	0.995 5	0.995 6	0.995 7	0.995 9	0.996 0	0.996 1	0.996 2	0.996 3	0.996 4
2.7	0.996 5	0.996 6	0.996 7	0.996 8	0.996 9	0.997 0	0.997 1	0.997 2	0.997 3	0.997 4
2.8	0.997 4	0.997 5	0.997 6	0.997 7	0.997 7	0.997 8	0.997 9	0.997 9	0.998 0	0.998 1
2.9	0.998 1	0.998 2	0.998 2	0.998 3	0.998 4	0.998 4	0.998 5	0.998 5	0.998 6	0.998 6
3	0.998 7	0.999 0	0.999 3	0.999 5	0.999 7	0.999 8	0.999 8	0.999 9	0.999 9	1.000 0

注:本表最后一行自左至右依次是 $\Phi(3.0)$,$\Phi(3.1)$,…,$\Phi(3.9)$的值。

附表 2　t-分布临界值表

$$P\{t(n) > t_{1-\alpha}(n)\} = \alpha$$

n \ α	0.25	0.100	0.050	0.025	0.010	0.005
1	1.000 0	3.077 7	6.313 8	12.706 2	31.820 5	63.656 7
2	0.816 5	1.885 6	2.920 0	4.302 7	6.964 6	9.924 8
3	0.764 9	1.637 7	2.353 4	3.182 4	4.540 7	5.840 9
4	0.740 7	1.533 2	2.131 8	2.776 4	3.746 9	4.604 1
5	0.726 7	1.475 9	2.015 0	2.570 6	3.364 9	4.032 1
6	0.717 6	1.439 8	1.943 2	2.446 9	3.142 7	3.707 4
7	0.711 1	1.414 9	1.894 6	2.364 6	2.998 0	3.499 5
8	0.706 4	1.396 8	1.859 5	2.306 0	2.896 5	3.355 4
9	0.702 7	1.383 0	1.833 1	2.262 2	2.821 4	3.249 8
10	0.699 8	1.372 2	1.812 5	2.228 1	2.763 8	3.169 3
11	0.697 4	1.363 4	1.795 9	2.201 0	2.718 1	3.105 8
12	0.695 5	1.356 2	1.782 3	2.178 8	2.681 0	3.054 5
13	0.693 8	1.350 2	1.770 9	2.160 4	2.650 3	3.012 3
14	0.692 4	1.345 0	1.761 3	2.144 8	2.624 5	2.976 8
15	0.691 2	1.340 6	1.753 1	2.131 4	2.602 5	2.946 7
16	0.690 1	1.336 8	1.745 9	2.119 9	2.583 5	2.920 8
17	0.689 2	1.333 4	1.739 6	2.109 8	2.566 9	2.898 2
18	0.688 4	1.330 4	1.734 1	2.100 9	2.552 4	2.878 4
19	0.687 6	1.327 7	1.729 1	2.093 0	2.539 5	2.860 9
20	0.687 0	1.325 3	1.724 7	2.086 0	2.528 0	2.845 3
21	0.686 4	1.323 2	1.720 7	2.079 6	2.517 6	2.831 4
22	0.685 8	1.321 2	1.717 1	2.073 9	2.508 3	2.818 8
23	0.685 3	1.319 5	1.713 9	2.068 7	2.499 9	2.807 3
24	0.684 8	1.317 8	1.710 9	2.063 9	2.492 2	2.796 9

续表

n \ α	0.25	0.100	0.050	0.025	0.010	0.005
25	0.684 4	1.316 3	1.708 1	2.059 5	2.485 1	2.787 4
26	0.684 0	1.315 0	1.705 6	2.055 5	2.478 6	2.778 7
27	0.683 7	1.313 7	1.703 3	2.051 8	2.472 7	2.770 7
28	0.683 4	1.312 5	1.701 1	2.048 4	2.467 1	2.763 3
29	0.683 0	1.311 4	1.699 1	2.045 2	2.462 0	2.756 4
30	0.682 8	1.310 4	1.697 3	2.042 3	2.457 3	2.750 0

附表 3 χ^2 分布临界值表

$$P\{\chi^2(n) > \chi^2_{1-\alpha}(n)\} = \alpha$$

n \ α	0.995	0.990	0.975	0.950	0.900	0.75	0.25	0.1	0.05	0.025	0.01	0.005
1	0.000	0.000	0.001	0.004	0.016	0.102	1.323	2.706	3.841	5.024	6.635	7.879
2	0.010	0.020	0.051	0.103	0.211	0.575	2.773	4.605	5.991	7.378	9.210	10.597
3	0.072	0.115	0.216	0.352	0.584	1.213	4.108	6.251	7.815	9.348	11.345	12.838
4	0.207	0.297	0.484	0.711	1.064	1.923	5.385	7.779	9.488	11.143	13.277	14.860
5	0.412	0.554	0.831	1.145	1.610	2.675	6.626	9.236	11.070	12.833	15.086	16.750
6	0.676	0.872	1.237	1.635	2.204	3.455	7.841	10.645	12.592	14.449	16.812	18.548
7	0.989	1.239	1.690	2.167	2.833	4.255	9.037	12.017	14.067	16.013	18.475	20.278
8	1.344	1.646	2.180	2.733	3.490	5.071	10.219	13.362	15.507	17.535	20.090	21.955
9	1.735	2.088	2.700	3.325	4.168	5.899	11.389	14.684	16.919	19.023	21.666	23.589
10	2.156	2.558	3.247	3.940	4.865	6.737	12.549	15.987	18.307	20.483	23.209	25.188
11	2.603	3.053	3.816	4.575	5.578	7.584	13.701	17.275	19.675	21.920	24.725	26.757
12	3.074	3.571	4.404	5.226	6.304	8.438	14.845	18.549	21.026	23.337	26.217	28.300
13	3.565	4.107	5.009	5.892	7.042	9.299	15.984	19.812	22.362	24.736	27.688	29.819
14	4.075	4.660	5.629	6.571	7.790	10.165	17.117	21.064	23.685	26.119	29.141	31.319

15	4.601	5.229	6.262	7.261	8.547	11.037	18.245	22.307	24.996	27.488	30.578	32.801
16	5.142	5.812	6.908	7.962	9.312	11.912	19.369	23.542	26.296	28.845	32.000	34.267
17	5.697	6.408	7.564	8.672	10.085	12.792	20.489	24.769	27.587	30.191	33.409	35.718
18	6.265	7.015	8.231	9.390	10.865	13.675	21.605	25.989	28.869	31.526	34.805	37.156
19	6.844	7.633	8.907	10.117	11.651	14.562	22.718	27.204	30.144	32.852	36.191	38.582
20	7.434	8.260	9.591	10.851	12.443	15.452	23.828	28.412	31.410	34.170	37.566	39.997
21	8.034	8.897	10.283	11.591	13.240	16.344	24.935	29.615	32.671	35.479	38.932	41.401
22	8.643	9.542	10.982	12.338	14.041	17.240	26.039	30.813	33.924	36.781	40.289	42.796
23	9.260	10.196	11.689	13.091	14.848	18.137	27.141	32.007	35.172	38.076	41.638	44.181
24	9.886	10.856	12.401	13.848	15.659	19.037	28.241	33.196	36.415	39.364	42.980	45.559
25	10.520	11.524	13.120	14.611	16.473	19.939	29.339	34.382	37.652	40.646	44.314	46.928
26	11.160	12.198	13.844	15.379	17.292	20.843	30.435	35.563	38.885	41.923	45.642	48.290
27	11.808	12.879	14.573	16.151	18.114	21.749	31.528	36.741	40.113	43.195	46.963	49.645
28	12.461	13.565	15.308	16.928	18.939	22.657	32.620	37.916	41.337	44.461	48.278	50.993
29	13.121	14.256	16.047	17.708	19.768	23.567	33.711	39.087	42.557	45.722	49.588	52.336
30	13.787	14.953	16.791	18.493	20.599	24.478	34.800	40.256	43.773	46.979	50.892	53.672

续表

n \ α	0.995	0.990	0.975	0.950	0.900	0.75	0.25	0.1	0.05	0.025	0.01	0.005
31	14.458	15.655	17.539	19.281	21.434	25.390	35.887	41.422	44.985	48.232	52.191	55.003
32	15.134	16.362	18.291	20.072	22.271	26.304	36.973	42.585	46.194	49.480	53.486	56.328
33	15.815	17.074	19.047	20.867	23.110	27.219	38.058	43.745	47.400	50.725	54.776	57.648
34	16.501	17.789	19.806	21.664	23.952	28.136	39.141	44.903	48.602	51.966	56.061	58.964
35	17.192	18.509	20.569	22.465	24.797	29.054	40.223	46.059	49.802	53.203	57.342	60.275
36	17.887	19.233	21.336	23.269	25.643	29.973	41.304	47.212	50.998	54.437	58.619	61.581
37	18.586	19.960	22.106	24.075	26.492	30.893	42.383	48.363	52.192	55.668	59.893	62.883
38	19.289	20.691	22.878	24.884	27.343	31.815	43.462	49.513	53.384	56.896	61.162	64.181
39	19.996	21.426	23.654	25.695	28.196	32.737	44.539	50.660	54.572	58.120	62.428	65.476
40	20.707	22.164	24.433	26.509	29.051	33.660	45.616	51.805	55.758	59.342	63.691	66.766
41	21.421	22.906	25.215	27.326	29.907	34.585	46.692	52.949	56.942	60.561	64.950	68.053
42	22.138	23.650	25.999	28.144	30.765	35.510	47.766	54.090	58.124	61.777	66.206	69.336
43	22.859	24.398	26.785	28.965	31.625	36.436	48.840	55.230	59.304	62.990	67.459	70.616
44	23.584	25.148	27.575	29.787	32.487	37.363	49.913	56.369	60.481	64.201	68.710	71.893
45	24.311	25.901	28.366	30.612	33.350	38.291	50.985	57.505	61.656	65.410	69.957	73.166

附表 4 F-分布临界值表

$$P\{F(n_1,n_2) > F_{1-\alpha}(n_1,n_2)\}=\alpha$$

$\alpha=0.005$

f_2 \ f_1	1	2	3	4	5	6	8	12	24
1	16 211	20 000	21 615	22 500	23 056	23 437	23 925	24 426	24 940
2	198.5	199.0	199.2	199.2	199.3	199.3	199.4	199.4	199.5
3	55.55	49.80	47.47	46.19	45.39	44.84	44.13	43.39	42.62
4	31.33	26.28	24.26	23.15	22.46	21.97	21.35	20.70	20.03
5	22.78	18.31	16.53	15.56	14.94	14.51	13.96	13.38	12.78
6	18.63	14.54	12.92	12.03	11.46	11.07	10.57	10.03	9.47
7	16.24	12.40	10.88	10.05	9.52	9.16	8.68	8.18	7.64
8	14.69	11.04	9.60	8.81	8.30	7.95	7.50	7.01	6.50
9	13.61	10.11	8.72	7.96	7.47	7.13	6.69	6.23	5.73
10	12.83	9.43	8.08	7.34	6.87	6.54	6.12	5.66	5.17
11	12.23	8.91	7.60	6.88	6.42	6.10	5.68	5.24	4.76
12	11.75	8.51	7.23	6.52	6.07	5.76	5.35	4.91	4.43
13	11.37	8.19	6.93	6.23	5.79	5.48	5.08	4.64	4.17
14	11.06	7.92	6.68	6.00	5.56	5.26	4.86	4.43	3.96
15	10.80	7.70	6.48	5.80	5.37	5.07	4.67	4.25	3.79
16	10.58	7.51	6.30	5.64	5.21	4.91	4.52	4.10	3.64
17	10.38	7.35	6.16	5.50	5.07	4.78	4.39	3.97	3.51
18	10.22	7.21	6.03	5.37	4.96	4.66	4.28	3.86	3.40
19	10.07	7.09	5.92	5.27	4.85	4.56	4.18	3.76	3.31
20	9.94	6.99	5.82	5.17	4.76	4.47	4.09	3.68	3.22
21	9.83	6.89	5.73	5.09	4.68	4.39	4.01	3.60	3.15
22	9.73	6.81	5.65	5.02	4.61	4.32	3.94	3.54	3.08
23	9.63	6.73	5.58	4.95	4.54	4.26	3.88	3.47	3.02

续表

f_2 \ f_1	1	2	3	4	5	6	8	12	24
24	9.55	6.66	5.52	4.89	4.49	4.20	3.83	3.42	2.97
25	9.48	6.60	5.46	4.84	4.43	4.15	3.78	3.37	2.92
26	9.41	6.54	5.41	4.79	4.38	4.10	3.73	3.33	2.87
27	9.34	6.49	5.36	4.74	4.34	4.06	3.69	3.28	2.83
28	9.28	6.44	5.32	4.70	4.30	4.02	3.65	3.25	2.79
29	9.23	6.40	5.28	4.66	4.26	3.98	3.61	3.21	2.76
30	9.18	6.35	5.24	4.62	4.23	3.95	3.58	3.18	2.73
40	8.83	6.07	4.98	4.37	3.99	3.71	3.35	2.95	2.50
60	8.49	5.79	4.73	4.14	3.76	3.49	3.13	2.74	2.29
120	8.18	5.54	4.50	3.92	3.55	3.28	2.93	2.54	2.09

$\alpha = 0.01$

f_2 \ f_1	1	2	3	4	5	6	8	12	24
1	4 052	5 000	5 403	5 625	5 764	5 859	5 981	6 106	6 235
2	98.50	99.00	99.17	99.25	99.30	99.33	99.37	99.42	99.46
3	34.12	30.82	29.46	28.71	28.24	27.91	27.49	27.05	26.60
4	21.20	18.00	16.69	15.98	15.52	15.21	14.80	14.37	13.93
5	16.26	13.27	12.06	11.39	10.97	10.67	10.29	9.89	9.47
6	13.75	10.92	9.78	9.15	8.75	8.47	8.10	7.72	7.31
7	12.25	9.55	8.45	7.85	7.46	7.19	6.84	6.47	6.07
8	11.26	8.65	7.59	7.01	6.63	6.37	6.03	5.67	5.28
9	10.56	8.02	6.99	6.42	6.06	5.80	5.47	5.11	4.73
10	10.04	7.56	6.55	5.99	5.64	5.39	5.06	4.71	4.33
11	9.65	7.21	6.22	5.67	5.32	5.07	4.74	4.40	4.02
12	9.33	6.93	5.95	5.41	5.06	4.82	4.50	4.16	3.78
13	9.07	6.70	5.74	5.21	4.86	4.62	4.30	3.96	3.59
14	8.86	6.51	5.56	5.04	4.69	4.46	4.14	3.80	3.43

续表

f_2 \ f_1	1	2	3	4	5	6	8	12	24
15	8.68	6.36	5.42	4.89	4.56	4.32	4.00	3.67	3.29
16	8.53	6.23	5.29	4.77	4.44	4.20	3.89	3.55	3.18
17	8.40	6.11	5.18	4.67	4.34	4.10	3.79	3.46	3.08
18	8.29	6.01	5.09	4.58	4.25	4.01	3.71	3.37	3.00
19	8.18	5.93	5.01	4.50	4.17	3.94	3.63	3.30	2.92
20	8.10	5.85	4.94	4.43	4.10	3.87	3.56	3.23	2.86
21	8.02	5.78	4.87	4.37	4.04	3.81	3.51	3.17	2.80
22	7.95	5.72	4.82	4.31	3.99	3.76	3.45	3.12	2.75
23	7.88	5.66	4.76	4.26	3.94	3.71	3.41	3.07	2.70
24	7.82	5.61	4.72	4.22	3.90	3.67	3.36	3.03	2.66
25	7.77	5.57	4.68	4.18	3.85	3.63	3.32	2.99	2.62
26	7.72	5.53	4.64	4.14	3.82	3.59	3.29	2.96	2.58
27	7.68	5.49	4.60	4.11	3.78	3.56	3.26	2.93	2.55
28	7.64	5.45	4.57	4.07	3.75	3.53	3.23	2.90	2.52
29	7.60	5.42	4.54	4.04	3.73	3.50	3.20	2.87	2.49
30	7.56	5.39	4.51	4.02	3.70	3.47	3.17	2.84	2.47
40	7.31	5.18	4.31	3.83	3.51	3.29	2.99	2.66	2.29
60	7.08	4.98	4.13	3.65	3.34	3.12	2.82	2.50	2.12
120	6.85	4.79	3.95	3.48	3.17	2.96	2.66	2.34	1.95

$\alpha = 0.025$

f_2 \ f_1	1	2	3	4	5	6	8	12	24
1	647.8	799.5	864.2	899.6	921.8	937.1	956.7	976.7	997.2
2	38.51	39.00	39.17	39.25	39.30	39.33	39.37	39.41	39.46
3	17.44	16.04	15.44	15.10	14.88	14.73	14.54	14.34	14.12
4	12.22	10.65	9.98	9.60	9.36	9.20	8.98	8.75	8.51
5	10.01	8.43	7.76	7.39	7.15	6.98	6.76	6.52	6.28

续表

f_2 \ f_1	1	2	3	4	5	6	8	12	24
6	8.81	7.26	6.60	6.23	5.99	5.82	5.60	5.37	5.12
7	8.07	6.54	5.89	5.52	5.29	5.12	4.90	4.67	4.41
8	7.57	6.06	5.42	5.05	4.82	4.65	4.43	4.20	3.95
9	7.21	5.71	5.08	4.72	4.48	4.32	4.10	3.87	3.61
10	6.94	5.46	4.83	4.47	4.24	4.07	3.85	3.62	3.37
11	6.72	5.26	4.63	4.28	4.04	3.88	3.66	3.43	3.17
12	6.55	5.10	4.47	4.12	3.89	3.73	3.51	3.28	3.02
13	6.41	4.97	4.35	4.00	3.77	3.60	3.39	3.15	2.89
14	6.30	4.86	4.24	3.89	3.66	3.50	3.29	3.05	2.79
15	6.20	4.77	4.15	3.80	3.58	3.41	3.20	2.96	2.70
16	6.12	4.69	4.08	3.73	3.50	3.34	3.12	2.89	2.63
17	6.04	4.62	4.01	3.66	3.44	3.28	3.06	2.82	2.56
18	5.98	4.56	3.95	3.61	3.38	3.22	3.01	2.77	2.50
19	5.92	4.51	3.90	3.56	3.33	3.17	2.96	2.72	2.45
20	5.87	4.46	3.86	3.51	3.29	3.13	2.91	2.68	2.41
21	5.83	4.42	3.82	3.48	3.25	3.09	2.87	2.64	2.37
22	5.79	4.38	3.78	3.44	3.22	3.05	2.84	2.60	2.33
23	5.75	4.35	3.75	3.41	3.18	3.02	2.81	2.57	2.30
24	5.72	4.32	3.72	3.38	3.15	2.99	2.78	2.54	2.27
25	5.69	4.29	3.69	3.35	3.13	2.97	2.75	2.51	2.24
26	5.66	4.27	3.67	3.33	3.10	2.94	2.73	2.49	2.22
27	5.63	4.24	3.65	3.31	3.08	2.92	2.71	2.47	2.19
28	5.61	4.22	3.63	3.29	3.06	2.90	2.69	2.45	2.17
29	5.59	4.20	3.61	3.27	3.04	2.88	2.67	2.43	2.15
30	5.57	4.18	3.59	3.25	3.03	2.87	2.65	2.41	2.14
40	5.42	4.05	3.46	3.13	2.90	2.74	2.53	2.29	2.01

续表

f_2 \ f_1	1	2	3	4	5	6	8	12	24
60	5.29	3.93	3.34	3.01	2.79	2.63	2.41	2.17	1.88
120	5.15	3.80	3.23	2.89	2.67	2.52	2.30	2.05	1.76

$\alpha=0.05$

f_2 \ f_1	1	2	3	4	5	6	8	12	24
1	161.4	199.5	215.7	224.6	230.2	234.0	238.9	243.9	249.1
2	18.51	19.00	19.16	19.25	19.30	19.33	19.37	19.41	19.45
3	10.13	9.55	9.28	9.12	9.01	8.94	8.85	8.74	8.64
4	7.71	6.94	6.59	6.39	6.26	6.16	6.04	5.91	5.77
5	6.61	5.79	5.41	5.19	5.05	4.95	4.82	4.68	4.53
6	5.99	5.14	4.76	4.53	4.39	4.28	4.15	4.00	3.84
7	5.59	4.74	4.35	4.12	3.97	3.87	3.73	3.57	3.41
8	5.32	4.46	4.07	3.84	3.69	3.58	3.44	3.28	3.12
9	5.12	4.26	3.86	3.63	3.48	3.37	3.23	3.07	2.90
10	4.96	4.10	3.71	3.48	3.33	3.22	3.07	2.91	2.74
11	4.84	3.98	3.59	3.36	3.20	3.09	2.95	2.79	2.61
12	4.75	3.89	3.49	3.26	3.11	3.00	2.85	2.69	2.51
13	4.67	3.81	3.41	3.18	3.03	2.92	2.77	2.60	2.42
14	4.60	3.74	3.34	3.11	2.96	2.85	2.70	2.53	2.35
15	4.54	3.68	3.29	3.06	2.90	2.79	2.64	2.48	2.29
16	4.49	3.63	3.24	3.01	2.85	2.74	2.59	2.42	2.24
17	4.45	3.59	3.20	2.96	2.81	2.70	2.55	2.38	2.19
18	4.41	3.55	3.16	2.93	2.77	2.66	2.51	2.34	2.15
19	4.38	3.52	3.13	2.90	2.74	2.63	2.48	2.31	2.11
20	4.35	3.49	3.10	2.87	2.71	2.60	2.45	2.28	2.08
21	4.32	3.47	3.07	2.84	2.68	2.57	2.42	2.25	2.05
22	4.30	3.44	3.05	2.82	2.66	2.55	2.40	2.23	2.03

续表

f_2 \ f_1	1	2	3	4	5	6	8	12	24
23	4.28	3.42	3.03	2.80	2.64	2.53	2.37	2.20	2.01
24	4.26	3.40	3.01	2.78	2.62	2.51	2.36	2.18	1.98
25	4.24	3.39	2.99	2.76	2.60	2.49	2.34	2.16	1.96
26	4.23	3.37	2.98	2.74	2.59	2.47	2.32	2.15	1.95
27	4.21	3.35	2.96	2.73	2.57	2.46	2.31	2.13	1.93
28	4.20	3.34	2.95	2.71	2.56	2.45	2.29	2.12	1.91
29	4.18	3.33	2.93	2.70	2.55	2.43	2.28	2.10	1.90
30	4.17	3.32	2.92	2.69	2.53	2.42	2.27	2.09	1.89
40	4.08	3.23	2.84	2.61	2.45	2.34	2.18	2.00	1.79
60	4.00	3.15	2.76	2.53	2.37	2.25	2.10	1.92	1.70
120	3.92	3.07	2.68	2.45	2.29	2.18	2.02	1.83	1.61

$\alpha=0.1$

f_2 \ f_1	1	2	3	4	5	6	8	12	24
1	39.86	49.50	53.59	55.83	57.24	58.20	59.44	60.71	62.00
2	8.53	9.00	9.16	9.24	9.29	9.33	9.37	9.41	9.45
3	5.54	5.46	5.39	5.34	5.31	5.28	5.25	5.22	5.18
4	4.54	4.32	4.19	4.11	4.05	4.01	3.95	3.90	3.83
5	4.06	3.78	3.62	3.52	3.45	3.40	3.34	3.27	3.19
6	3.78	3.46	3.29	3.18	3.11	3.05	2.98	2.90	2.82
7	3.59	3.26	3.07	2.96	2.88	2.83	2.75	2.67	2.58
8	3.46	3.11	2.92	2.81	2.73	2.67	2.59	2.50	2.40
9	3.36	3.01	2.81	2.69	2.61	2.55	2.47	2.38	2.28
10	3.29	2.92	2.73	2.61	2.52	2.46	2.38	2.28	2.18
11	3.23	2.86	2.66	2.54	2.45	2.39	2.30	2.21	2.10
12	3.18	2.81	2.61	2.48	2.39	2.33	2.24	2.15	2.04
13	3.14	2.76	2.56	2.43	2.35	2.28	2.20	2.10	1.98

续表

f_2 \ f_1	1	2	3	4	5	6	8	12	24
14	3.10	2.73	2.52	2.39	2.31	2.24	2.15	2.05	1.94
15	3.07	2.70	2.49	2.36	2.27	2.21	2.12	2.02	1.90
16	3.05	2.67	2.46	2.33	2.24	2.18	2.09	1.99	1.87
17	3.03	2.64	2.44	2.31	2.22	2.15	2.06	1.96	1.84
18	3.01	2.62	2.42	2.29	2.20	2.13	2.04	1.93	1.81
19	2.99	2.61	2.40	2.27	2.18	2.11	2.02	1.91	1.79
20	2.97	2.59	2.38	2.25	2.16	2.09	2.00	1.89	1.77
21	2.96	2.57	2.36	2.23	2.14	2.08	1.98	1.87	1.75
22	2.95	2.56	2.35	2.22	2.13	2.06	1.97	1.86	1.73
23	2.94	2.55	2.34	2.21	2.11	2.05	1.95	1.84	1.72
24	2.93	2.54	2.33	2.19	2.10	2.04	1.94	1.83	1.70
25	2.92	2.53	2.32	2.18	2.09	2.02	1.93	1.82	1.69
26	2.91	2.52	2.31	2.17	2.08	2.01	1.92	1.81	1.68
27	2.90	2.51	2.30	2.17	2.07	2.00	1.91	1.80	1.67
28	2.89	2.50	2.29	2.16	2.06	2.00	1.90	1.79	1.66
29	2.89	2.50	2.28	2.15	2.06	1.99	1.89	1.78	1.65
30	2.88	2.49	2.28	2.14	2.05	1.98	1.88	1.77	1.64
40	2.84	2.44	2.23	2.09	2.00	1.93	1.83	1.71	1.57
60	2.79	2.39	2.18	2.04	1.95	1.87	1.77	1.66	1.51
120	2.75	2.35	2.13	1.99	1.90	1.82	1.72	1.60	1.45

参考文献

[1] 布莱洛克.社会统计学[M].傅正元,译.北京:中国社会科学出版社,1988.

[2] 达摩达尔·H.古扎拉蒂,唐·C.波特.计量经济学基础:上册[M].费剑平,译.5 版.北京:中国人民大学出版社,2011.

[3] 侯典牧. 社会调查研究方法[M].北京:北京大学出版社, 2014.

[4] 贾俊平,何晓群,金勇进.统计学[M].7 版.北京:中国人民大学出版社,2018.

[5] 卢淑华.社会统计学[M].3 版.北京:北京大学出版社,2005.

[6] 卢淑华.社会统计学[M].4 版.北京:北京大学出版社, 2009.

[7] 马逢时,周暐,刘传冰.六西格玛管理统计指南——MINITAB 使用指导[M].3 版.北京:中国人民大学出版社,2018.

[8] 潘显兵,靳艳红,熊欧,等.概率论与数理统计[M].北京:清华大学出版社,2017.

[9] 任昱衡,姜斌,李倩星,等.数据挖掘[M].2 版.北京:电子工业出版社,2019.

[10] 汪荣鑫.数理统计[M].西安:西安交通大学出版社,1996.

[11] 魏宗舒,等.概率论与数理统计教程[M].北京:高等教育出版社,1983.

[12] 吴喜之.统计学——从数据到结论[M].北京:中国统计出版社,2009.

[13] 尹海洁, 李树林.社会统计学[M].2 版.北京:中国人民大学出版社, 2018.

[14] 游正林.社会统计学:对问卷调查数据的统计分析[M].北京:社会科学文献出版社, 2010.

[15] 张晓峒.计量经济学基础[M].3 版.天津:南开大学出版社,2007.

[16] 中国科学院数学研究所统计组.方差分析[M].北京:科学出版社,1977.